À plus! 1

Französisch
für Gymnasien

Cornelsen

À plus! 1
Lehrwerk für den Französischunterricht an Gymnasien

Im Auftrag des Verlages erarbeitet von
Hans Bächle, Gertraud Gregor, Michèle Héloury, Sylvie Schenk

und der Redaktion Fremdsprachen in der Schule
Dr. Yvonne Petter (Projektleitung), Marie-France Lavielle, Monika Schulze sowie
Sophie Ortiz-Vobis und Gabriela Alonso (Assistenz)

Didaktische Beratung: Prof. Dr. Eynar Leupold (Freiburg)

Beratende Mitwirkung: Claudia Arnold (Leipzig), Rita Beyer (Illingen), Otto-Michael Blume (Düsseldorf), Dr. Martin Braun (Nürnberg), Dr. Christine Feik (München), Anette Fritsch (Dillenburg), Maria Gaksch (Wien), Aneta Glavier (Leipzig), Brigitte Jescheck-Schellander (Wien), Catherine Jorißen (Montabaur), Annemarie Kordecki (Rimbach), Bernd Kracklauer (Ingolstadt), Dr. Hans-Ludwig Krechel (Königswinter), Barbara Lechner-Gay (Freiburg), Dr. Sigrid Melchert (Potsdam), Klaus Mengler (Gießen), Prof. Dr. Christian Minuth (Heidelberg), Thomas Mößer-Wolf (Bad Kreuznach), Axel Polleti (Passau), Dr. Astrid Scheuerer-Willmar (Traunreut), Peter Schmachtel (Lübeck), Joachim Sendzik (Hannover), Dr. Armin V. Wernsing (Krefeld), Dr. Hanno Werry (Saarbrücken), Stefanie Wölz (Sinsheim)

Gesamtgestaltung: Regelindis Westphal
Technische Umsetzung: Satzinform, Berlin
Illustrationen: Laurent Lalo
Umschlagfotos: © Cornelsen, Schulz (oben), © Ministère des Affaires Étrangères, Images de France, édition 2003 (unten)

Begleitmaterialien zu À plus! 1:

Vokabeltaschenbuch	(ISBN 978-3-464-22099-3)
Carnet d'activités	(ISBN 978-3-464-22071-9)
Grammatikheft	(ISBN 978-3-464-22072-6)
CD	(ISBN 978-3-464-22076-4)
Handreichungen für den Unterricht	(ISBN 978-3-464-22074-0)
Folien	(ISBN 978-3-464-22075-7)

www.cornelsen.de

1. Auflage, 11. Druck 2010/06

Alle Drucke dieser Auflage sind inhaltlich unverändert
und können im Unterricht nebeneinander verwendet werden.

Druck: CS-Druck CornelsenStürtz, Berlin

ISBN broschiert: 978-3-464-22070-2
ISBN gebunden: 978-3-464-22069-6

Inhalt gedruckt auf säurefreiem Papier aus nachhaltiger Forstwirtschaft.

Die folgenden aufgelisteten Angebote sind nicht obligatorisch abzuarbeiten. Die Auswahl der Aufgaben und Übungsteile richtet sich nach den Schwerpunkten des schulinternen Curriculums.

Inhaltsverzeichnis

Die grün gedruckten Überschriften bezeichnen fakultative Elemente.

Seite		Lernziele	grammatische Inhalte

UNITÉ Supplémentaire à la carte

UNITÉ Révision: Enfin les vacances!

ANNEXE

Jede Unité trainiert alle kommunikativen und verschiedene methodische Kompetenzen. Folgende Schwerpunkte können gesetzt werden: Unité 1 Sprechen – Unité 2 Sprechen / Schreiben – Unité 3 Lesen / Schreiben – Unité 4 Hören / Sprechen – Unité 5 Hören / Sprechen – Unité 6 Lesen / Schreiben – Unité 7 Lesen / Schreiben

Erläuterung der Symbole und Verweise

1 14	Hörtext auf der CD (z. B. CD 1, Track 14)
►◄	Partnerarbeit
►►	Kettenübung
	Gruppenarbeit oder Diskussion
	Schriftliche Übung
	Differenzierung: anspruchsvolle Aufgabe
	Bewegungslernen
	Die Lösungen zu den Aufgaben befinden sich im Grammatikheft.
C 6/8	Hier passt Carnet d'activités, S. 6/8.
(→ Repères, p. 20/3)	Verweis auf die Repères
(→ GH, p. 9/4.1)	Verweis auf das Grammatikheft
DELF	Diese Übung eignet sich ganz besonders für die Vorbereitung auf die DELF-Prüfung.
Portfolio Dossier	Besonders gelungene Texte kannst du in deine Portfoliomappe ablegen.

Bienvenue à Lyon

le centre-ville

le vieux Lyon

la place de la République

la Saône à Lyon

„Bienvenue“ heißt „Willkommen“. Ihr werdet in den nächsten Jahren Französisch lernen. Sicherlich wisst ihr schon einiges über diese Sprache und die Länder, in denen Französisch gesprochen wird.

a Diese französischen Wörter kennt ihr vielleicht schon:

Kennt ihr weitere französische Wörter?
Macht eine Collage mit Fotos und Etiketten von französischen Produkten.

b Welche französischen Vornamen kennt ihr?

Nicole Pascal

c Gibt es in eurer Stadt französische Namen von Straßen, Plätzen, Gebäuden? Sammelt sie und überlegt mit eurer Lehrerin / eurem Lehrer, woher diese Namen stammen.

d Lest die Informationen über Lyon im Landeskundlichen Lexikon auf S. 145 durch.

UNITÉ 1 La rentrée

Approches

1 2 Bonjour

Comprendre

C 3/1 **1** ►◄ Lest den Text, schaut euch die Bilder an und antwortet. *Répondez.*

1. Wie begrüßt man Erwachsene?
2. Wie begrüßen sich Jugendliche?
3. Wie verabschieden sich Erwachsene?
4. Wie verabschieden sich Jugendliche?

Écouter

2 1|3 *Écoutez.* Hört zu! Verabschieden oder begrüßen sich die Personen?

Écouter et répéter

3 **a** 1|4 Hier hört ihr Wörter mit dem Laut [s] (wie in Ku<u>ss</u>) und Wörter mit dem Laut [z] (wie in Ro<u>s</u>e). Schreibt die beiden Laute auf zwei verschiedene Zettel und haltet immer den Laut hoch, den ihr hört.

salut – Mademoiselle – ça va – Monsieur – les‿enfants – À plus!

b 1|5 Hört die Wörter und sprecht nach. *Écoutez et répétez.*

S'entraîner

C 4/3 **4** Begrüßt und verabschiedet euch. *Jouez un dialogue.*

Salut, à demain!

Ça va, ___ ?

Bonjour, ___ .

Bonjour, Monsieur.

Au revoir!

Ça va.

Salut, ___ .

À plus!

Bonjour, Madame.

C'est qui?

Comprendre

1 ►◄ *Retrouvez les deux dialogues.* Stellt die zwei Dialoge wieder her. Schreibt sie in euer Heft und lest sie zu zweit vor.

Coucou, c'est qui? | Ah, c'est Pauline! | Non! | Oui, c'est moi. | C'est toi, Lucie?

Tu t'appelles comment? Je m'appelle Paul. Et toi? Je m'appelle Lucie.

Je ne sais pas. Coucou, Valentin, c'est qui? Oh pardon!

S'entraîner

2 ►◄ *Posez des questions et répondez.* Stellt Fragen und beantwortet sie.

Exemple:
– C'est qui?
– C'est Tarik.

C 5/1 C 5/2 **3** ►► *Présentez-vous.* Stellt euch vor.

Tipp:
Ihr könnt euch auch Namen ausdenken.

Activité

C 6/5 C 6/6 **4** *Jouez la scène de la page 12.* Spielt die Szene von S. 12 mit euren eigenen Namen.

Écouter et écrire

5 **a** 1|7 *Écoutez.* Bei welchen Wörtern hört ihr den Laut [u] (wie Udo), bei welchen den Laut [y] (wie Übung)? Bereitet eine Tabelle vor, tragt die Wörter in die Tabelle ein und sprecht nach.

bonj**ou**r L**u**cie sal**u**t c**ou**c**ou** t**u** À pl**u**s!

[u] wie Udo	[y] wie Übung

b Was fällt euch bei der Schreibweise der Wörter und deren Aussprache auf?

1|8 Tu es dans la classe de Tarik?

Voilà Manon. Elle est dans la classe de Tarik.
Tarik est l'ami de Manon.

Comprendre

C 7/1 **1** ►◄ *C'est qui? Répondez.*

1. Elle est dans la classe de Tarik.
2. Il est dans la classe de Pauline.
3. Elle est avec Paul.
4. C'est l'amie de Tarik.
5. C'est le garçon avec Pauline.
6. C'est l'amie de Manon.
7. Il est nouveau.

S'entraîner

C 8/7 **2** **a** ►◄ *Faites les dialogues et jouez-les.* Stellt die Dialoge zusammen und spielt sie vor.

1.
– Voilà Tarik.
– Et la fille, c'est qui?
– C'est Manon, l'amie de Tarik.

2.
– Voilà Pauline.
– Et le garçon, c'est qui?
– ___ .

1. Tarik/Manon
2. Pauline/Paul
3. Pauline/Valentin
4. Pauline/Lucie
5. Barbara/Marie
6. Marie/Pascal
7. Nicole/Mohammed
8. Frédéric/Sonja

b *À vous. Jouez.* Spielt weiter in der Klasse mit euren eigenen Namen.

3 ►◄ *Voilà la classe de M. Pennac et la classe de Mme Navarro. Posez des questions et répondez.* Fragt, in welcher Klasse die Schüler/innen sind, und antwortet.

Exemple:
– Barbara est dans la classe de Mme Navarro?
– Non, elle est dans la classe de M. Pennac.

La classe de M. Pennac:
Barbara, Patrick, Nathalie, Pierre, David, Martin, Loïc, Tarik, Manon

La classe de Mme Navarro:
Frédéric, Paul, Valérie, Valentin, Nicole, Lucie, Pascal, Pauline

C 8/5 **4** *Complétez.* Ergänzt die Sätze und schreibt sie in euer Heft. (→ Repères, p. 22/5)

– Tu [?] dans la classe de Valentin?
– Non, je [?] dans la classe de Manon.

– C'[?] toi, Paul?
– Oui, c'[?] moi.

– Tu [?] dans la classe de Tarik?
– Je ne sais pas. Je [?] nouvelle.

– Il [?] nouveau?
– Je ne sais pas.

– Tu [?] dans la classe de Manon?
– Non, je [?] dans la classe de Pauline.

– Pauline [?] nouvelle dans la classe?
– Non.

C 7/2 **5** *Jouez les dialogues.*

(Ça va) bien.

Ça va. / Pas mal.

Bof!

Mal.

Jeu de rôle

C 8/8 **6** *Faites le dialogue et jouez-le.* Erstellt den Dialog und spielt ihn in der Klasse.

Pauline und Paul kommen auf den Schulhof. Tarik und Manon sind ebenfalls da.

Pauline stellt Paul ihren Freunden vor.
Tarik und Manon stellen sich selbst vor.
Tarik fragt Paul nach seinem Befinden.
Paul geht es ganz gut.
Paul zeigt auf einen Jungen und fragt Pauline, wer der Junge ist.
Pauline erklärt, dass der Junge Valentin ist.

Écouter

7 **a** 1|9 *Écoutez.* Hebt den Arm, wenn ihr eine Frage hört.

b 1|9 *Écoutez encore une fois et répétez.* Hört noch einmal zu und sprecht nach.

8 **a** 1|10 *Écoutez et répétez.*

b 1|11 *Écoutez et notez.*

[ɛ̃]	[ɔ̃]	[wa]
à dem**ain**	Man**on**	m**oi**
bi**en**	garç**on**	t**oi**
Valent**in**	b**on**jour	v**oi**là

12 Un cédérom pour l'Allemagne

Le collège de Tarik et Manon est à Lyon. C'est le collège Clément Marot. Le collège de Tilo est en Allemagne, à Francfort. Voilà le cédérom de la cinquième C pour la classe de Tilo.

Comprendre

1 ►◄ *Qu'est-ce qui va ensemble?* Was passt zusammen? Es gibt mehrere Möglichkeiten.

Le collège de Tarik		un fleuve.
Le collège de Tilo		un poète.
Le cédérom		en Allemagne.
La Croix-Rousse		en France.
Lyon	est	à Lyon.
Francfort		un caillou.
Clément Marot		à Francfort.
Le Rhône		pour la classe de Tilo.
Le Gros Caillou		un quartier de Lyon.

Découvrir

C 9/1 **2** **a** Übersetzt folgende Sätze. Wofür stehen „un" und „une"?

Le collège Clément Marot est **un** collège à Lyon.
Voilà **une** colline. C'est la colline de la Croix-Rousse.

b ►◄ Un *ou* une?

l'amie → ? amie
l'ami → ? ami

Tipp: Lerne die Wörter, die mit einem Vokal anfangen, immer zusammen mit dem unbestimmten Artikel. Erkläre, warum.

Vocabulaire

3 **a** ✎ *Trouvez les mots.* Teilt den Fluss in Wörter und schreibt sie mit dem unbestimmten Artikel in euer Heft.

b Wer kann die meisten Sätze mit den Wörtern aus **a** bilden?

S'entraîner

C 10/3 **4** **a** ►◄ *C'est en France ou en Allemagne? Posez des questions et répondez.* Stellt Fragen und antwortet.

Exemple: – Où est Toulouse?
– En France. / Je ne sais pas.

Toulouse Brest Saarlouis
Belfort Colmar Stendal Grenoble
Passau Münster Erlangen ___

b Sucht die französischen Städte auf der Frankreichkarte im Buch.

Écouter

5 13 Schreibt auf je einen Zettel die Zeichen = bzw. ≠ .

Haltet = hoch, wenn ihr zweimal dasselbe Wort hört.

Haltet ≠ hoch, wenn ihr zwei verschiedene Wörter hört.

Activités

C 10/4 **6** **a** *Écrivez les légendes.* Schreibt die Bildunterschriften.

1. Voilà / collège / Goethe. Goethe / poète. Collège Goethe / Sachsenhausen.
2. Sachsenhausen / quartier / Francfort. Francfort / ville / Allemagne / sur le Main[1].
3. Le Main / fleuve.

Exemple: Voilà le collège Goethe.

DELF **b** *À vous. Présentez votre collège, votre quartier, votre ville / votre village*[2].
Stellt eure Schule, euer Viertel, eure Stadt / euer Dorf vor.

1 **sur le Main** am Main 2 **le village** das Dorf

DELF **7** **a** Was ist hier abgebildet? Was könnt ihr davon verstehen? Was hat euch dabei geholfen?

b *Qui est Guignol? Trouvez des informations.* Findet Informationen. (→ Landeskundliches Lexikon, p. 144)

Recherche

8 *C'est qui?* Findet die Namen der Mitspieler von Guignol.
http://amisdeguignol.free.fr

Apprendre à apprendre

C 10/5 **9** **Wie du etwas im Buch nachschlagen kannst**

a Im Landeskundlichen Lexikon auf S. 144–145 findest du Auskünfte über französische Orte und Personen.

Schau dort nach, was du über „le Rhône" erfährst.

b Im Anschluss an das Lexikon folgt eine Vokabelliste. Sie enthält alle neuen Vokabeln in der Reihenfolge, wie sie im Buch auftreten. Du findest dort die wichtigsten Angaben zu jedem Wort.

l'ami	[lami]	*m.*	der Freund	Marc est l'~ de Sophie.
Artikel	Aussprache	Angabe des Geschlechts *m.* = masculin	Übersetzung	Beispielsatz mit Lücke zum Üben

Finde alle Informationen über „fille".

c In jeder Unité geben dir die Repères einen Überblick über die Redewendungen und die Grammatik. Mit Hilfe der kleinen Aufgaben überprüfst du, ob du die Regeln verstanden hast.

Wie sagt man „Ich weiß nicht" auf Französisch?
Welche Formen von „être" hast du in Unité 1 kennen gelernt?
Wie fragst du jemanden, wie es ihm geht?
Wie antwortet er/sie darauf?

Repères

Qu'est-ce qu'on dit?

C 6/4 C 8/8 **1**

Du begrüßt jemanden:	Bonjour, ____ . / Salut, ____ .
Du verabschiedest dich:	Au revoir. / Salut. / À demain. / À plus.
Du fragst jemanden, wie es ihm geht:	Ça va?/ Ça va bien?
Du antwortest, dass es dir gut geht:	Ça va. / (Ça va) bien.
Du fragst nach einer Person:	C'est qui?
Du weißt etwas nicht:	Je ne sais pas.
Du fragst jemanden nach seinem Namen:	Tu t'appelles comment?
Du stellst dich vor:	Je m'appelle ____ .
Du stellst jemanden vor:	Voilà (Tarik). / C'est (Paul).
Du entschuldigst dich bei jemandem:	Pardon.
Du hast etwas nicht verstanden:	Pardon?
Du zeigst jemandem etwas:	Regarde.
Jemand ist neu in einer Klasse:	Il est nouveau. / Elle est nouvelle.
Du fragst, wo etwas/jemand ist:	Où est (Lyon)? / Où est (Manon)?
Du gibst einen Ort an:	C'est à (Francfort). / C'est en (Allemagne).

►◄ Bereite mit deinem/deiner Partner/in einen Dialog vor. Verwende so viele Ausdrücke wie möglich.

Grammaire

2 **Der bestimmte Artikel im Singular** L'article défini au singulier (→ GH, p. 6/1.1)

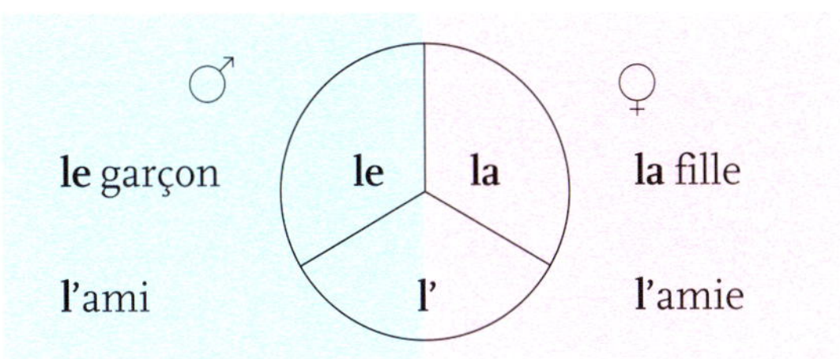

a Le → Auf „le" folgt ein ____ Nomen.
La → Auf „la" folgt ein ____ Nomen.

Auf „l'" folgt ein ___ oder ein ___ Nomen, das mit ___ beginnt.

b Vergleiche die bestimmten Artikel im Französischen und im Deutschen:
Im Deutschen gibt es drei Geschlechter: männlich, weiblich, sächlich.
Im Französischen gibt es ____ .

c Trage alle Nomen der Unité in eine Liste ein. Schreibe die männlichen Nomen blau und die weiblichen Nomen rot.

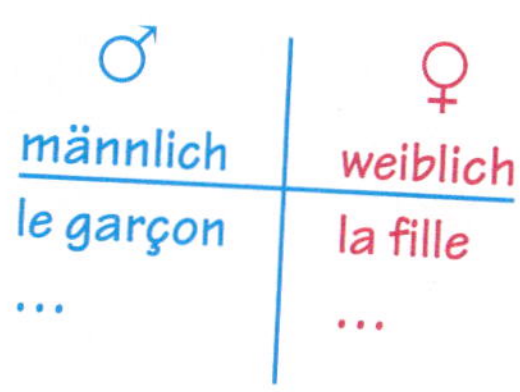

3 Der unbestimmte Artikel im Singular L'article indéfini au singulier (→ GH, p. 7/1.2)

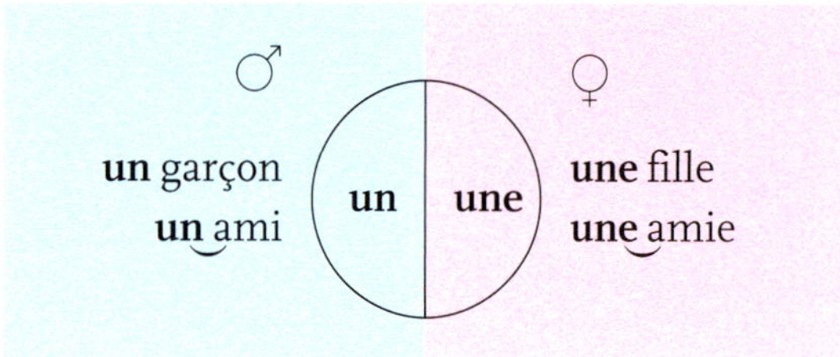

Vor männlichen Nomen steht ___ .
Vor weiblichen Nomen steht ___ .

4 Das Personalpronomen im Singular Le pronom personnel au singulier (→ GH, p. 7/2)

Je m'appelle Paul.
Tu t'appelles comment?
Il est dans la classe de Manon.
Elle est dans la classe de Tarik.

5 Das Verb „être" im Singular Le verbe «être» au singulier (→ GH, p. 8/3)

Je **suis** l'amie de Tarik.
Tu **es** l'ami de Manon.
Il **est** dans la classe de Manon.
Elle **est** dans la classe de Tarik.

6 Die Intonationsfrage L'interrogation par intonation (→ GH, p. 9/4.2)

Fragesatz	Aussagesatz
Ça va?	Ça va.
C'est toi?	C'est moi.
Tu es dans la classe de Manon?	Tu es dans la classe de Manon.

1 14 Im Französischen können Fragesätze und Aussagesätze die gleiche Wortstellung haben. Wie kannst du einen Fragesatz von einem Aussagesatz unterscheiden?

7 Die Präpositionen „à" und „en" Les prépositions «à» et «en»

en	à
Allemagne	Francfort
France	Lyon
Autriche	Vienne

Tilo est **en** Allemagne, **à** Francfort.
Tarik est **en** France, **à** Lyon.
Luisa est **en** Autriche, **à** Vienne.

a *Écoutez la chanson.* Welche Aufforderungen versteht ihr schon? Schreibt sie in euer Heft.

b Eine/r fordert die Klasse auf. Die anderen führen die Aufforderung aus.

1 15 Le rap de Manon

Bonjour les enfants,
Bienvenue à Lyon.
Écoutez le rap de Manon.
Comment, comment?
Pardon, pardon?

Écoutez, oui, écoutez.
Fermez le livre de français.
Écoutez, regardez le tableau, répétez.
Répétez le rap de Manon.

Bonjour les enfants,
Bienvenue à Lyon.
Répétez le rap de Manon.
Comment, comment?
Pardon, pardon?

Répétez, oui, répétez.
Ouvrez le livre de français.
Répétez, lisez le texte, chantez.
Chantez le rap de Manon.

Bonjour les enfants,
Bienvenue à Lyon.
Chantez le rap de Manon.
Comment, comment?
Pardon, pardon?

Chantez, oui, chantez.
Ouvrez le cahier de français.
Chantez, écrivez le texte, continuez.
Continuez le rap de Manon.

3 **écoutez** hört zu! 7 **fermez** macht zu!, schließt! 8 **regardez** schaut! 8 **répétez** wiederholt! 16 **ouvrez** macht auf!, öffnet! 17 **lisez** lest! 17 **le texte** der Text 17 **chantez** singt! 26 **écrivez** schreibt! 27 **continuez** macht weiter!

UNITÉ 2 À l'école

Approches

17 Le CDI

Voilà le CDI. Et voilà M. Ardent. C'est le documentaliste.

Écouter

C 13/1 **1** 17 *Écoutez et retrouvez les mots sur l'image.* Findet die Wörter auf dem Bild wieder. Schreibt den zu jedem Wort gehörigen Buchstaben in der richtigen Reihenfolge in euer Heft. Wie lautet der Lösungssatz?

Découvrir

C 13/2 C 13/3 **2** **a** Betrachtet die Beispiele im Bild. Wie bildet man den Plural von „le", „la" und „l'"? Wie bildet man den Plural der Nomen?

b Bildet den Plural der folgenden Nomen und schreibt sie in euer Heft.
l'ami – la table – l'armoire – l'agenda – le stylo – l'école – l'amie – l'élève

S'entraîner

3 **a** 18 *Écoutez.* Hebt die Hand immer, wenn ihr eine Pluralform hört. (→ Repères, p. 32/2)

b ►◄ *Dictez cinq noms à votre voisin/e.* Diktiert eurem Nachbarn / eurer Nachbarin fünf Nomen im Singular. Er/Sie schreibt die Pluralform auf. (→ Liste des mots, p. 147)

1|19 Il y a des profs et des élèves

À «Clément Marot», il y a un CDI et bien sûr, des salles de classe avec des élèves et des profs. Voilà la sixième D. Et voilà M. Conté, le prof de maths.

Il y a aussi une cantine …

… et un secrétariat. La secrétaire s'appelle Madame Pianta. Elle est sympa avec les élèves.

Et qu'est-ce qu'il y a encore? Un gymnase …

… et une cour avec des surveillants et des élèves.

Comprendre

DELF **1** *Corrigez.* Korrigiert.

1. Dans la cour, il y a des surveillants et un élève.
2. À l'école, il y a un secrétariat avec des frites.
3. M. Conté est le documentaliste.
4. La secrétaire s'appelle Madame Mirelli.
5. À la cantine, il y a des secrétaires.
6. Dans le gymnase, il y a un cochon d'Inde.

Écouter et répéter

2 1 20 [ɑ̃] *ou* [ɛ̃]? *Écoutez et répétez.*

S'entraîner

3 *Qu'est-ce que c'est? Devinez.* Eine/r geht an die Tafel, zeichnet einen Gegenstand. Die anderen erraten ihn.

C'est un/une ___ .

C 14/1 **4** *Qu'est-ce qu'il y a dans un CDI?*
Il y a des ___ . *Continuez.* (→ Approches, p. 24)

C 14/2 **5** *Décrivez les dessins.* Beschreibt die Bilder.

1. Voilà un collège. Dans la cour, il y a un ___ .
   Il y a aussi ___ .

Vocabulaire

6 *Complétez.* Ergänzt das Vokabelnetz.

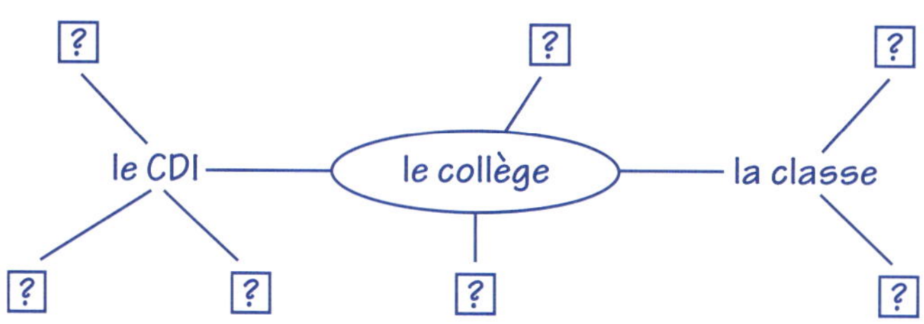

1 21 Où sont les cassettes?

Tarik: Monsieur, où est la cassette d'Astérix?
M. Ardent: Le film avec Gérard Depardieu? Il y a des films de Depardieu, là-bas, sur l'étagère.
Tarik: Merci!

Lucie: Monsieur, où sont les cassettes vidéo?
M. Ardent: Regarde, là-bas, à droite, il y a une étagère, hein?
Lucie: Oui!
M. Ardent: Eh bien, il y a des cassettes vidéo sur l'étagère ...

Valentin: Monsieur, il y a des atlas, ici?
M. Ardent: Oui.
Valentin: Et où, Monsieur?
M. Ardent: Ils sont sous les livres de géographie, dans l'armoire, à gauche.

Manon: Monsieur, s'il vous plaît, où sont les cassettes vidéo?
M. Ardent: Encore!!!
Manon: Mais Monsieur ...
M. Ardent: Mais enfin, regarde. Elles sont sur l'étagère, à droite.
Manon: Oui Monsieur, il y a des films, mais où est le film «Matrix»?
M. Ardent: Un film d'horreur? Mais Manon, c'est un CDI, ici!

Comprendre

1 ►◄ *Répondez aux questions.* Beantwortet die Fragen.

1. Qu'est-ce qu'il y a sur l'étagère, à droite?
2. Qu'est-ce qu'il y a dans l'armoire, à gauche?
3. Où est la cassette d'Astérix?
4. Les atlas sont sur l'étagère?

S'entraîner

C 16/1 **2** **a** *Formez des phrases.* Bildet Sätze.

b ►► *À vous.* Bildet einen Satz zu dritt.

Paul et Lucie	est	avec les livres de géographie.
L'agenda de M. Ardent	sont	dans la classe de Tarik.
Le collège Clément Marot		en Allemagne.
Les magazines		sous la table.
Francfort		sur l'étagère.
Les atlas		dans l'armoire.
Manon		à Lyon.

3 Die folgenden Schüler/innen nehmen an einem E-Mail-Projekt teil. An welchen Orten befinden sie sich? ►◄ *Posez des questions et répondez.* Stellt Fragen und antwortet. (→ Repères, p. 33/4b)

1. Pauline et Lucie / France / Lyon

Exemple:

– Où sont Pauline et Lucie?
– Elles sont en France, à Lyon.

2. Sonia et Barbara / France / Paris
3. Tarik / France / Lyon
4. Oliver et Mehmet / Allemagne / Bonn
5. Sabine / Allemagne / Leipzig
6. Mohammed / France / Toulouse
7. Kevin et Sara / Autriche / Klagenfurt

C 16/2
C 16/3
C 16/4

4 **a** ►◄ Abends herrscht im „CDI" immer Chaos. Helft M. Ardent wieder Ordnung zu schaffen.

Exemple:

– Où sont les CD?
– Ils sont sur l'étagère, à droite.

b ►◄ *Jouez et devinez.* Stellt euch vor: Eine/r „versteckt" eine Diskette in dem Bild. Die anderen müssen das Versteck durch Fragen erraten.

Exemple: La disquette est sous la table? → Oui/Non.

Activité

C 16/5 **5** Am nächsten Tag im „CDI" ... Spielt die Szene. *Jouez la scène.*

a Verteilt zuerst die Rollen.

Exemple: Qui est M. Ardent? C'est moi. / C'est toi. / C'est ____ .

b *Jouez.* Spielt.

Monsieur,/Madame,	où est	le/la/l' ____ ,	s'il vous plaît?
	où sont	les ____ ,	

Regarde.	Il/Elle est Ils/Elles sont	sur	l'étagère, la table,	à droite. à gauche.
		dans sous	l'armoire, l'ordinateur,	

Je ne sais pas.

SÉQUENCE 3

Préparer l'écoute

DELF **1** *Écoutez.* Findet beim Hören des Gesprächs Folgendes heraus: Wo sind Paul und Pauline? Mit wem sprechen sie? Was machen sie? In welche Klasse gehen sie?

1 22 Vous êtes en cinquième?

M. Ardent: Hé les enfants, vous êtes encore là?
Pauline: Oui, on est encore là. Mais vous aussi, Monsieur, vous êtes encore là.
M. Ardent: Oui, mais maintenant, c'est l'heure. Alors ... les deux livres et la cassette d'Astérix, c'est pour toi?
Pauline: Non, c'est pour Paul.
Paul: Oui, c'est pour moi.
M. Ardent: Et tu t'appelles Paul ... comment?
Paul: Paul Gallet.
M. Ardent: Épèle, s'il te plaît.
Paul: Avec deux L. G–A–deux L–E–T.
M. Ardent: Et tu es en sixième?
Paul: Oui, je suis en sixième D.
M. Ardent: Gallet, Paul, sixième D. Et pour toi ... hm, quatre livres, c'est trop.
Pauline: Mais Monsieur, ce sont trois livres et un atlas.
M. Ardent: Hm ... Bon, trois livres, un atlas et le CD de «Louise Attaque». Tu t'appelles comment?
Pauline: Pauline Jouvent.
M. Ardent: Jouvant avec un A ou un E?
Pauline: Avec un E. V–E–N–T.
M. Ardent: Et tu es en cinquième, c'est ça?
Pauline: Non, Paul et moi, nous sommes en sixième D.
M. Ardent: En sixième D. Très bien. Alors les enfants, au revoir et à bientôt.

Comprendre

DELF **2** *Retrouvez l'ordre des images.* Stellt die richtige Reihenfolge der Bilder her. Schreibt in euer Heft zu jedem Bild eine passende Stelle aus dem Gespräch auf.

Découvrir

C 17/2 C 17/3 **3** **a** Im Französischen gibt es einige Zeichen, die im Deutschen gar nicht oder nur selten vorkommen. Findet Beispiele im Text.

b 🎧 1 23 la **c**assette – **ç**a va; la **c**antine – c'est **ç**a. Wie werden „ca-" und „ça" ausgesprochen?

c 🎧 1 24 élève – cinquième – vous êtes – épèle
Wie wird -é- ausgesprochen? Und -è-? Und -ê-?

Findet im Text weitere Wörter mit -é- und mit -è-. Schreibt sie auf und lest sie vor. Auf welchen anderen Buchstaben können Akzente stehen? Findet Beispiele.

Das Zeichen ' heißt „apostrophe".
Den Buchstaben **-ç-** nennt man „c cédille".
Der Buchstabe -é- heißt „e accent aigu",
der Buchstabe -è- heißt „e accent grave",
der Buchstabe -ê- „e accent circonflexe".

S'entraîner

4 **a** 🎧 1 25 *Écoutez et écrivez.* Hört und schreibt auf.

b ►►

À vous. Continuez.

Tipp: Ihr könnt auch Namen erfinden.

c *Trouvez le mot.* Eine/r denkt sich ein Wort aus dem Text dieser Séquence aus. Die anderen erraten einzelne Buchstaben.

(cantine)

5 *Traduisez.* Übersetzt.

1. Bist du der Freund von Valentin?
2. Sind Sie Herr Conté?
3. Seid ihr die Freundinnen von Manon?
4. Sind Sie die Sekretärin?
5. Bist du in der sechsten Klasse?
6. Sind Sie Frau Gallet?

C 18/4 **6** *Complétez par les formes du verbe* être. Setzt die passende Form von „être“ ein. (→ Repères, p. 33/5)

1. – Vous [?] M. Conté?
2. – Alors, Lucie et Pauline, vous [?] en sixième C?
   – Non, nous [?] en sixième D.
3. – Alors Manon, tu [?] dans la classe de Paul?
   – Non, je [?] dans la classe de Tarik.
4. – Bonjour, Madame Pianta, vous [?] encore là?
5. – Bonjour, Mme Gallet. Je m'appelle Pauline et voilà Lucie. Nous [?] dans la classe de Paul.
6. – Alors Valentin, tu [?] l'ami de Tarik?

7 ►◄ *Qu'est-ce qui va ensemble?* Welche Äußerungen passen zusammen?

Mais Monsieur, ce sont trois cassettes vidéo et un DVD!
À plus! Quatre films, c'est trop! Moi, Paul. Et toi?
Tu es encore là? Épèle, s'il te plaît. Tu t'appelles comment?
G–A–deux L–E–T. Salut et à bientôt!
Oui, mais vous aussi, Madame, vous êtes encore là.

Activité

8 Sucht für jeden Buchstaben des Alphabets ein Wort, in dem dieser Buchstabe vorkommt, und malt ein Bild zu diesem Wort. So prägt ihr euch die Wörter besser ein.

Jeu de rôle

C 18/6 DELF **9** **a** ►◄ *Préparez des dialogues.* Bereitet Dialoge vor. (→ Repères, p. 21/1 et p. 32/1)

1. Du bist neu im „Collège“. Du willst zum „CDI“, weißt aber nicht, wo es ist. Auf dem Schulhof ist ein „surveillant“, den du fragen kannst …

   Überlege,
   – wie du den „surveillant“ begrüßen kannst.
   – wie du ihn nach dem „CDI“ fragen kannst.
   – wie der „surveillant“ auf deine Frage antworten könnte.
   – was er dich noch fragen könnte. (Name?/Neu?/ ___ ?)
   – wie du dich bedanken und verabschieden kannst.

2. Jetzt bist du im „CDI“ und möchtest etwas ausleihen. Der „documentaliste“ kennt dich nicht …

   Überlege,
   – was der „documentaliste“ dich alles fragen könnte.
   – was du darauf antworten kannst.
   – was du ihn fragen könntest.

b *Jouez les scènes.*

Denkt daran, euch zu begrüßen und zu verabschieden!

Repères

Qu'est-ce qu'on dit?

C 18/5 **1**

Du sprichst einen Erwachsenen an:	Monsieur/Madame, s'il vous plaît ____ .
Du fragst, wo du etwas/jemanden finden kannst:	Où est (le livre)? / Où sont (les filles)?
Du sagst, wo etwas/jemand sich befindet:	C'est à droite. / Il/Elle est là-bas / ____ .
Du vergewisserst dich, ob etwas richtig ist:	C'est ça?
Du bedankst dich:	Merci.
Du sagst, in welcher Klasse du bist:	Je suis en (sixième).
Es ist Zeit:	C'est l'heure.
Du gibst jemandem etwas und sagst:	C'est pour toi.
Du forderst jemanden auf, zu buchstabieren:	Épèle.
Du fragst nach einer Sache:	Qu'est-ce que c'est?
Du findest jemanden sympathisch:	Il/Elle est sympa.

Grammaire

2 Der bestimmte Artikel und das Nomen im Plural
L'article défini et le nom au pluriel (→ GH, p. 10/6.1)

♂		♀
les garçons [legaʀsɔ̃]	les	les filles [lefij]
les‿ordinateurs [lezɔʀdinatœʀ]		les‿armoires [lezaʀmwaʀ]

a Männliche und weibliche Nomen haben im Plural denselben Artikel. Der Artikel lautet ____ . Im Plural wird an das Nomen meist ein ____ angehängt.

⚠ **la** souri**s** → **les** souri**s**
le caillou → **les** caillou**x**

b 1 26 Woran hörst du, ob ein Nomen im Singular oder Plural verwendet wird?

c Schreibe sechs Nomen mit Artikel im Singular oder Plural auf und lies sie vor. Dein/e Partner/in sagt, ob er/sie das Nomen im Singular oder Plural gehört hat.

3 Der unbestimmte Artikel im Plural
L'article indéfini au pluriel (→ GH, p. 11/6.2)

♂		♀
des garçons	des	des filles
des‿ordinateurs		des‿armoires

a Ergänze: Im Deutschen gibt es keinen ____ . Aber im Französischen ____ .

b Lies laut. Denke an die Bindung.
des‿ordinateurs, des‿armoires, des‿élèves, des‿écoles, des‿agendas

c Übersetze.
die Bücher, Kinder, ein Computer, Schränke, Freundinnen, die Filme, eine CD-Rom, Kassetten, Freunde, ein Mädchen, Lehrer

4 Das Personalpronomen Le pronom personnel (→ GH, p. 12/7)

Je	m'appelle Paul Gallet.
Tu	t'appelles comment?
Il	est en cinquième.
Elle	s'appelle Pauline.
On	est là.
Nous	sommes en sixième D.
Vous	êtes encore là?
Ils	sont là.
Elles	sont aussi en sixième D.

a *M. Ardent:* Ah, les enfants, **vous** êtes encore là?
Pauline: Oui. Mais vous aussi, Monsieur, **vous** êtes encore là.

Übersetze die beiden Sätze. Wofür steht **vous**?

b Où sont Paul et M. Ardent? Ils sont là.
Où sont Lucie et Pauline? Elles sont là.
Où sont Tarik et Lucie? Ils sont là.

Wann verwendest du **ils**?
Wann verwendest du **elles**?

5 Das Verb „être" Le verbe «être» (→ GH, p. 12/8)

	être	
Je	**suis**	dans la cour.
Tu	**es**	en sixième?
Il/Elle/On	**est**	en France.
Nous	**sommes**	dans la classe.
Vous	**êtes**	encore là, Monsieur?
Ils/Elles	**sont**	à Lyon.

6 Die Frage mit „qu'est-ce que" L'interrogation avec «qu'est-ce que» (→ GH, p. 13/9.1)

Qu'est-ce que c'est?	**Was** ist das?
Qu'est-ce qu'il y a sur la table?	**Was** liegt auf dem Tisch?

7 Ortsangaben Indications de lieu

à gauche

à droite

ici

là/là-bas

dans

sur

sous

entre

Écouter

DELF **1** 🎧 1 27 *Écoutez et corrigez.* Korrigiert die Sätze, die nicht mit dem Bild übereinstimmen.

Exemple:
Les enfants sont à la cantine. → Non. Ils sont dans la cour.

S'entraîner

2 *Corrigez.* Tariks Computer spinnt. Der Text ist durcheinander geraten.

> Bonjour Tilo. va Ça? des Voilà photos Lyon et Croix-Rousse de la de. c'est collège Là le. cantine la c'est À droite. gymnase le À gauche c'est. documentaliste M. Ardent Là c'est le. sympa Il est élèves avec les.

Vocabulaire

3 *Quels mots vont ensemble?* Welche Wörter passen zusammen?

Exemple: bonjour – au revoir

bonjour   le garçon   l'ordinateur   le CDI   la cantine

monsieur   à droite   le   il   vous   la secrétaire   l'école   madame

le secrétariat   les frites   la   au revoir   tu   à gauche

les élèves   le documentaliste   la fille   elle   la souris

4 *Qui forme la phrase la plus longue?* Wer bildet den längsten Satz?

et   ordinateur   livres   cassettes vidéo

agenda   l'   M. Ardent   table   de   avec   la   est

cédéroms   étagères   armoire   les   sur   sont

Activité

5 ►◄ Schreibt die folgenden Wörter auf je eine gelbe Karte.

Paul · Lucie et Pauline · tu · Tarik · Pauline · Paul et Pauline · M. Ardent

Schreibt die folgenden Wörter auf je eine grüne Karte.

à Lyon · dans la classe de Manon · fille/s · garçon/s · ami/s de Manon · élève/s · amie/s de Manon · monstre · dans la classe de Valentin · à Leipzig

A hält die Karten. B wählt eine gelbe und eine grüne Karte aus und bildet eine Frage. A antwortet.

Exemples:

– Paul est à Lyon ?
– Oui.

– Lucie et Pauline sont des garçons ?
– Mais non. Lucie et Pauline sont des filles.

Projet: Mon album

→ Portfolio Dossier

6 Sammle Fotos von deiner Schule, deinen Lehrern, deiner Klasse. Überlege dir die dazugehörigen Bildunterschriften und gestalte damit ein Album für eine französische Partnerklasse.

Apprendre à apprendre

C 19/7 **7** **Wie du einen französischen Text verstehen kannst (1)**

Du musst nicht jedes Wort kennen, um einen Text zu verstehen. Achte auch auf die Gestalt des Textes, seine Überschrift, seine Bilder. Manche Wörter kannst du verstehen, weil sie einer Sprache ähneln, die du schon kannst. Betrachte diese Internetseite: Was zeigt das Bild? Was hast du von dem Text verstanden? Welche Wörter konntest du erraten? Wie bist du vorgegangen?

Adresse http://www2.ac-lyon.fr/etab/colleges/col-69/cmarot/cdi.html
Liens Démarrage de Internet Guide des chaînes Infos sur Internet Explorer Le meilleur du Web Personnalisation des liens

Le CDI

Le centre de documentation et d'information du collège Clément Marot, c'est:

- Près de 7000 documents
- Dont ~ 3900 livres (romans, BD, poésie, théâtre)

~ 2200 périodiques
~ 250 dossiers documentaires
~ 180 documents audiovisuels (vidéos, K7 audio, CD)

- L'accès aux technologies modernes

~ Logiciels documentaires BCDI
~ Logiciel de lecture Lirebel
~ Lecteur de CD-ROM

La chanson de l'alphabet

Le jeu de l'alphabet

Jouez. Wählt einen Spielleiter und bildet zwei Gruppen.
Die Gruppe, die zuerst ein Wort nennt, das den genannten Buchstaben enthält, bekommt einen Punkt. Wird das Wort richtig an die Tafel geschrieben, gibt es einen weiteren Punkt.

30 On ferme

Bonjour et au revoir,
on ferme maintenant,
les enfants!
C'est l'heure,
Bonjour et au revoir,
mais non, mais non,
mais c'est l'horreur!
Monsieur, on ferme!
Mais non, une minute encore!
On ferme, Mademoiselle.
S'il vous plaît!
Mais non, mais non,
c'est l'heure,
et l'heure, c'est l'heure
et non, c'est non.

2 **on ferme** wir schließen 7 **c'est l'horreur** das ist schrecklich/furchtbar

Jouez la scène.

32 Où est le documentaliste?

Le CDI, c'est ici? Mais où est le documentaliste?
Regarde à droite, à gauche et sur les étagères.
Eh, ça va bien la tête?
Le documentaliste, sur l'étagère!
Alors regarde à droite et dans l'armoire.
Mais non, Madame, mais non, Madame.
Le documentaliste est sur la table ou dans l'ordinateur
ou dans l'agenda.
Je ne sais pas!
Ou sur les magazines
ou à la cantine.
Mais non, Mademoiselle.
Le documentaliste
est sur la colline
avec sa copine.
Ça, c'est logique.

3 **Ça va bien la tête?** Bist du noch ganz richtig im Kopf? 15 **avec sa copine** mit seiner Freundin

Où est la souris? Où est M. Mirelli? Où est …? Écrivez vous aussi une chanson.

→ Portfolio
Dossier

UNITÉ 3 Ma famille et mes amis

Approches

1|33 Chez Lucie

C'est moi, Lucie Montagnet.

Voilà mon père et ma mère.
Ils sont devant la maison.

Voilà mon grand-père, Pépé,
et ma grand-mère, Mémé.
Ce sont les parents de ma mère.

Et voilà mes chats :
Mirabelle à gauche,
et derrière l'ordinateur,
c'est Pruneau.

Nous sommes quatre enfants.
Voilà ma sœur Laure et
mes frères Antoine (à gauche)
et Manuel (à droite).

Voilà mes copains :
mon amie Pauline avec
Valentin et Tarik.

Comprendre

C 22/1 **1** ►◄ *C'est qui? Répondez.*

– M. Montagnet, c'est qui?
– C'est le père de Lucie.
– Et Mme Montagnet, c'est qui?
– C'est ___ .

Continuez.

Pruneau Antoine Pauline Pépé Tarik
Manuel Laure Mémé Mirabelle

S'entraîner

C 22/2 **2** **a** ►◄ *Voilà la famille de Pauline. Complétez avec* mon, ma, mes. (→ Repères, p. 47/2)

Là, c'est ? cochon d'Inde, Charlie.

Voilà ? frère, David.

Là, c'est ? père avec ? grand-mère.

Et voilà ? copains, Lucie et Paul.

Et là, c'est moi avec ? parents.

Voilà ? grand-père et ? mère.

b *À vous. Faites un collage avec «votre» famille.* Ihr könnt „eure" Familie auch erfinden.

3 ►► Zeigt auf die Gegenstände oder die Personen. *Utilisez* mon, ma *ou* mes. *Utilisez aussi les mots de la page 23.*

livre copines stylos livres agenda
amis copain table copine
copains ami stylo amie

Voilà ma copine.

1 34 Chez Pauline

Comprendre

1 ►◄ *Corrigez les phrases.*
1. Lucie parle avec la mère de Manon.
2. Pauline est dans la salle de séjour.
3. Pauline parle avec les frères de Lucie.
4. Lucie est dans la cuisine avec Antoine et Manuel.
5. Les frères de Lucie sont devant l'ordinateur.

S'entraîner

C 23/1 **2** **a** *Décrivez l'appartement.* Beschreibt die Wohnung.

À droite, il y a ___.
À gauche, il y a ___.
La ___ est entre ___.

b ►◄ A denkt sich ein Versteck für die Katze Mirabelle aus. B findet es durch Fragen heraus. Dann tauscht ihr die Rollen.

Exemple:
– Mirabelle est dans la chambre de ___?
– Oui/Non.

C 23/3 **3** ►► *Posez des questions. Votre voisin/e répond.* Stellt Fragen. Euer Nachbar / Eure Nachbarin antwortet. (→ Repères, p. 47/2)

stylo disquettes livre cassette agenda copine atlas cédéroms CD

– C'est ton/ta ___? – Oui, c'est / ce sont ___.
– Ce sont tes ___? – Non, c'est / ce sont ___ de ___.

Continuez. Utilisez les mots de la page 23.

Écouter

4 1 35 *Écoutez et montrez avec les doigts.* Zeigt die gehörten Zahlen mit den Fingern.

Activité

C 24/4 **5** **a** 1 36 Ihr hört verschiedene Aufforderungen. Führt die entsprechende Geste nur dann aus, wenn vor der Aufforderung „Jacques a dit"* [ʒakadi] gesagt wird.

* **Jacques a dit** Jacques hat gesagt

b *À vous.* Eine/r von euch gibt die Anweisungen.

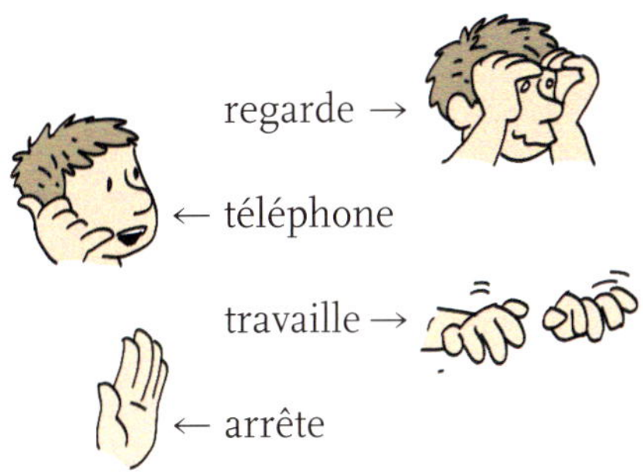

1|37 Chez Mme Gallet et ses enfants

Madame Gallet et ses deux enfants, Paul et Annabelle, sont de Bruxelles. Maintenant ils habitent à Lyon, dans le quartier de la Croix-Rousse. Madame Gallet est médecin. Elle travaille dans un hôpital. Paul est dans la salle de séjour. Il est sur une chaise et pose une lampe. Sa mère arrive.

«Bonsoir, maman! Allume, s'il te plaît!
– Paul, super, ça marche! L'appartement est super maintenant. Ta sœur est là?
– Oui. Elle est dans sa chambre. Elle range son carton de photos et ses cassettes.
– C'est bien. Vous travaillez bien, les enfants.»

Madame Gallet entre dans la chambre d'Annabelle. Sa fille est sur son lit. Elle regarde des photos avec Madonna, sa perruche.
«Bonsoir, Annabelle! Ça va? Hm ... Annabelle, tu ranges tes photos ou tu ...
– Regarde, maman, là, c'est mémé et toi, vous êtes chez tatie Danielle. Vous parlez avec un monsieur ... C'est qui?
– Montre! Ah oui ... Nous sommes devant la maison de ma sœur ... Le monsieur? Hm ... Ah oui, je sais, c'est un voisin de ta tante ...»
Paul entre: «On mange maintenant? Il y a un film super à la télé ...»

Comprendre

C 25/1 **1** ►◄ *Racontez.*

Exemple: 1. Mme Gallet, Paul et Annabelle sont de Bruxelles.

1. *être* / Bruxelles	4. *poser* / lampe	7. *entrer* / chambre	10. Paul / *entrer*
2. *habiter* / Lyon	5. *être* / chambre	8. *être* / lit	11. il y a / film super.
3. *travailler* / hôpital	6. *ranger* / photos	9. *regarder* / photos	12. *ranger* / *manger* / *regarder*

2 *Posez des questions avec* qui *et* où. *Vos camarades répondent.*

– Où travaille Mme Gallet?
– Elle travaille ___ .

Écouter

DELF **3** 🎧 1 38 *Regardez la photo, écoutez le texte et corrigez.*

S'entraîner

C 26/4 C 26/5 **4** *Complétez par* son, sa, ses.
(→ Repères, p. 47/2)

Lucie habite à Lyon. [?] collège est à la Croix-Rousse. Maintenant, Lucie est dans [?] chambre. Lucie range [?] cassettes et [?] cédéroms sur [?] étagères. [?] livres sont dans [?] armoire.

Julian habite à Leipzig. [?] collège est à Grünau. Maintenant, Julian est dans [?] chambre. Julian range aussi [?] cassettes et [?] cédéroms sur [?] étagères. [?] livres sont aussi dans [?] armoire.

5 **a** *Complétez. Utilisez l'impératif.*

b ►► *À vous. Utilisez l'impératif.* Fordert eure Klassenkameraden zu etwas auf.

montrer épeler
parler ranger

Montre ton livre, Sven.

C 25/2
C 25/3

6 *Chez Pauline Jouvent. Racontez.*

1. Pauline / parents / frère / *habiter* / Lyon
2. père / *être* / professeur / *travailler* / collège
3. mère / *être* / secrétaire/ *travailler* / hôpital
4. père / *poser* / lampe
5. Pauline / frère / *ranger* / cuisine
6. mère / *téléphoner*
7. parents / *manger*
8. Pauline et Lucie / *regarder* / télé
9. frère / *être* / ordinateur

Exemple: Pauline, ses parents et son frère habitent ___ .

Découvrir l'orthographe

7 1 39 *Écoutez et répétez.*

la girafe

[ʒ]	[g]
le **gy**mnase	le ma**ga**zine
la **gé**ographie	à **gau**che
l'a**ge**nda	re**ga**rdez
la **gi**rafe	le **ga**rçon
nous man**geo**ns	la **go**mme

la gomme

Activité

C 26/7

8 *Mimez.*
Les autres devinent.

Tu travailles?

Tu regardes un film?

(→ Repères, p. 48/4)

1 40 Tilo et Tarik

Tarik est dans sa chambre. Il allume son ordinateur. Est-ce qu'il a un message? Oui!! De Tilo, son correspondant … Tilo habite avec ses parents et son frère, Niklas, dix-sept ans, en Allemagne, près de Francfort.

A: Tarik

Cher Tarik,
Maintenant, j'ai aussi une adresse e-mail. Merci pour le cédérom. Les photos sont super. Est-ce que tu as aussi une photo ou un film de ta famille? Voilà une photo de mes parents avec mes grands-parents et mon frère Niklas. Il y a aussi Tartar. Tartar, c'est son chien. Moi, j'ai un chat, et mon frère et moi, nous sommes comme chien et chat. Est-ce que tu as des frères et sœurs? Nous avons aussi des poissons (onze!) et des tortues. C'est sympa, les poissons, ils sont toujours d'accord. Les tortues aussi.
Moi, j'ai douze ans. Et toi, tu as quel âge?
Pour demain, nous avons des exercices de français: «avoir» ou «être»?
«Vous avez des animaux?», «Ce sont tes animaux?», «Ils ont des poissons.», «Où est-ce qu'ils sont?»
C'est juste? Est-ce qu'il y a des fautes? Antworte, bitte. Et vous, est-ce que vous travaillez beaucoup en cinquième?
On mange dans vingt minutes. Alors, j'arrête.
À+! Tilo.

Comprendre

C 27/1 **1** **a** *Donnez des informations sur Tarik et Tilo.* Zeichne einen entsprechenden Igel in dein Heft und schreibe die Informationen an die Stachel.

b *Présentez Tarik et Tilo.* Nun stellt Tarik und Tilo vor. Benutzt die Informationen, die ihr aufgeschrieben habt.

S'entraîner

2 **a** ►◄ *Posez les questions avec* est-ce que. *Votre voisin/e répond.* (→ Repères, p. 48/5)

1. Tu as des frères et sœurs?
2. Tes parents ont un ordinateur?
3. Tu as un chat ou un chien?
4. Tu travailles beaucoup pour l'école?
5. Tu as un correspondant ou une correspondante?

b ►◄ *Continuez. Posez encore trois questions à votre voisin/e.*

C 27/3 **3** *Trouvez les questions. Utilisez:*

Où est-ce que/qu'?

Qu'est-ce que/qu'?

Est-ce que/qu'?

1. ? Tarik travaille? – Dans sa chambre.
2. ? il a un message? – Oui, de son correspondant.
3. ? il y a sur la table de Lucie? – Des livres et des photos.
4. ? tu as onze ans? – Non, j'ai douze ans.
5. ? Tilo habite? – Près de Francfort.
6. ? vous avez des poissons? – Non, mais nous avons deux chiens.
7. ? il y a sur la photo? – Une maison.
8. ? vous regardez? – Un film avec Depardieu.

C 27/5 **4** *Formez des phrases. Utilisez* avoir *ou* être. (→ Repères, p. 48/4)

Ils sont à Lyon.

Je/J'		une adresse e-mail.
Tu		frères et sœurs.
Il		à Lyon.
Elle	*avoir*	à Clément Marot.
Nous	*être*	dix ans.
Vous		huit poissons.
Ils		comme chien et chat.
Elles		trois chiens.

5 1 41 *Écrivez les nombres.* Notiert die Zahlen, die ihr hört.

6 **a** *Trouvez les mots qui riment.* Findet heraus, welche Wörter sich auf welche Zahlen reimen.

un vingt trois deux six dix
sept dix-sept quatre cinq huit
dix-huit dix-neuf neuf onze
douze treize seize quatorze quinze

demain chien copain bien mieux
monsieur toi moi disquette
cassette vous êtes

b *Faites des rimes.* Bildet Reime mit den Wörtern von **a**.

Exemple: Quinze, seize, dix-sept, voilà M. Ardent et ses disquettes.

Écrire

C 28/7 DELF **7** *Écrivez un message pour votre correspondant/e.* (→ Repères, p. 47/1)

Merci pour ___.
Voilà une photo de ___.
Moi aussi, je/j' ___.
Voilà mon/ma/mes ___.

Sammle Stichworte: Wofür bedankst du dich?
Welche Fotos willst du schicken?
Wer ist darauf? Wo? Mit wem?
Geschwister? Alter? Tiere?
Hast du viel zu tun in der Schule?
Welche Frage willst du stellen?

Repères

Qu'est-ce qu'on dit?

C 28/6 **1**

Du stellst jemanden vor:	C'est (ma mère). / Ce sont (mes parents).
und sagst, wo er wohnt:	Il/Elle habite en (Allemagne) / à (Kelsterbach) / près de (Francfort).
Du sagst, wo jemand arbeitet:	Il/Elle travaille (dans un hôpital).
und gibst seinen Beruf an:	Il/Elle est secrétaire / médecin / ___ .
Du bittest jemanden um etwas:	S'il te plaît, ___ / S'il vous plaît, ___
Du meldest dich am Telefon:	Allô?
Du fragst, ob jemand zu Hause ist:	(Lucie) est là? / (Paul) est à la maison?
Du fragst jemanden nach seinem Alter:	Tu as quel âge? / Vous avez quel âge?
Du gibst dein Alter an:	J'ai (douze) ans.

Du rufst Paul an. Mme Gallet hebt ab. Melde dich. Begrüße Mme Gallet. Frage, wie es ihr geht und ob Paul da ist. *Faites le dialogue.* (→ p. 40)

3

Grammaire

2 **Die Possessivbegleiter** Les déterminants possessifs (→ GH, p. 14/10)

Singulier

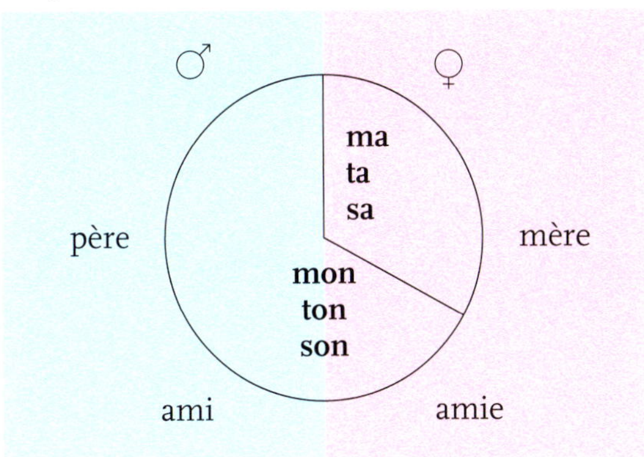

Pluriel

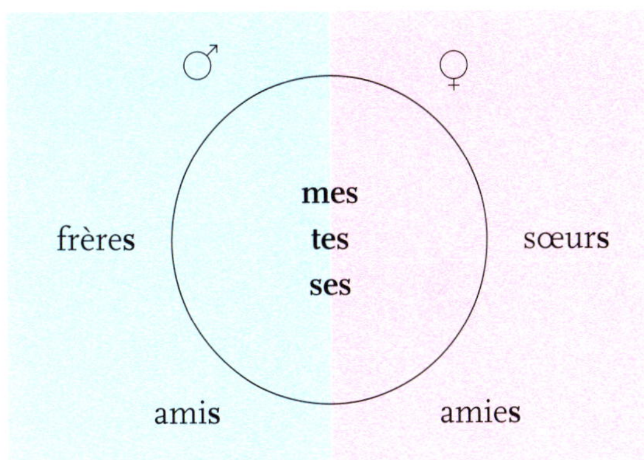

Ergänze die Sätze mit den Wörtern in Klammern.

1. Lucie a un frère. (Ihr Bruder) s'appelle Antoine.
2. Antoine a aussi un frère. (Sein Bruder) s'appelle Manuel.
3. Pauline a une copine. (Ihre Freundin) s'appelle Lucie.
4. Valentin a une copine. (Seine Freundin) s'appelle aussi Lucie.

3 **Der Imperativ** L'impératif (→ GH, p. 16/11.3)

Regarde, Valentin.

Regardez, Monsieur.
Regardez, les enfants.

Regardons la télé.

Übersetze die Beispiele. Wann verwendest du die Imperativform auf „-ez"?

4 Die Verben Les verbes (→ GH, p. 15/11)

parler

je parl**e**
tu parl**es**
il/elle/on parl**e**
nous parl**ons**
vous parl**ez**
ils/elles parl**ent**

a Sammle alle Verben auf „-er“ in einer Liste und konjugiere zwei davon.

⚠ j'habite

manger

je mang**e**
tu mang**es**
il/elle/on mang**e**
nous mang**eons**
vous mang**ez**
ils/elles mang**ent**

b Welches Verb endet noch auf „-ger“? Konjugiere es in deinem Heft.

avoir

J' **ai** des exercices de français.
Tu **as** des frères et sœurs?
Il/Elle/On **a** un chat.
Nous **avons** une adresse e-mail?
Vous **avez** aussi une adresse e-mail?
Ils/Elles **ont** un appartement super.

Das Verb „avoir“ ist ein unregelmäßiges Verb.

⚠ Unterscheide: ils‿ont [ilzɔ̃] – ils sont [ilsɔ̃]

c Schreibe die vollständigen Sätze in dein Heft:

J'[?] un chat et ma sœur [?] un chien. Est-ce que tu [?] aussi un chat? Nous [?] des poissons. Est-ce que vous [?] aussi des poissons? Est-ce que tes copains [?] des poissons?

5 Die Frage L'interrogation

1. Die Frage mit „est-ce que“ (→ GH, p. 16/12.1)

Aussagesatz		Frage mit „est-ce que“
Tu as un chien.	→	**Est-ce que** tu as un chien?
Vous travaillez beaucoup.	→	**Est-ce que** vous travaillez beaucoup?
Il a un message.	→	**Est-ce qu'**il a un message?

a Wie bildest du eine Frage mit „est-ce que“?

b Frage, ob Lucie einen Computer hat, ob Tarik eine E-Mail-Adresse hat, ob Tilo Fische hat, ob Manon eine Katze hat, ob die Freunde von Paul eine Schildkröte haben.

2. Die Frage mit Fragewort und „est-ce que“ (→ GH, p. 17/12.2)

Qu'est-ce que vous regardez?
Où est-ce que Tilo habite?

c Übersetze.
1. Wo arbeitet M. Ardent?
2. Was essen wir?
3. Wo wohnt Tilo?
4. Was ist auf dem Foto?
5. Wo sind Sie?

S'entraîner

1 *Lucie montre ses photos à Paul. Complétez par* mon, ma, mes, ton, ta, tes, son, sa, ses. (→ Repères, p. 47/2)

Lucie: Regarde. Là, c'est [?] mère. Elle parle avec Antoine, [?] frère.
Paul: Et là, ce sont [?] grands-parents?
Lucie: Oui, et l'enfant à droite, c'est [?] père.
Paul: Et là, ce sont [?] chats?
Lucie: Oui. Et voilà [?] correspondante à Hof avec [?] père et [?] mère.
Paul: J'ai aussi un correspondant. Il habite en Allemagne avec [?] parents, [?] frère, [?] deux sœurs et [?] perruche.

2 *Prenez un dé et jouez à trois.* Nehmt einen Würfel und spielt zu dritt.

⚀ je, ⚁ tu, ⚂ il/elle, ⚃ nous, ⚄ vous, ⚅ ils/elles

parler écouter avoir être ranger manger téléphoner

A bestimmt ein Verb und schlägt die „Liste des verbes“, S. 142 auf. B würfelt und konjugiert das Verb in der entsprechenden Form. C schreibt die Form auf. A kontrolliert.

Répéter

3 **a** 1|42 *Écoutez et répétez.*

b *Écoutez encore une fois et notez.* Was fällt euch bei der Aussprache auf?

Activité

4 **a** 1|43 *Écoutez, puis chantez.*

En France, il y a une ville, Lyon, ma ville
Hé oui, ma ville
Dans ma ville, il y a une rue, la rue Hénon, ma rue
Hé oui, ma rue
Dans ma rue, il y a une maison, ma maison
Hé oui, ma maison
Dans ma maison, il y a une chambre
Hé oui, ma chambre
Dans ma chambre, il y a un bureau
Hé oui, mon bureau
À Lyon, dans ma rue, dans ma maison, sur mon bureau
Il y a un cahier, une chanson, ma chanson
Et dans ma chanson, il y a «En France, …»

b *À vous. Écrivez votre chanson.* Schreibt euer Lied.

3 **la rue** die Straße 9 **le bureau** der Schreibtisch

Écouter

DELF **5** 🎧 1 45 *Écoutez et présentez le garçon.* Stellt den Jungen vor.

Jouer

6 ►◄ *Regardez le dessin une minute. Fermez le livre. Faites une liste des objets.* Betrachtet die Zeichnung eine Minute lang. Klappt eure Bücher zu. Wer kann sich an die meisten Dinge erinnern?

Projet: Mon album

→ Portfolio Dossier

7 *Dessine «ta» chambre, découpe des photos de meubles et fais un collage pour ton album.*

Utilise:
Voilà ma chambre.
Dans ma chambre, il y a ___.

Apprendre à apprendre

C 28/9 **8** **Wie du Verbformen lernen kannst**

Lege für die Verben, die du schon gelernt hast, eine Verbkartei an. Schreibe alle Formen auf, die du schon kennst (présent, impératif). Überprüfe deine Karten mit Hilfe der Repères oder der Verbliste.
Auf die Rückseite der Karteikarte schreibst du einen Beispielsatz. (→ Carnet, p. 80)

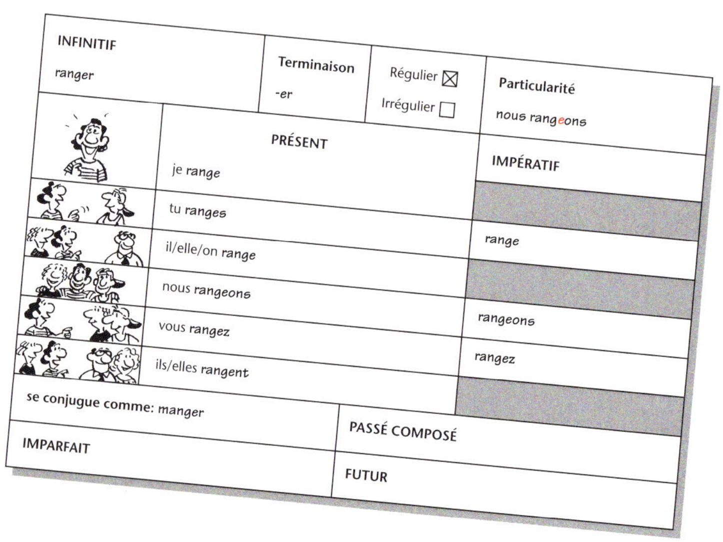

INFINITIF ranger	Terminaison -er	Régulier ☒ Irrégulier ☐	Particularité nous rangeons
	PRÉSENT		IMPÉRATIF
	je range		
	tu ranges		range
	il/elle/on range		
	nous rangeons		rangeons
	vous rangez		rangez
	ils/elles rangent		
se conjugue comme: manger		PASSÉ COMPOSÉ	
IMPARFAIT		FUTUR	

Recherche

9 *À Bruxelles, on parle ...? Regardez dans une encyclopédie.* Schlagt in einem Lexikon nach.

1 Le cirque des animaux

1 46 Écoutez la chanson et retrouvez les animaux dans le cirque.

2 *Présente ton animal:*

J'ai un chat / un chien / une perruche / ___ . / Il/Elle a ___ . / Mon/Ma ___ s'appelle ___ .

3 Chaminou

Chaminou, tu es où?
Dans la chambre?
Chaud ou froid?
Froid!
Je cherche Chaminou
Chaud, froid,
Chat chéri, tu es où?
Chaminou est dans la cuisine.
Chaud, froid,
Avec Jean-Charles
Chaud, froid,
Avec Jérôme.

Vous cherchez votre chat / votre chien / votre tortue / ___ . Écrivez votre poème.

→ Portfolio
Dossier

3 **chaud** heiß 3 **froid** kalt
7 **chéri** Liebling

UNITÉ 4 *Qu'est-ce que vous faites?*

Approches

1 48 Valentin n'écoute pas

Le prof parle. Paul et Pauline ne parlent pas. Ils écoutent.

Valentin n'écoute pas. Il rêve.

M. Mirelli ne rêve pas. Il téléphone. Les vendeuses ne téléphonent pas. Elles travaillent.

Le chien ne travaille pas, il mange. La dame ne mange pas. Elle cherche son porte-monnaie.

Monsieur Montagnet [?] cherche [?] son porte-monnaie. Il discute avec son ami.

Lucie [?] discute [?] avec son amie. Elle joue.

Découvrir

1 **a** *Comparez.* Vergleicht.

Il	**ne**	travaille	**pas**.
Er		arbeitet	**nicht**.

b ►► *Traduisez les phrases. Utilisez* ne ___ pas.

1. Er räumt sein Zimmer nicht auf. → Il ne ___ .
2. Sie arbeitet nicht.
3. Ihr hört nicht zu.
4. Tarik sieht nicht fern.

Comprendre

2 ►◄ *Posez des questions.* (Texte, p. 53) *Vos camarades répondent.*

Exemple: Est-ce que M. Mirelli rêve?

Est-ce que / Est-ce qu'___ ?

Oui, ___ . / Non, ___ .

Activités

C 31/1
C 31/2 **3** ►► *Faites une chaîne.* Bildet Kettensätze wie auf S. 52. (→ Repères, p. 62/2)

Exemple:
Tarik ne parle pas.
Il mange.
M. Ardent ne mange pas. Il travaille.

Continuez.

Tarik M. Ardent
Rachid Manon
la secrétaire
le professeur
Paul et Lucie

jouer *ranger* *manger* *téléphoner* *parler* *travailler* *rêver*
écouter *chercher* son agenda / son livre / son stylo / ___
chanter *discuter* avec ___ *regarder* la télé

4 Schreibt verschiedene Tätigkeiten auf Zettel. Eine/r zieht einen Zettel und stellt die Tätigkeit pantomimisch dar. Die anderen versuchen die Tätigkeit zu erraten.

– Est-ce que tu travailles?
– Non, je ne travaille pas.
– Est-ce que tu ___ ?

jouer

Après l'école

Lucie, Pauline, Valentin, Tarik et Manon ne sont pas toujours d'accord: Lucie aime les bédés de Tardi, Pauline préfère les bédés de Margerin. Lucie aime la gymnastique, Pauline et Manon préfèrent la danse. Lucie aime les chats, Pauline et Manon préfèrent les chiens. Pauline et Lucie aiment les rollers, Tarik et Manon préfèrent le skate. Valentin et Pauline aiment le handball, Tarik préfère le foot, Manon aussi. Pauline et Tarik sont très souvent devant un ordinateur. Valentin et Manon sont souvent dehors. Mais les cinq copains aiment la photo et ils sont dans le club-photo de M. Ardent. Et là, ils discutent pour un oui et pour un non … Qu'est-ce qu'on photographie? Le quartier? Lucie et Valentin veulent bien, Tarik ne veut pas, Pauline est d'accord, mais …

Comprendre

DELF **1** **a** *Qu'est-ce qu'ils aiment? Faites une liste.*

Lucie	Pauline	Valentin	Tarik	Manon
les rollers	les bédés de Margerin	—	—	—

b *Comparez.*

1. Lucie aime les rollers. Pauline aussi.
2. Pauline aime les chiens. Manon ___ .
3. Tarik aime ___ , mais Lucie préfère ___ .

Continuez.

c Et Paul? Qu'est-ce qu'il aime? Qu'est-ce qu'il n'aime pas? *Imaginez.* Denkt euch einen Text aus.

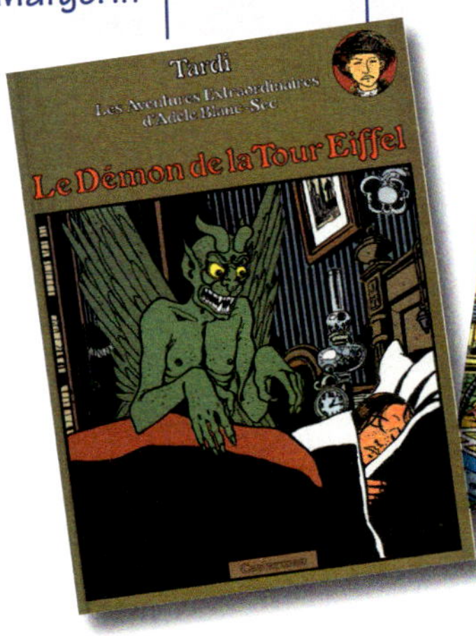

Écouter

DELF **2** 🎧 1 50 *Regardez votre liste* (→ p. 54/1a), *écoutez et trouvez les erreurs.* Findet die Fehler.

Découvrir

3 Schreibt die Verbformen von „vouloir“ und „pouvoir“ aus dem Text heraus. Ergänzt danach die fehlenden Formen.

vouloir	pouvoir
Je veux …	Je ....

S'entraîner

C 33/7 **4** *Complétez. Utilisez des formes de* vouloir *et* pouvoir. (→ Repères, p. 62/3)

une traboule de Lyon

1. Nous sommes d'accord: nous [?] photographier les traboules de Lyon.
2. En France, les élèves [?] manger à la cantine.
3. Tu [?] épeler ton nom, s'il te plaît?
4. Vous [?] regarder mes photos?
5. Je ne [?] pas ranger ma chambre, j'ai des devoirs.
6. Papa, s'il te plaît, est-ce que nous [?] regarder la télé?
7. Lucie et ses frères [?] écouter le CD d'Alizée. Mais où est-ce qu'il est?
8. Vous [?] poser les livres sur l'étagère, là, à droite.
9. Tu [?] une bédé ou tu préfères un livre?
10. Je [?] allumer mon ordinateur, mais je ne [?] pas: ça ne marche pas.

C 32/4 **5** ►◄ *Posez des questions et répondez.*

a *Exemple:*

– Tu aimes les chats?
– Oui, beaucoup. / Non, je n'aime pas les chats. Je préfère les chiens.

b *Exemple:*

– Tu n'aimes pas les chats?
– Si, mais je préfère les chiens.

Répéter

6 **a** 51 [ʃ] *et* [ʒ]. *Écoutez et répétez.*

b *Faites une liste.*

[ʃ]	[ʒ]
le chien	le message

le chien   le chat   le message
la géographie   juste   la chaise
il joue   il cherche   il mange
il range   la gymnastique   la perruche
l'agenda   bonjour   le cochon d'Inde

c 52 *Écoutez encore une fois. Corrigez votre liste et répétez.*

Activités

7 **a** *Qui parle? Avec qui? Où? Imaginez et jouez la scène.*

b *À vous. Continuez le poème.*

Exemple:
Je joue, tu ___ .

Je parle,
tu parles,
elle parle,
il parle
et qui écoute?
Est-ce que vous écoutez?
Sophie, Victor, René,
est-ce que vous écoutez?
Je parle, tu parles, il parle.
Est-ce que tu écoutes Mathieu?
Je rêve, Monsieur, c'est mieux.

C 33/8
DELF

8 **a** *Lucie est devant son ordinateur. Elle cherche une correspondante …* *Complétez et continuez son message.* (→ Repères, p. 62/1)

Bonjour! Je [?] Lucie Montagnet, j'ai [?]. Je cherche une correspondante. J'habite à [?]. Je suis en [?]. J'ai deux [?] et une [?]. J'ai aussi [?] chats. J'aime ___ . Je n'aime pas ___ .

b *Vous cherchez aussi un/e correspondant/e. Écrivez un message.*

53 Je ne suis pas votre Valentin!

Paul: Qu'est-ce que vous faites? Vous rentrez ou on fait un tour?

Lucie: Moi, je ne peux pas, je rentre. J'ai des devoirs.

Paul: Et toi, Tarik?

Tarik: Je voudrais bien, mais on a une interro d'allemand demain matin.

Paul: Et toi, Manon?

Manon: Moi aussi, je rentre! Tarik et moi, on prépare l'interro ensemble.

la place Bellecour

Valentin: Vous travaillez ensemble maintenant?

Manon: Mais oui, on fait souvent nos devoirs ensemble.

Tarik: Et alors? Tu n'es pas d'accord? ... Et toi, Paul? Qu'est-ce que tu fais?

Paul: Je fais un tour en ville. Il y a un cirque, place Bellecour. Je voudrais des places pour samedi.

Manon: Un cirque? Super! J'aime bien le cirque.

Valentin: C'est nul, le cirque! C'est pour les bébés ... je rentre. Salut!

Lucie: Oh, là, là, il a des problèmes, notre Valentin, aujourd'hui ...

Valentin: Je ne suis pas votre Valentin. Salut!

Lucie: Oh, là, là ... Qu'est-ce qu'il a aujourd'hui?

Paul: Je ne sais pas! Il n'a pas le moral!

Comprendre

1 ►► *Posez des questions et répondez.*

Qui
- fait un tour en ville?
- a une interro d'allemand?
- n'aime pas le cirque?
- ___

Continuez.

Vocabulaire

2 **a** *Trouvez les noms du texte.* (→ p. 57) Findet die Nomen aus dem Text S. 57.

b *Préparez pour la classe un exercice comme en* **a** *avec les mots du texte de la page 54.*

3 **a** ►◄ *Quels verbes vont avec quels compléments? Il y a plusieurs possibilités.* Welche Verben passen zu welchen Ergänzungen? Es gibt mehrere Möglichkeiten.

faire écouter
regarder avoir
chercher être ranger
préparer allumer

douze ans sa chambre ses devoirs le dîner
la télé une interro des CD un film vidéo
secrétaire un tour un problème une lampe
son porte-monnaie une cassette médecin

b *Formez cinq phrases avec les mots de* **a**.

S'entraîner

C 35/5 **4** **a** ►◄ *Manon téléphone à Paul. Lisez le dialogue et complétez par les formes du verbe* faire. (→ Repères, p. 63/3)

– Allô?
– Allô. Salut, Paul, c'est Manon. Qu'est-ce que tu [?] ce soir?
– Je travaille. On [?] une interro demain matin.
– Vous [?] une interro? Oh, c'est l'horreur. Moi, je [?] un tour en ville. Et Lucie et Valentin, qu'est-ce qu'ils [?]?
– Lucie [?] ses devoirs et Valentin, je ne sais pas.

b ►◄ *À vous. Tu veux faire quelque chose demain, après l'école. Téléphone à ton copain ou ta copine.*

avoir des places pour le cirque
regarder un film/DVD de/avec ___
écouter des CD *travailler* ensemble
jouer *photographier* le quartier
faire un tour ___

Oui. / Non. / Pourquoi pas? D'accord.
Je veux bien. Ce n'est pas marrant.
Je n'ai pas le moral.
C'est sympa/super/nul.
C'est pour les bébés.
Je préfère (+ Infinitiv). ___

5 *Qu'est-ce qui va ensemble? Formez des phrases.* (→ Repères, p. 63/5)

Ah, les enfants, vous faites		porte-monnaie, Mme Montagnet?
Monsieur Müller est		devoirs!
Où sont	votre	chambres, s'il vous plaît.
Rangez	vos	professeur d'allemand?
Est-ce qu'il y a un cirque dans		quartier?
Vous cherchez		élèves, M. Pennac?

C 34/2
C 34/3
6 *Complétez par* notre, nos, votre, vos. (→ Repères, p. 63/5)

Votre collège	Notre collège
? profs ne sont pas sympa?	? profs aiment bien les élèves.
Vous avez des problèmes avec ? exercices?	Dans ? collège, nous avons des ordinateurs, et ? ordinateurs font ? exercices.
? documentaliste n'aime pas les films d'horreur?	Dans ? CDI, nous avons «Jurassic Parc» et «Matrix». C'est super, non?

Écouter et répéter

7 **a** 1 54 [ɛ̃], [ɑ̃] *ou* [ɔ̃]? *Écoutez et répétez.*

1. Vous **ren**trez **ensem**ble?
2. Tarik est **sym**pa.
3. **On** fait une **in**terro d'allem**an**d dem**ain**.
4. **Non**, je n'aime pas la **dan**se. Ce n'est pas marr**an**t.
5. Le vois**in** de ma **tan**te est méde**cin**.
6. **On** ch**an**te la ch**anson** des poiss**on**s.

b *Écoutez encore une fois et faites une liste dans votre cahier.*

[ɛ̃]	[ɑ̃]	[ɔ̃]
sympa	rentrez	on

Jeu de rôle

C 34/4
C 35/6
8 ►◄ *Préparez le dialogue à deux et jouez la scène.* (→ Qu'est-ce qu'on dit, p. 62/1)

Valentin und Tarik treffen sich auf dem Heimweg.

1. Valentin begrüßt Tarik und fragt, wie es ihm geht.
2. Tarik antwortet, dass es ihm gut geht. Er will wissen, was Valentin heute macht.
3. Zuerst geht Valentin in die Stadt. Heute Abend schaut er fern. Valentin will wissen, ob Tarik mit ihm gemeinsam fernsehen will.
4. Tarik antwortet, dass er nicht kann. Er hat Hausaufgaben in Deutsch auf.
5. Valentin findet Übungen in Deutsch fürchterlich.
6. Tarik widerspricht. Er hat nämlich einen Computer und einen Brieffreund in Deutschland. Und sein Brieffreund hat eine E-Mail-Adresse ...

Préparer la lecture

1 *Regardez les affiches.* Schaut euch die Plakate an: Um welche Veranstaltungen handelt es sich? Welche Informationen könnt ihr den Plakaten entnehmen?

55 Votre spectacle

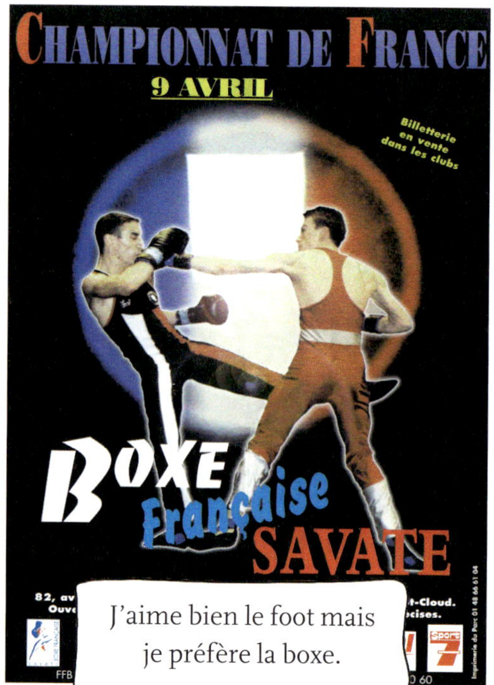

Les «Stereophonics» sont à Lyon dimanche. Leurs chansons sont super!

Oui, j'aime bien, mais leur spectacle est très cher. De 15,50 à 18,60 euros, c'est beaucoup.

C'est un truc pour les bébés ...

Ça dépend ... Il y a cirque et cirque! Le Cirque de Pinocchio, c'est génial! Les clowns avec leurs numéros, c'est super. Et des places pour 11,40 euros, ce n'est pas très cher.

J'aime bien le foot mais je préfère la boxe.

Vous préférez la boxe? Mais regardez les deux types sur l'affiche, c'est l'horreur!

L'horreur? Mais regardez leurs muscles! Vous êtes libre, samedi?

Comprendre

2 ►◄ *Complétez.*

1. Lucie aime bien ____.
2. Mais pour Pauline, leur spectacle ____.
3. Pour Valentin, le cirque ____.
4. Pour Paul, ____.
5. Elle aime bien le foot mais ____.
6. Pour le monsieur, les types sur l'affiche, ____.

Écouter

DELF **3** 1 56 *Écoutez et regardez les affiches. Vrai ou faux? Répondez.*

S'entraîner

C 36/1 **4** *Formez des phrases. Utilisez* leur/leurs. (→ Repères, p. 63/5)

Exemple:
1. Voilà les «Stereophonics». J'aime bien leurs chansons.

1. Les «Stereophonics» / J' aime bien / chansons
2. Pauline et Manon / Elles photographient / chiens
3. Les Gallet / Ils rangent / appartement
4. Lucie, Valentin et Tarik / Ils sont devant / collège
5. Les élèves de la 6ᵉ D / Ils aiment bien / collège
6. Pauline et Lucie / Elles arrivent avec / correspondantes
7. M. et Mme Montagnet / Ils discutent avec / enfants
8. Paul et Valentin / Ils parlent avec / prof de géographie

Activités

C 36/2 **5** *Faites des devinettes pour vos camarades.* Erstellt Rätsel für eure Mitschüler/innen.

Tarik hat mit seinem Computer einen Zahlencode erstellt:

a	à	b	c	ç	d	e	é	è	ê	f	g	h	i	j	k	l	m	n	o	p	q	r	s	t	u	v	w	x	y	z
30	31	32	33	34	35	36	37	38	39	40	41	42	43	44	45	46	47	48	49	50	51	52	53	54	55	56	57	58	59	60

Exemple: Mon copain aime la trente-deux, quarante-neuf, cinquante-huit, trente-six. Qu'est-ce que c'est? (= la boxe)

6 **a** *Lisez.* Lest.

Exemple:
Trois chiens plus un cochon d'Inde plus une tortue font cinquante-neuf.

b *Quel nombre correspond à quel animal?* Findet heraus, für welche Zahlen die Tiere stehen.

Le chien fait [?]. Le cochon d'Inde fait [?]. La tortue fait [?]. La perruche fait [?]. Le chat fait [?].

c *À vous. Faites des devinettes.*

Repères

Qu'est-ce qu'on dit?

C 36/3 **1**

Du magst etwas:	J'aime (le cirque.) / J'aime bien (le cirque.)
Du magst etwas lieber:	Je préfère (le foot.)
Du findest etwas toll:	C'est génial. / C'est super.
Du findest etwas schrecklich:	Pour moi, (la danse,) c'est l'horreur.
Du fragst jemanden, was er macht/vorhat:	Qu'est-ce que vous faites?/ Qu'est-ce que tu fais?
Du fragst jemanden, ob er etwas nicht machen will:	Tu ne veux pas (photographier le quartier?)
Du schlägst etwas vor:	On peut / Tu peux (écouter des CD.)
Du machst einen Alternativvorschlag:	On peut aussi (regarder un DVD.)
Du kommst auf eine Idee:	Je sais, on (photographie les traboules.)
Du äußerst einen Wunsch:	Je voudrais (des cartes / regarder la télé.)
Du bist mit etwas einverstanden:	Je veux bien. / (Je suis) d'accord.
Du bist nicht einverstanden:	Je ne suis pas d'accord. / Mais non.
Du bist nur teilweise einverstanden:	Ça dépend. / Je ne sais pas.
Du fragst, was (heute) mit jemandem los ist:	Qu'est-ce qu'il/elle a (aujourd'hui)?
Jemand ist nicht in Stimmung:	Il/Elle n'a pas le moral.

Grammaire

2 Die Verneinung La négation (→ GH, p. 20/14.4)

Lucie travaille.	Manon **ne** travaille	**pas**.
Paul téléphone	Pauline **ne** téléphone	**pas**.
Valentin écoute.	Tarik **n'** écoute	**pas**.
Tilo habite à Lyon?	Non, il **n'** habite	**pas** à Lyon.

Wie verneinst du im Französischen ein Verb? Wann verwendest du „ne" und wann „n'"?

3 Die Verben Les verbes (→ GH, p. 18/14)

	préférer
je	**préfère**
tu	**préfères**
il/elle/on	**préfère**
nous	**préférons**
vous	**préférez**
ils/elles	**préfèrent**

a Worauf musst du bei der Konjugation von „préférer" achten?

b *Complétez avec les formes de* préférer.

1. Lucie aime les bédés de Margerin? Oui, mais elle [?] les bédés de Tardi.
2. Est-ce que tu aimes la danse? Oui, mais je [?] le skate.
3. Est-ce que vous aimez le handball? Non, nous [?] le foot.
4. Est-ce que les copains aiment le sport? Oui, mais ils [?] la photo.
5. Vous [?] le foot ou le handball?
6. Est-ce que Valentin aime les rollers? Oui, mais il [?] le handball.

	faire		**pouvoir**		**vouloir**
je	**fais**	je	**peux**	je	**veux**
tu	**fais**	tu	**peux**	tu	**veux**
il/elle/on	**fait**	il/elle/on	**peut**	il/elle/on	**veut**
nous	**faisons**	nous	pou**vons**	nous	vou**lons**
vous	**faites**	vous	pou**vez**	vous	vou**lez**
ils/elles	**font**	ils/elles	**peuvent**	ils/elles	**veulent**

„Faire" ist ein unregelmäßiges Verb.

„Pouvoir" und „vouloir" sind ebenfalls unregelmäßige Verben.

4 Das direkte Objekt nach „aimer" und „préférer" L'objet direct après «aimer» et «préférer»

(→ GH, p. 20/14.5)

Lucie aime **les** bédés.
Valentin préfère **les** livres.

Manon aime **l'**allemand.
Tarik préfère **la** géographie.

a Übersetze. Welcher Unterschied zum Deutschen fällt dir auf?
Nach den Verben „aimer" und „préférer" steht ___.

b Übersetze:

1. Tilo mag Hunde. Aber Niklas mag Katzen lieber.
2. Pruneau mag Mäuse. Mirabelle mag Fische lieber.
3. Ich mag Sport. Meine Freundin mag lieber Comics.
4. Mein Freund mag Fußball. Mein Bruder mag das Fotografieren. Meine Schwester zieht das Tanzen vor.

5 Die Possessivbegleiter Les déterminants possessifs (→ GH, p. 18/13)

	Singulier			Pluriel	
	♂	♀		♂	♀
frère ami	**notre** **votre** **leur**	sœur amie	frères amis	**nos** **vos** **leurs**	sœurs amies

a „Notre, votre, leur" stehen vor ___.

„Nos, vos, leurs" stehen vor ___.

b Ergänze die Sätze mit den Wörtern in Klammern:

1. Vous faites (eure Übungen) ensemble?
2. Oui, nous faisons (unsere Übungen) ensemble.
3. Lucie et ses frères photographient (ihre Eltern).
4. C'est (unsere Schule), et là, ce sont (unsere Lehrer).
5. Tilo et son frère sont devant (ihrem Computer).
6. Je ne suis pas (euer Valentin).

Pratiques et révisions facultatif

Écouter

1 **a** 57 *Retrouvez l'ordre des phrases. Écrivez le mot-clé dans votre cahier.* Schreibt das Lösungswort in euer Heft.

L Un film super, mais je n'aime pas les films!
E Il y a un cirque, place Bellecour.
C Un cirque? C'est pour les bébés.
S Qu'est-ce qu'on fait ce soir?
E Mais alors, qu'est-ce qu'on fait?
P Je ne sais pas.
T Ça dépend. Mais il y a aussi un concert* avec «Louise Attaque».
C Alors on regarde la télé. Il y a un film super!
A «Louise Attaque»! Mais c'est l'horreur!

b *Écrivez le dialogue dans votre cahier. Puis continuez le dialogue.*

* **le concert** das Konzert

2 58 *Quatre nombres ne sont pas sur le CD! Trouvez-les!* Vier Zahlen fehlen auf der CD. Welche?

57 – 48 – 63 – 69 – 38 – 21 – 27 – 30 – 9 – 18 – 12 – 22 – 51 – 42 – 11 – 17 – 60 – 33 – 59 – 65 – 15 – 43 – 44

S'entraîner

3 Ses, leurs, leur? (→ Repères, p. 63/5)

1. Tarik / amis → Tarik est là avec ses amis.
2. Paul et Annabelle / mère
3. M. et Mme Montagnet / enfants
4. Pauline / parents
5. Manon et sa sœur / père
6. Valentin / grands-parents

4 **a** ►► *Rangez les verbes sur les étagères.*

Exemple:
– Sebastian, range le verbe «avoir» sur l'étagère 6.
– «Ils ont». Nora, range le verbe ___ .

b Legt zu den Verben „faire", „pouvoir", „vouloir" je eine Verb-Karteikarte an. (→ Apprendre à apprendre, p. 50)

5 ►◄ *Qu'est-ce qu'on fait? Faites des dialogues.*

Exemple:
– On regarde la télé ? Tu ne veux pas?
– Si, mais on peut aussi faire un tour.
– Ben, pourquoi pas?

regarder des bédés   *faire* un tour   *écouter* des CD   *préparer* l'interro de français
travailler ensemble   *ranger* la chambre   *faire* les devoirs   ___

Non, je préfère ___ .   Si, mais je préfère ___ .
Si, mais on peut aussi ___ .   Non, mais on peut ___ .

Je veux bien.   C'est sympa.   Pourquoi pas?   Non, ce n'est pas marrant.
Ça, c'est super!   Je ne peux pas.   Non, je ne suis pas d'accord.   Je ne sais pas.
Non, c'est nul.   Non, c'est pour les bébés.   Je voudrais bien, mais ___ .

4

Vocabulaire

6 **a** *Trouvez l'intrus.* Findet das Wort, das nicht passt, und begründet, warum.

regarder – téléphoner – discuter – parler
le père – le frère – la sœur – le garçon – la mère
la danse – la gymnastique – le foot – la photo – le handball

b *À vous. Faites des intrus pour vos camarades.*

Activités

7 ◐ *C'est qui? Pensez à un personnage du livre. Vos camarades devinent.* Denkt an eine Person aus dem Buch. Eure Klassenkameraden erraten sie.

Tipp: Ihr könnt auch einen Klassenkameraden erraten!

Exemple:

– C'est un garçon ou une fille?
– C'est une fille.
– Où est-ce qu'elle habite?
– À Lyon.
– Qu'est-ce qu'elle aime?
– Les bédés.
– Est-ce qu'elle aime les bédés de Tardi?
– Elle préfère les bédés de Margerin.
– Alors c'est [?].

8 **La machine à faire des phrases**

Die Satzstellung im Französischen ist meist: Subjekt – Verb – Ergänzung.
Bastelt eine „Satzmaschine“, die euch hilft Sätze zu bilden.
Tragt auf einem Streifen mögliche Subjekte ein, z.B. „je“, „tu“, „Paul“, „le chat“ …
Schreibt danach einen Streifen mit Verben, die eine Ergänzung mit sich führen: „manger“, „ranger“, „chercher“, „poser“ … Tragt auf einem dritten Streifen mögliche Ergänzungen ein: „le stylo“, „le quartier“, „la baguette“, „les cartons“ … Bildet nun mit Hilfe eurer „Satzmaschine“ sinnvolle Sätze.
Vergesst nicht das Verb zu konjugieren!

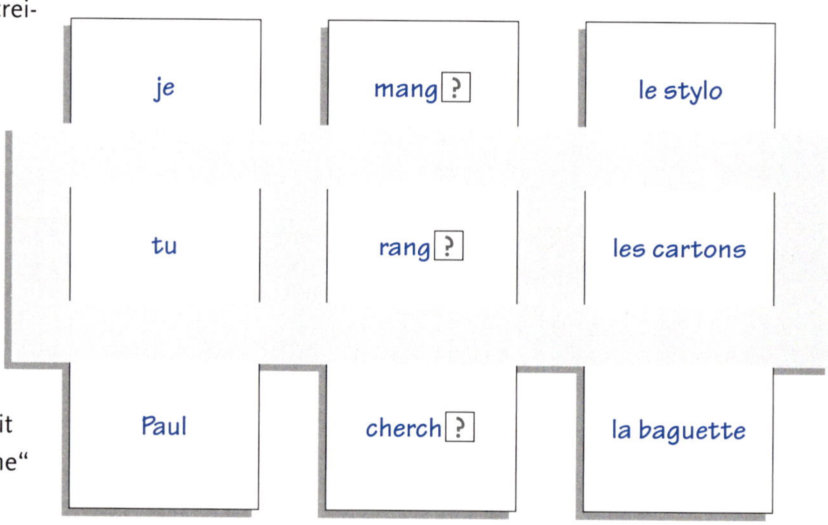

Projet: Mon album

→ Portfolio
Dossier

9 *Fais un collage pour ton album:* Qu’est-ce que tu fais? Qu’est-ce que tu aimes? Qui sont tes copains? Qu’est-ce qu’ils aiment? Parle de tes loisirs*.

* **les loisirs** *m. pl.* die Freizeitaktivitäten

Apprendre à apprendre

10 **Wie du Vokabeln effektiver lernen kannst (1)**

Um Vokabeln besser behalten zu können, musst du sie regelmäßig wiederholen. Hier ein Tipp. Suche dir jeden Tag dein „Wort des Tages“ aus. Das kann ein Wort sein, das du magst (z.B. weil es schön klingt), oder auch ein Wort, das du als schwierig empfindest. Auf diese Weise erhältst du deine ganz persönliche Vokabelkartei.
Schreibe das Wort auf eine Karteikarte, male ein Bild dazu oder schreibe die Übersetzung auf. Bilde einen Satz damit. Lass den Satz von deinem Lehrer oder deiner Lehrerin korrigieren und trage ihn dann auf der Rückseite deiner Karteikarte ein.
Wiederhole deine Wörter regelmäßig. Am besten immer am gleichen Wochentag.

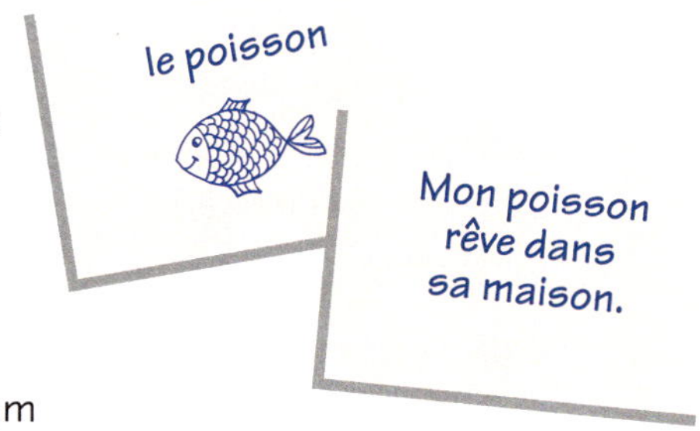

1 ►◄ *Lisez le texte et complétez le tableau avec votre voisin/e.*

Rachid parle avec:	Où?
—	—

Rachid et les allumettes

59

I. Rachid trouve une disquette

C'est l'heure: Rachid peut fermer son magasin. D'abord, il range. Il porte les cartons de bananes et d'oranges dans le magasin. À gauche, les oranges, à droite, les bananes. Rachid a faim. Il mange une banane. Il regarde le carton et … Mais, qu'est-ce que c'est? Entre les bananes, il trouve une disquette. Une disquette dans un carton de bananes? Bizarre. Rachid regarde la disquette. Sur l'étiquette il y a ça: ▲. C'est un triangle.

Est-ce que c'est une disquette de mathématiques? La disquette d'un élève? Un message? Une surprise?

Mademoiselle Janin arrive.

«Vous avez encore des oranges?

– Ben, je ferme. Hm …, mais pour vous, Mademoiselle Janin …

– Alors, comment ça va? Et le magasin?

– Ça marche …»

Mlle Janin regarde la disquette.

«Vous avez un ordinateur dans votre magasin?

– Non, elle était dans mon carton de bananes!

– Dans un carton de bananes? C'est peut-être une disquette sur l'Afrique et les bananes! Au revoir, Rachid, à demain et merci.»

Rachid habite encore chez ses parents. Son ordinateur est dans sa chambre. Mais de la porte de l'appartement à la porte de sa chambre, le chemin est long: il y a la salle de séjour, son père … et le téléphone:

«Rachid, le téléphone!! C'est ton grand-père. Rachid! Tu veux parler avec ton grand-père?»

Et Rachid parle avec son grand-père et avec sa grand-mère et sa tante et sa cousine.

Ensuite, il y a la cuisine et sa mère:

«Ah, Rachid, goûte. Tu trouves ça comment?

– Super, maman.»

Ensuite, il y a son frère Ahmed et ses problèmes.

«Écoute, Rachid, j'ai un problème …»

Ensuite, il y a sa sœur et ses magazines.

«Eh, Rachid, s'il te plaît, regarde mon magazine …»

Enfin, Rachid est dans sa chambre. Il allume son ordinateur. Qu'est-ce qu'il y a sur la disquette?

(À suivre …)

l'allumette *f.* das Streichholz **trouver** finden 1 **fermer** schließen 2 **porter** tragen 3 **le magasin** das Geschäft 5 **la faim** der Hunger 8 **bizarre** merkwürdig 9 **l'étiquette** *f.* der Aufkleber / das Etikett 10 **le triangle** das Dreieck 13 **la surprise** die Überraschung 22 **elle était** sie war 23 **peut-être** vielleicht 24 **sur** über 29 **le chemin** der Weg 29 **long** lang 35 **ensuite** anschließend 36 **goûter** kosten 43 **enfin** endlich 45 **à suivre** Fortsetzung folgt

2 *Racontez l'histoire. Utilisez* d'abord, après, ensuite, enfin. *Vous pouvez aussi faire une bédé.*

3 *Qu'est-ce qu'il y a sur la disquette? Devinez.*

→ Portfolio Dossier

UNITÉ 5 Le cadeau

Approches

1 Devine!

un cinéma

un office de tourisme

les Galeries Lafayette

un supermarché

Découvrir

1 **a** la maison → **à la** maison
le collège → **au** collège
les Galeries Lafayette → **aux** Galeries Lafayette

Findet weitere Beispiele im Text.

b Wofür steht „au“? Wofür steht „aux“? Formuliert die Regel!

Jouer

C 39/2
C 39/3
C 39/4

2 ►◄ *Faites des devinettes. Utilisez* à la, au, à l', aux.
(→ Repères, p. 78/2)

Exemple:
– Tu es au marché?
– Non, je ne suis pas au marché! / Froid. / Chaud.
– Tu es à la boulangerie? ...

2 Ça fait vingt-sept euros

Manon, Paul, Pauline et Lucie sont au marché aux puces avec Tarik. Il cherche quelque chose pour l'anniversaire de sa grand-mère: elle a soixante-douze ans demain.

Au marché aux puces, il y a des chaises, des livres, des lampes, des armoires, un ours en peluche. Il y a aussi un ordinateur. Il coûte quatre-vingts euros, ce n'est pas cher, mais il ne marche plus … Manon et Lucie achètent des magazines pour soixante-dix centimes. Tarik et Manon regardent à gauche et à droite.

Lucie: Regardez les albums de Tintin: cent euros! Je rêve! Cent euros pour une bédé!

Le marchand: Alors, pour toi, c'est quatre-vingt-dix.

Lucie: Quatre-vingt-dix! C'est trop cher pour moi.

Manon: Achète une assiette, Tarik. Regarde, elle est super …

Tarik: Tu trouves? Oh oui, pas mal … Et le prix?

Manon: Hm, super aussi. Elle coûte vingt-sept euros.

Tarik: Avec mes quinze euros, je ne peux pas acheter un truc comme ça!

Manon: Bonjour, Monsieur, l'assiette, là, elle coûte combien?

Le marchand: Vingt-sept euros, Mademoiselle.

Manon: Vingt-sept euros pour une assiette? C'est trop cher!

Le marchand: Pas pour une assiette comme ça, Mademoiselle. Vous achetez une assiette de Limoges!

Manon: De Limoges? Mais elle a un défaut, là, regardez. Hm … Pour dix euros …

Tarik: Laisse tomber, Manon, on regarde les livres.

Mais alors, il bouscule Manon … et l'assiette de Limoges tombe.

Comprendre

C 40/1
DELF
1 ►◄ *Corrigez le texte.*

Manon, Pauline, Lucie et Tarik sont au supermarché. Lucie veut acheter quelque chose pour l'anniversaire de sa mère. Elle a 42 ans demain. Manon et Lucie achètent un ours en peluche pour 80 euros. Lucie veut acheter un album de Tintin, mais 60 euros, c'est trop cher. Tarik trouve une lampe. Elle est super, mais elle coûte 37 euros. Alors, il parle avec le marchand. Manon bouscule Tarik ... et la lampe tombe!

S'entraîner

C 40/4 **2** *Complétez par les formes du verbe* acheter.
(→ Repères, p. 79/4)

Tarik est avec M. Ardent, le documentaliste. M. Ardent a 60 euros. Alors, il [?] quelque chose pour le CDI.
Tarik: Monsieur, vous [?] un cédérom?
M. Ardent: Je ne sais pas, j'[?] souvent des cédéroms. Nous [?] des livres.
Tarik: Mais Monsieur! Les documentalistes [?] toujours des livres! Aujourd'hui, on [?] des cédéroms. Regardez, voilà un cédérom sur Berlin, c'est super!
M. Ardent: D'accord. Voilà 30 euros. Tu [?] le cédérom sur Berlin. Moi, j'[?] un livre sur l'Allemagne.

C 40/3 **3** *Qu'est-ce qui a changé? Racontez.*
Was hat sich verändert?

Exemple:
Paul n'habite plus à Bruxelles.
Maintenant, il habite à Lyon.

habiter à Bruxelles / à Lyon

être au collège Jacques Brel / au collège Clément Marot

être dans la classe de M. Pic / dans la classe de Mme Navarro

manger à la maison / à la cantine

être au club-vidéo / au club-photo

rentrer avec Lucas / avec Pauline

faire ses devoirs avec Julien / avec Lucie

4 ►◄ *Continuez les dialogues.*

1. *être* à la poste
2. *faire* les courses
3. *être* dans la rue
4. *être* à la maison
5. *être* dehors avec le chien
6. *regarder* la télé
7. *préparer* le dîner
8. *manger*
9. *ranger* la cuisine
10. *travailler* sur mon
11. ordinateur
12. *être* dans la salle de bains
13. *être* au lit

Écouter

5 **a** 2|3 *Qu'est-ce que c'est? Trouvez les objets sur le dessin de la page 70.*

Exemple: – Ça coûte 100 euros. Qu'est-ce que c'est?
– C'est la bédé de Tintin.

b *Faites des devinettes. Vos camarades trouvent les objets sur le dessin de la page 70.*

Jouer

6 ►► *Jouez au domino des chiffres. Lisez «32», «25», «57», «71» ... Continuez!*

C 40/2 7 ►► *Comptez de 1 à 100.* Zählt von 1 bis 100. Alle Zahlen, die eine 4 oder eine 7 enthalten, müssen durch ein Passwort, z.B. „frites", ersetzt werden.

Jeu de rôle

C 41/5 8 **a** ►◄ *Vous voulez acheter un cadeau pour votre grand-père. Préparez un dialogue avec le marchand* (→ Dessins, p. 70). *Utilisez:*

Le/La ____, ça fait combien?
Il/Elle coûte combien?
C'est trop cher! J'ai ____ euros.
Mais, il/elle a un défaut!
____ euros pour un/une ____!
Pour ____ euros, je suis d'accord.

Ça fait ____ euros. Non, ça fait ____ euros.
Non, il/elle coûte ____ euros.
Mais, c'est une bédé de ____.
Mais, c'est un/une ____.
Mais, c'est un film de ____.

b *Jouez votre dialogue en classe.*

2 4 Nous n'avons pas assez d'argent

Tarik n'a pas le moral. Il a maintenant deux moitiés d'assiette et beaucoup de dettes: douze euros. Cinq euros de Lucie, trois euros de Manon, quatre euros de Pauline.

Pauline: Allez, Tarik, ce n'est pas la catastrophe. Ensemble, nous avons encore six euros.
Tarik: Si, c'est la catastrophe! Et qu'est-ce que j'achète maintenant pour ma grand-mère? Je n'ai pas de cadeau et je n'ai plus d'argent!
Manon: Pas de cadeau, pas de cadeau! Mais si, tu as un cadeau. Deux moitiés d'assiette!
Tarik: Deux moitiés d'assiette ...
Lucie: Oui, mais de Limoges!
Tarik: Ha, ha, ha ...
Pauline: Allez, Tarik, on a encore cinq ou six euros. Avec ça, on peut faire des tas de trucs!
Tarik: On ne va pas loin avec cinq euros.
Lucie: Écoute, il y a des colles super. Je vais au supermarché, j'achète un tube de colle et tu colles ton assiette.
Pauline: Moi aussi, j'ai une idée ... Tu fais un gâteau et tu mets le gâteau sur l'assiette. Un gâteau, c'est aussi un cadeau!
Manon: On a encore un peu d'argent. On achète un kilo de farine, un peu de beurre ...
Paul: Ou alors, on met des truffes au chocolat sur l'assiette, c'est mieux!
Manon: Super! On fait des truffes au chocolat. Allons au supermarché, les enfants!

Les filles mettent les deux moitiés d'assiette dans le sac de Tarik et les cinq copains vont au supermarché.

Comprendre

C 42/1 **1** ►◄ *Regardez le texte et complétez les phrases.*

Tarik a deux moitiés d'___ .
Il a beaucoup de ___ .
Tarik n'a pas de ___ .
Il n'a plus d'___ .
Avec cinq ou six euros, on peut faire un tas de ___ .
Lucie achète un tube de ___ .
Pour le gâteau, les cinq amis veulent acheter un kilo de ___ .
Ils achètent aussi un peu de ___ .

Écouter et répéter

2 2 5 [f] *ou* [v]? *Écoutez et répétez.*

S'entraîner

C 42/2 **3** **a** *Qu'est-ce qu'ils n'ont pas? Formez des phrases.*

Exemple:
1. Tarik n'a pas de stylo.

b ►◄ *Qu'est-ce qu'ils n'ont plus? Faites les dialogues.*

Exemple:
1.
– Fais tes devoirs.
– Je ne peux pas, je n'ai plus de cahier.

1. Fais tes devoirs.

2. Achète un cadeau pour Mémé.

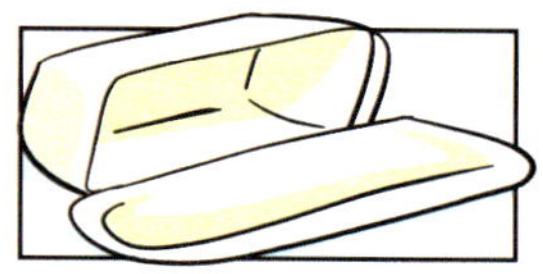

3. Prépare des truffes au chocolat.

4. Range tes photos.

5. Colle l'assiette.

6. Fais un gâteau.

C 43/3
C 44/4 **4** **a** *Complétez avec les formes du verbe* aller. (→ Repères, p. 79/4)

– Tu [?] où?
– Je [?] au marché.
– On [?] au cinéma ce soir?
– Non. Mes parents [?] au cirque, et moi, je suis à la maison avec ma sœur.
– Comment? Ta sœur et toi, vous n'[?] pas au cirque?
– Non, le cirque, c'est pour les bébés!
– Mais pas le cirque Birelli. Mes parents et moi, nous [?] au cirque demain.

b *Complétez avec les formes du verbe* mettre. (→ Repères, p. 79/4)

1. Vous [?] beaucoup de beurre dans votre gâteau?
2. Non, nous [?] un peu de beurre mais beaucoup de chocolat.
3. Annabelle [?] ses photos et ses cassettes dans des cartons.
4. Je [?] toujours mes photos dans mon album.
5. Les élèves [?] leurs livres sur leur table.
6. Paul, tu [?] les assiettes sur la table, s'il te plaît?

Activité

5 *Cherchez des phrases dans le texte et faites des puzzles pour vos camarades.*

Manon | achète | un | kilo | de | farine | et | un | peu | de | beurre.

Au supermarché

Comprendre

1 **a** *Qu'est-ce qu'ils font? Formez quatre phrases.*

Les cinq copains | au supermarché. | achètent | La grand-mère de Tarik

veulent acheter | Tarik, Lucie et Paul | le chocolat, le beurre et la crème. | vont

un tube de colle. | fait aussi | les courses au supermarché. | Manon et Pauline

b *Imaginez le dialogue entre Tarik et sa grand-mère et jouez la scène.*

Découvrir

2 **a** Erklärt die unterschiedlichen Formen des Adjektivs „grand“:

Il est **grand.**
Elle est **grande.**
Ils sont **grands.**
Elles sont **grandes.**

b Sucht alle Adjektive aus dem Text heraus und tragt sie in eine Tabelle ein:

	♂	♀
Singular	grand	—
Plural	—	petites

c Schreibt zu jedem der folgenden Nomen einen Satz mit einem passenden Adjektiv in eure Hefte. Achtet auf die Veränderung des Adjektivs.

Exemple: La colle est forte.

la colle   les pots de crème   la tablette de chocolat
les frites   le poulet

chaud   grand   fort
petit   froid

Écouter

C 45/2 **3** **a** 2/7 *C'est un garçon ou une fille? Écoutez et répondez.* Den folgenden Namen hört man nicht an, ob von einem Mädchen oder einem Jungen die Rede ist.
(→ Repères, p. 79/5)

♂	♀
Dominique	Dominique
Pascal	Pascale
René	Renée
Michel	Michèle
Daniel	Danielle
Noël	Noëlle

b *Continuez. Formez des phrases.* Bildet weitere Sätze mit diesen oder anderen Namen. Eure Mitschüler/innen sagen, ob ihr von einem Mädchen oder einem Jungen sprecht.

DELF **4** 2 8 *Valentin fait les courses au supermarché. Écoutez et écrivez sa liste.*

S'entraîner

C 45/1 C 46/3 **5** ►◄ *Tu fais les courses au marché. Ton/Ta camarade est le marchand / la marchande. Faites des dialogues. Voilà la liste:*

carottes: 2 kilos
tomates: 1 kilo
oranges: 2 kilos
bananes: 1 kilo
pommes[1]: 2 kilos
citrons[2]: 6

Exemple:
– Je voudrais 2 kilos de carottes, s'il vous plaît.
– Voilà.
– Ça fait combien?
– Ça fait 3 (euros) 40.

1 **la pomme** der Apfel
2 **le citron** die Zitrone

Activité

6 ►◄ *Tu es au marché aux puces et tu cherches un cadeau pour ta mère. Ton/Ta camarade est le marchand / la marchande. Écrivez le dialogue et jouez la scène.* (→ Qu'est-ce qu'on dit, p. 78/1)

1. Du nimmst eine Lampe und fragst nach dem Preis.
2. Der Verkäufer betont, dass die Lampe nicht teuer ist, nennt dir aber einen hohen Preis.
3. Du beschwerst dich, dass das zu teuer ist.
4. Der Verkäufer macht „speziell für dich“ einen günstigeren Preis.
5. Du wendest ein, dass die Lampe einen Fehler hat. Außerdem findest du, dass sie sehr klein ist. Du bietest einen sehr niedrigen Preis.
6. Der Verkäufer reagiert darauf.

7 Lest den Text und probiert es aus.

Truffes au chocolat

Ingrédients: 150 g de crème fraîche, 200 g de chocolat, 100 g de cacao, 50 g de beurre, un peu de miel

Préparation: Porter la crème fraîche à ébullition. Faire fondre le chocolat. Mélanger le chocolat à la crème. Ajouter le beurre et le miel. Mettre au froid pendant une nuit. Le lendemain, faire des petites boules. Rouler les boules dans le cacao.

Qu'est-ce qu'on dit?

1

Du möchtest etwas haben:	Je voudrais (un T-shirt).
Du sagst, wo du bist:	Je suis au / à l' / à la / aux ____.
Du sagst, wohin du gehst:	Je vais au / à l' / à la / aux ____.
Du gehst einkaufen:	Je fais des courses.
Du fragst, wie viel etwas kostet:	Elle/Il coûte combien? / Ça fait combien?
Du sagst, wie viel etwas kostet:	Il/Elle coûte ____ / Ça fait ____.
Du findest etwas zu teuer:	C'est trop cher.
Du kannst mit dem Geld, das du hast, nicht viel machen:	On ne va pas loin (avec cinq euros).
Du kannst mit dem Geld, das du hast, eine Menge machen:	On peut faire des tas de trucs (avec six euros).
Du sagst jemandem: „Vergiss es!“:	Laisse tomber!

Grammaire

2 **Der zusammengezogene Artikel mit der Präposition „à“** L'article contracté avec la préposition «à» (→ GH, p. 21/15)

Singulier

Pluriel

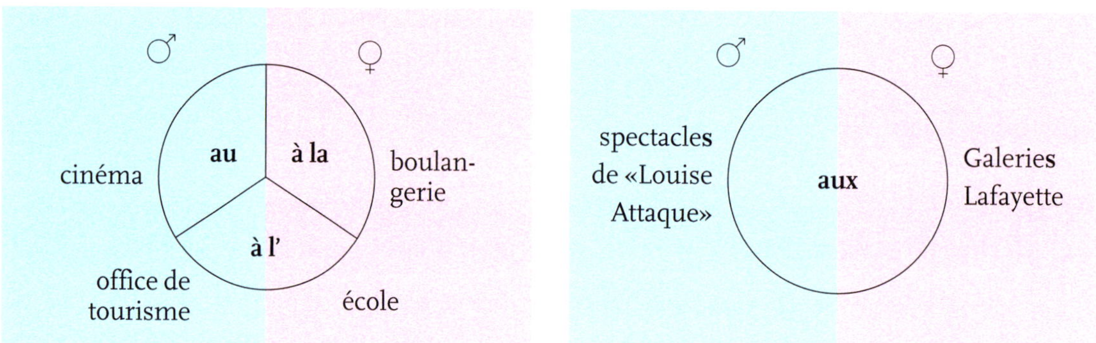

Merke

~~à + le~~ → **au**
à + la → à la
à + l' → à l'
~~à + les~~ → **aux**

a Mit welchen Artikeln ziehst du die Präposition „à“ zusammen? Mit welchen nicht?

b Übersetze die Wörter in Klammern.

1. Il va (in die Schule).
2. Les copains vont (in den Supermarkt).
3. Pauline est (zu Hause).
4. Il n'est pas (auf dem Markt).
5. Elle est (in der Schule).
6. Ils vont (zum Fremdenverkehrsamt).
7. Manon mange (in der Kantine).
8. Ils vont (in die Galeries Lafayette).

3 Mengenangaben Les quantifiants (→ GH, p. 21/16)

Les copains achètent	**un kilo de**	farine.
Ils ont encore	**un peu de**	miel.
Tarik	**n'a pas de**	cadeau.
Les amis ont	**assez d'**	argent.
Tarik a	**beaucoup de**	dettes.
Tarik achète	**un tube de**	colle.
Rachid mange	**trop de**	chocolat.
Lucie achète	**un pot de**	crème.
Pauline achète	**une bouteille de**	jus de fruits.
Tarik	**n'a plus d'**	argent.
Ils veulent acheter	**une tablette de**	chocolat.
Avec 6 euros on peut faire	**des tas de**	trucs.

a Übersetze die Sätze und vergleiche mit dem Deutschen.

b Übersetze.
1. Pauline kauft ein Kilo Mehl.
2. Du kaufst viel Schokolade.
3. Tarik hat keine Schwester.
4. Tarik hat keine Idee mehr.
5. Es gibt noch ein bisschen Butter.
6. Pauline hat immer eine Menge Ideen.

4 Die Verben Les verbes (→ GH, p. 23/18)

	acheter		**mettre**		**aller**
j'	achète	je	mets	je	**vais**
tu	achètes	tu	mets	tu	**vas**
il/elle/on	achète	il/elle/on	met	il/elle/on	**va**
nous	achetons	nous	mettons	nous	**allons**
vous	achetez	vous	mettez	vous	**allez**
ils/elles	achètent	ils/elles	mettent	ils/elles	**vont**

⚠ Imperativ Va. Allons. Allez.

Unterscheide:

être – ils sont [ilsɔ̃]
avoir – ils ont [ilzɔ̃]

faire – ils font [ilfɔ̃]
aller – ils vont [ilvɔ̃]

5 Das Adjektiv L'adjectif (→ GH, p. 22/17)

Singulier

	♂	♀	
Il est	grand	grande	Elle est
	petit	petite	
	fort	forte	
	chaud	chaude	
	froid	froide	
	cher	chère	

Pluriel

	♂	♀	
Ils sont	grands	grandes	Elles sont
	petits	petites	
	forts	fortes	
	chauds	chaudes	
	froids	froides	
	chers	chères	

a Wie bildest du die weibliche Form des Adjektivs? Und wie bildest du die Pluralformen des Adjektivs?

b Übersetze:
1. Das Geschenk ist groß.
2. Die Hähnchen sind kalt.
3. Die Straße ist klein.
4. Die Orangen sind teuer.
5. Der Teller ist teuer.

Écouter

1 **a** 2|9 *Notez les numéros de téléphone. Puis lisez-les.* **b** *À vous. Dictez votre numéro de téléphone.*

Jouer

2 *Devinez les verbes.*

Je «tirlipote» le pain à la boulangerie. → J'achète le pain à la boulangerie.

– Tarik «tirlipote» Manon et l'assiette tombe.
– Nous «tirlipotons» au marché.

À vous! «Tirlipotez» des devinettes!

S'entraîner

3 ►◄ *A regarde le dessin A, B regarde le dessin B. Parlez avec votre partenaire et trouvez les différences.* Findet die Unterschiede zwischen den beiden Bildern heraus. (B dreht das Buch um!)

Exemple:
A Dans mon magasin, il y a des tomates.
B Où est-ce qu'elles sont?
A Elles sont devant les pommes.

4 ►◄ *Inventez des dialogues et jouez les scènes.* Erfindet Einkaufsdialoge und spielt sie den anderen vor! Ihr könnt auch verrückte Sachen verlangen. (→ Repères, p. 79/3)

une	moitié(s)	de	gâteau
un	bouteille(s)	d'	farine/beurre
deux	pot(s)		chocolat
cent	kilo(s)		eau
___	gramme(s)		miel
	tube(s)		pain
	tablette(s)		crème
			___

5 *Formez des phrases.*
(→ Repères, p. 79/4)

Exemples:
– Je vais à la cantine.
– Nous sommes en Allemagne.

Je		à la	supermarché Manon
Tu		à l'	office de tourisme cantine poste
Il/Elle/On	*aller*	au	marché aux puces mon copain
Nous	*être*	aux	Allemagne cinéma boulangerie
Vous		en	Galeries Lafayette maison
Ils/Elles		chez	France collège hôpital Valentin
			salle de séjour

Réviser

C 46/4
DELF

6 2 10 *Mme Gallet ne peut pas rentrer à la maison, elle travaille. Elle téléphone à Paul. Qu'est-ce qu'il doit faire? Prenez des notes. Utilisez l'infinitif des verbes.*
Was soll Paul alles tun?

7 *Préparez cinq questions pour vos camarades. Ils/Elles répondent.*

Utilisez:
Où est / Où sont ___ ?
Où est-ce que ___ ?
Est-ce que ___ ?
Qu'est-ce que ___ ?

Activités

DELF **8** *Lisez le texte à la page 70 (lignes 1 à 34). Imaginez une autre fin*. Faites une bédé ou un jeu de rôle.*

* **une autre fin** ein anderes Ende

9 Fordert Prospekte über Lyon an. In der Unité 7 werdet ihr sie brauchen:

Office de tourisme de Lyon
19, Place Bellecour
F-69002 Lyon

e-mail: brochure@lyon-france.com
http://www.lyon-france.com

Apprendre à apprendre

10 2 11 **Wie du Gespräche leichter verstehen kannst**

Wenn du Gespräche auf Französisch hörst, musst du nicht unbedingt jedes einzelne Wort kennen, um zu verstehen, worum es geht. Achte auf Geräusche, den Klang der Stimmen und auf Wörter, die du verstehst. Probiere es gleich aus und finde Folgendes heraus:
Wo wurden die folgenden Aufnahmen gemacht? Worum geht es?

2 12 Rachid et les allumettes

II. Les triangles

Rachid est enfin dans sa chambre. Il allume son ordinateur. Qu'est-ce qu'il y a sur la disquette? Il y a une phrase: *Faites quatre triangles équilatéraux avec six allumettes.* Rachid va à la cuisine et ramène des allumettes. Il pose six allumettes sur la table. Il fait deux triangles mais il a encore une allumette. Ça ne marche pas.

Après le dîner, Rachid «joue» encore des heures avec ses allumettes. Mais il fait toujours deux triangles ...

Le lendemain, Rachid va à son magasin. Il installe ses fruits et ses légumes, mais il pense toujours à ses six allumettes et à ses quatre triangles ... et il pose ses allumettes sur la table. Mais, il ne trouve pas la solution. Mademoiselle Janin arrive.
«Alors Rachid, qu'est-ce qu'il y a sur la disquette?»
Rachid explique le problème. Mademoiselle Janin va dans son magasin et fait des triangles avec des allumettes. Mais elle ne trouve pas non plus la solution.

Ses clients (des élèves, des mamans) demandent: «Qu'est-ce que vous faites, Mademoiselle Janin?» Elle explique le problème et les clients cherchent aussi la solution ... et ne la trouvent pas.
Chez Rachid aussi, deux enfants arrivent.
«Bonjour Rachid, je voudrais des bonbons ...
– Un moment, Jérôme, je ...»
Les enfants regardent les allumettes et les deux triangles de Rachid.
«Qu'est-ce que tu fais, Rachid? Tu joues?»
Hm ... Rachid explique le problème. Les deux enfants oublient leurs bonbons et l'école et font des triangles avec des allumettes.
Ensuite, des clients arrivent encore chez Rachid: une grand-mère, un professeur, deux copains, une mère avec un enfant, Rémi. Mais Rachid oublie ses clients et les clients oublient leurs courses.

Deux heures après, devant le magasin de Mademoiselle Janin et l'épicerie de Rachid, dans la rue, il y a dix, vingt, trente clients avec des allumettes.

Tout à coup, Rachid regarde Rémi. Rémi joue entre les cartons de bananes avec des legos.

Et vous? Est-ce que vous avez la solution?

(**À table!** Komm essen!) 1 **enfin** endlich 5 **la phrase** der Satz 6 **les triangles équilatéraux** gleichseitige Dreiecke 7 **l'allumette** *f.* das Streichholz 9 **ramener** zurückbringen 14 **des heures** stundenlang 16 **le lendemain** am nächsten Tag 16 **installer qc** etw. aufstellen 16 **penser à qc** über etw. nachdenken 18 **la solution** die Lösung 20 **expliquer qc** etw. erklären 21 **non plus** auch nicht (**zut** verflixt, zum Teufel!) 22 **le client** der Kunde 22 **demander qc** etw. fragen 33 **oublier qc** etw. vergessen 38 **deux heures après** zwei Stunden später 41 **une épicerie** ein Lebensmittelgeschäft 46 **tout à coup** plötzlich, auf einmal

Activité

Vous connaissez des «problèmes»? À vous. Faites un «petit livre de problèmes» en français avec des illustrations et ... les solutions.*

→ Portfolio
Dossier

* **Vous connaissez?** Kennt ihr?

La solution est à la page 143.

UNITÉ 6 Au collège

Approches

2 13 Il est quelle heure?

Écouter

C 49/1 C 49/2 **1** **a** 2 13 *Écoutez. Retrouvez le numéro des horloges dans la vitrine.*

Exemple: «Il est huit heures.» → C'est l'horloge numéro 1.

b 2 14 *Écoutez et retrouvez l'ordre. Notez les lettres dans votre cahier et trouvez le mot.*

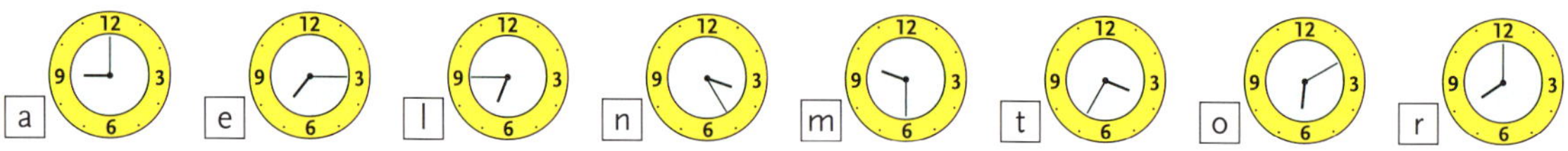

S'entraîner

2 ►◄ *Fabriquez une horloge, puis faites des dialogues.*

Exemple:

Felix, il est quelle heure, s'il te plaît?

Pardon Madame, quelle heure est-il?

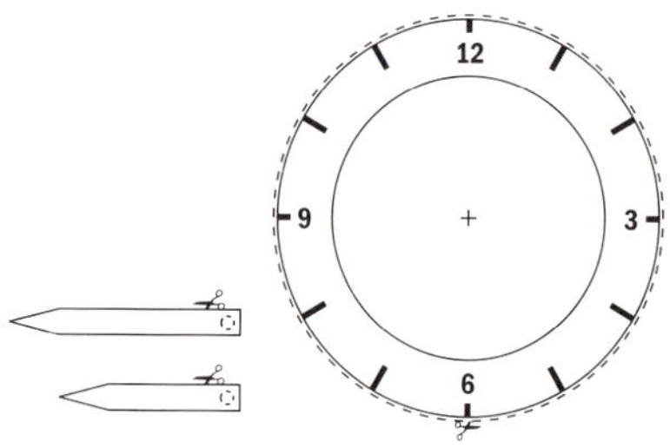

Modèle

2/15 L'emploi du temps de Pauline

Vendredi, 27 mai, sept heures et demie. Pauline regarde son emploi du temps. Elle est contente: c'est la fin de la semaine. De 8 à 9, elle a français, après, allemand. Pauline aime bien l'allemand. À 11 h, la 6e D a un cours de maths. Les maths, pour Pauline, c'est la catastrophe. Dans son bulletin elle a 7 sur 20, elle est assez nulle. Pour Lucie, c'est simple. Un problème a toujours une solution et les solutions de Lucie sont toujours justes. Valentin aussi est bon en maths. Mais Valentin est bon aussi en allemand, en français, en géographie, en tout. Il a toujours des 16 et même des 18. ... L'après-midi, c'est bien, Pauline a dessin et sport. En dessin, elle est assez forte, les cours sont intéressants et la prof est sympa. En ce moment, ils font une bédé. En sport, elle est très, très bonne, et aujourd'hui, ils vont à la piscine. C'est génial.
Huit heures moins vingt. Pauline ferme son sac. Elle habite à quinze minutes de l'école.

6e D	LUNDI	MARDI	MERCREDI	JEUDI	VENDREDI
$8-8^{55}$ h	français	maths	technologie / S.V.T.		français
$9-9^{55}$ h	musique	maths	S.V.T.	allemand/anglais	allemand/anglais
	récréation	récréation	récréation	récréation	récréation
$10^{15}-11^{10}$ h	éducation civique	français	CDI	sport	études dirigées
$11^{15}-12^{10}$ h	études dirigées		allemand/anglais	sport	maths
	cantine	cantine		cantine club-photo	cantine
$14-14^{55}$ h	histoire / géo	histoire / géo		technologie	dessin
$15-15^{55}$ h	français	allemand/anglais		français	sport
$16-16^{55}$ h					sport

Découvrir

1 **a** *Regardez l'emploi du temps de Pauline. Quels mots est-ce que vous comprenez?* Wie seid ihr dabei vorgegangen?

b *Découvrez les notes en France.* (→ p. 96/6)

Comprendre

C 50/1 **2** **a** *Lisez le texte et répondez.*

1. Qu'est-ce que Pauline aime bien?
2. Où est-ce qu'elle est bonne? Et ses copains?
3. Jusqu'à quelle heure est-ce qu'elle a cours aujourd'hui?
4. Est-ce qu'elle a musique, le jeudi? Et le lundi?
5. À quelle heure est-ce qu'elle a cours le mercredi? Et le jeudi?

b ►◄ *Posez des questions sur l'emploi du temps de Pauline et répondez.*

Pauline a cours jusqu'à quelle heure, le ___ ?
Est-ce qu'elle a ___ , le ___ ?
À quelle heure est-ce qu'elle ___ ?
Qu'est-ce qu'elle a de ___ à ___ heures?

S'entraîner

C 51/4 **3** *Décrivez les personnes. Utilisez* Il(s)/Elle(s) *et* marrant, fort, content, nul en ___ , bon en ___ . Achtet auf die Veränderung der Adjektive.

Écouter

C 50/3 DELF **4** 2 16 *Voici l'emploi du temps de Tarik le mercredi et le vendredi. Notez-le dans votre cahier.*

Activités

C 50/2 C 51/5 C 51/6 **5** **a** *Comparez votre emploi du temps à l'emploi du temps de Pauline.*

Nous avons ___ heures d'anglais / de maths / ___.
Nous (n') avons (pas) cours, le matin / l'après-midi.
Nous n'avons pas de cours de ___. Mais nous avons des cours de ___.
Dans notre collège, il n' y a pas de ___.
En France, une heure de cours a ___ minutes.

b *Écrivez votre emploi du temps en français.*

🎧2 17 Une mémoire d'éléphant

Pauline: Tu rentres?
Paul: Je fais d'abord les courses. Ma mère travaille tard aujourd'hui.
Pauline: Alors, on peut rentrer ensemble. Dis, Paul, quand est-ce qu'on a français?
Paul: Mardi, à 10 heures, après les maths. Pauline, on a toujours français, le mardi.
Pauline: On a des devoirs?
Paul: Mais oui. Une explication de texte.

Les deux élèves sont maintenant devant la boulangerie. Paul achète une baguette et deux pains au chocolat. Pauline attend devant la boulangerie.
Paul: Cadeau! Un pain au chocolat.
Pauline: Miam miam! Tu es super sympa. Dis, l'explication, c'est sur la fable ... heu ...
Paul: Sur «La Cigale et la Fourmi».
Pauline: La fable de Machinchose ...
Paul: Oui, la fable de La Fontaine. Attends, je regarde dans mon cahier de textes ... Voilà ... Répondre aux questions 3, 4 et 5 page 87 ... Tu notes?
Pauline: Non, non, j'ai une mémoire d'éléphant ... Super, ton pain au chocolat!

Comprendre

C 53/1 **1** ►◄ *Retrouvez l'ordre.*

Pauline a une mémoire d'éléphant. Est-ce que c'est vrai?

1. Pauline aime beaucoup les pains au chocolat.
2. Paul achète une baguette et deux pains au chocolat.
3. Paul attend Pauline.
4. Paul et Pauline vont à la boulangerie.
5. Paul ne rentre pas. Il fait d'abord les courses.
6. Sa mère travaille tard aujourd'hui.
7. Un pain au chocolat est pour Pauline.

2 *Trouvez dans le texte le vocabulaire de l'école.*

Exemple: le français

C 53/3 **3** **a** ►◄ Lundi *ou* le lundi? *Faites des dialogues avec votre voisin/e. N'oubliez pas de conjuguer les verbes.* (→ Repères, p. 93/1)

– On va chez Manon, lundi?
– Non, ça ne va pas. Le lundi, j'ai toujours mon cours de gym.

va chez Manon	lundi	j'ai toujours mon cours de gym
↓	↓	↓
faire un tour en ville	mardi	*manger* toujours chez ma grand-mère
préparer l'interro ensemble?	lundi soir	*avoir* toujours cours jusqu'à 17 heures
aller au marché aux puces	samedi matin	*rentrer* toujours tard
aller au cinéma	dimanche	*faire* toujours les courses
écouter des CD ensemble		*être* toujours chez mes grands-parents

b *À vous. Continuez.*

C 54/4 **4** ◐ *Prenez un dé et jouez* (→ p. 49/2). *Conjuguez les verbes* attendre *et* répondre *et formez des phrases.* (→ Repères, p. 94/5)

- ⚀ je
- ⚁ tu
- ⚂ il/elle
- ⚃ nous
- ⚄ vous
- ⚅ ils/elles

Exemple:
⚃ nous →
Nous attendons une amie.

attendre
un ami / une amie
M. Ardent

le prof de	maths/géo/___
devant derrière	l'école le cinéma le supermarché
chez	Manon

répondre
aux questions deux et trois
au message de Tilo
au téléphone

à la question	de M. Ardent de Mme Pianta de ___

C 53/2 **5** ►◄ *Posez des questions et répondez. N'oubliez pas de conjuguer les verbes et d'accorder les déterminants.*

Exemple:
– Quand est-ce que tu fais tes devoirs?
– L'après-midi, après les cours.

faire ses devoirs   *regarder* la télé
travailler pour l'école
avoir cours   *faire* les courses
écouter des CD
aller au cinéma   *manger* le soir
ranger sa chambre
travailler sur *son* ordinateur
aller en ville avec *ses* copains   ___

avant | après — les cours
le matin
l'après-midi
le soir
de ___ heures à ___ heures
à ___ heures
entre ___ heures et ___ heures
le lundi / le mardi / ___

Vocabulaire

6 *Retrouvez les mots.*

Exemple:
le cahier de textes

le cahier		bains
la classe		cinquième
l'explication		La Fontaine
la fable	de	éléphant
le film	d'	français
le jus		fruits
la mémoire		horreur
le prof		texte
la salle		textes

Écouter

7 **a** *Regardez les photos. Qu'est-ce qu'on peut acheter dans un bar-tabac?*

la carte postale

un bar-tabac

la télécarte

les timbres

DELF **b** 2 18 *Écoutez. Où est-ce que Lucie fait ses courses? Qu'est-ce qu'elle achète?*

Jeu de rôle

8 **a** ►◄ *Préparez le dialogue et jouez-le.*

Lucie findet ihr Aufgabenheft nicht mehr. Sie ruft Valentin an …

1. Lucie grüßt und sagt, dass sie ihr Aufgabenheft nicht findet. Sie fragt, ob sie für morgen Aufgaben aufhaben.
2. Valentin weiß es nicht. Er bittet Lucie zu warten. Er sucht sein Aufgabenheft …
3. Valentin sagt, dass sie Aufgaben in Mathe (de maths) aufhaben. Er liest vor: Die Fragen 2, 3 und 6 auf S. 66 und die Fragen 1, 4 und 7 auf S. 68 beantworten.
4. Lucie bittet Valentin zu warten. Sie schreibt mit.
5. Lucie bedankt sich und die beiden verabschieden sich.

b *À vous. Ton copain / ta copine téléphone. Imaginez les dialogues.*

2 19 Les questions de Valentin

Comprendre

C 55/1 **1** ►◄ *Posez des questions sur Valentin. Votre voisin/e répond.*

est-ce que? qui?
pourquoi est-ce que?
où? ___

être en retard *prendre* le bus
manger à la cantine avec Valentin
être triste ___

Découvrir

2 Was bedeutet „tu vas être en retard“? Um welche Zeit handelt es sich? Welche genauso gebildeten Formen kommen im Text vor? Erstellt eine Tabelle und tragt die fehlenden Formen ein.

je		
tu	vas	être
il		

S'entraîner

C 56/5 **3** **a** *C'est jeudi. Qu'est-ce que Valentin va faire aujourd'hui? Imaginez et utilisez le futur composé.*

prendre le petit-déjeuner à ___ h préparer son sac prendre le bus
manger à la cantine à ___ h aller au club-photo / au cinéma / au conservatoire / ___
faire les courses rentrer à ___ h le soir / regarder la télé / écouter des CD
faire un tour en ville discuter avec ses copains ranger sa chambre
faire ses devoirs préparer une interro ___

b *Qu'est-ce qu'il ne va pas faire? Imaginez.*

c ►► *À vous. Qu'est-ce que vous allez faire samedi? A commence, B répète la phrase et continue.*
A fängt an, B wiederholt den Satz von A und fährt fort.

Exemple: Oliver: Moi, je vais aller au cirque. → *Tanja:* Oliver va aller au cirque et moi, je vais regarder la télé. → *Sabrina:* Oliver va aller au cirque, Tanja va regarder la télé et moi, je ___ .

C 55/3
C 56/4 **4** *Prenez votre dé, conjuguez les verbes* prendre, apprendre *et* comprendre *et formez des phrases au présent.*
(→ Repères, p. 94/5)

prendre | le bus / un jus de fruits / le livre de français / ___

apprendre | une chanson / le verbe «apprendre» / la trompette / ___

comprendre | tout / l'anglais / Valentin / ___

5 Comment est-ce qu'ils vont à l'école? *Complétez par les formes du verbe* prendre.

le bus

le train

le métro

le tram

1. Paul et sa sœur [?] le métro.
2. Lucie [?] le bus.
3. *Tarik et Manon:* Nous [?] aussi le bus.
4. Tilo, tu [?] aussi le bus? Non, je [?] le train.
5. Et vous, vous [?] le tram?

C 57/7 **6** **a** ►◄ *David, le frère de Pauline, pose toujours des questions ... Faites les dialogues. Utilisez* pourquoi *et* parce que. (→ Repères, p. 93/4)

1. *aller* au supermarché – *vouloir* acheter un kilo de farine – *vouloir* préparer / gâteau – *être* / anniversaire de maman / demain
2. *aller* / marché aux puces – *vouloir* acheter / cadeau pour Lucie – *être* / anniversaire.
3. ne pas / *vouloir* jouer avec moi – ne pas / *pouvoir* – ne pas / *avoir* le temps – *vouloir* travailler– *avoir* / interro / demain

Exemple:
David: Pourquoi est-ce que tu vas au supermarché?
Pauline: Parce que je veux acheter un kilo de farine.
David: Pourquoi est-ce que tu veux acheter un kilo de farine?
Pauline: Parce que ___ .

b *À vous. Imaginez encore un dialogue entre David et Pauline.*

Répéter

7 **a** 2 20 [e] *et* [ɛ]. *Écoutez et répétez.*

et	est
la mémoire	le français
le déjeuner	la clarinette
la récréation	la question
le cahier	le collège

b 2 21 *Répétez les phrases et notez-les.*

c *Trouvez d'autres mots avec* [e] *et* [ɛ].

Discuter

8 ►◄ *Posez des questions. Vos camarades répondent.*

Est-ce que tu aimes
- les maths?
- l'anglais?
- l'allemand?
- l'histoire?
- le lundi?
- ___

Oui, beaucoup. / Ça va. / Assez. / Pas trop.
Oui, les maths / ___, c'est super.
Oui, parce que je suis bon(ne) en ___.
Non, je préfère le/la/les ___.
Pour moi, le/la/les ___, c'est l'horreur.
Oui, beaucoup, parce qu'on a ___ .
Non, pas trop, parce qu'on a ___ heures de cours.

Repères

Qu'est-ce qu'on dit?

C 57/6 **1**

Du fragst nach der Uhrzeit:	Il est quelle heure? / Quelle heure est-il?
Du gibst die Uhrzeit an:	Il est (cinq heures).
Du fragst nach einem Zeitpunkt:	Quand est-ce que (tu as cours)? / À quelle heure (est-ce qu'on va au cinéma)?
Du fragst, wie lange (jemand Unterricht hat):	(Tu as cours) jusqu'à quelle heure?
Du hast freitags (immer) Französisch:	J'ai français le vendredi.
Du hast an diesem Freitag keinen Unterricht:	Je n'ai pas cours vendredi.
Jemand ist in einem Fach gut/schlecht.	Il/Elle est bon(ne)/nul(le) en ___ .
Du fragst nach einem Grund:	Pourquoi est-ce que ___ ?
Du gibst einen Grund an:	Parce qu'(on a trop de devoirs).
Jemand verspätet sich / kommt zu früh:	Il/Elle est en retard / en avance.
Du tröstest jemanden:	Tu ne vas pas être triste. / Ce n'est pas ta faute.
Du verstehst etwas (nicht):	Je (ne) comprends (pas).

Grammaire

2 Die Adjektive Les adjectifs (→ GH, p. 25/20)

♂	♀
bon [bɔ̃]	**bonne** [bɔn]
nul [nyl]	**nulle** [nyl]
bons [bɔ̃]	**bonnes** [bɔn]
nuls [nyl]	**nulles** [nyl]

Übersetze:
1. Das Hähnchen ist sehr gut.
2. Der Film ist ganz schlecht.
3. Der Unterricht von Mme Navarro ist immer interessant.
4. Lucie ist sehr gut in Mathe.

3 Die Frage mit „Pourquoi?" und „Quand?" L'interrogation avec «Pourquoi?» et «Quand?» (→ GH, p. 28/22.1)

Pourquoi est-ce qu'ils travaillent ensemble?
Quand est-ce que vous avez français?

4 Der Nebensatz La phrase subordonnée (→ GH, p. 28/22.2)

Pauline est contente **parce que c'est la fin de la semaine.**
Lucie n'est pas contente **parce qu'elle a un huit en anglais.**

a Übersetze die Sätze und vergleiche mit dem Deutschen.
Im französischen Nebensatz mit „parce que" steht das Verb ___ der Ergänzung.

b Übersetze.
1. Valentin ist traurig, weil Manon mit Tarik arbeitet.
2. Paul ist froh, weil er heute in den Zirkus geht.
3. Paul kommt spät nach Hause, weil er einkaufen geht.

5 Die Verben auf „-dre“ Les verbes en «-dre» (→ GH, p. 26/21)

	répondre
je	répond**s**
tu	répond**s**
il/elle/on	répond
nous	répond**ons**
vous	répond**ez**
ils/elles	répond**ent**

a Konjugiere das Verb „attendre“ in deinem Heft.

⚠

	prendre
je	prend**s**
tu	prend**s**
il/elle/on	prend
nous	pren**ons**
vous	pren**ez**
ils/elles	**prennent**

b Konjugiere „comprendre“ oder „apprendre“ in deinem Heft.

c Vervollständige die Sätze mit dem richtigen Verb in der richtigen Form: apprendre – attendre – prendre – répondre

1. Nous [?] le bus à 7 heures et demie.
2. Paul [?] Pauline.
3. Pauline [?] devant la boulangerie.
4. Paul et Pauline [?] l’allemand à l’école.
5. Ils [?] aux questions 4 et 5.

À toi. Écris deux exemples pour tes camarades.

6 Das „futur composé“ Le futur composé (→ GH, p. 26/21.3)

Je	**vais aller**	à l’école à pied.
Tu	**vas être**	en retard.
Il	**va apprendre**	l’allemand.
Nous	**allons manger**	ensemble.
Vous	**allez travailler**	ensemble?
Ils	**vont aller**	au cinéma.

a Wie bildest du das „futur composé“?

b Je **ne** vais **plus** être en retard.
Nous **n’**allons **pas** travailler ensemble.

Beschreibe die Stellung der Verneinungswörter beim „futur composé“.

7 Die Uhrzeit L’heure (→ GH, p. 29/23)

Il est une heure.

Il est deux heures cinq.

Il est trois heures et quart.

Il est quatre heures et demie.

Il est cinq heures moins vingt-cinq.

Il est six heures moins le quart.

Il est midi.

Il est minuit.

Comprendre et écouter

DELF **1** **a** *Regardez l'affiche et les horaires de cinéma et répondez aux questions:*

1. Où est le cinéma?
2. Trouvez l'adresse Internet et le numéro de téléphone du cinéma.
3. Les places coûtent combien pour vous?
4. Quand est-ce qu'on passe* le film «Le Seigneur des Anneaux»? À quelle heure?
5. Et le film «Tristan»?

À vous. Posez des questions sur le programme et répondez.

Du 4 au 10 avril	TRISTAN (1 h 20)	LE CRIME DU PÈRE AMARO (1 h 59 VO)	LE SEIGNEUR DES ANNEAUX (3 h 12)	MATRIX RELOADED (2 h 18)
Mer 4	14h30	21 h	17 h	19 h
Jeu 5	18h45	21 h 15		
Ven 6	21 h			19 h
Sam 7	21 h	19 h	14 h 30	16 h 30
Dim 8	16 h 30	19 h	14 h 30	
Lun 9	18 h 45			21 h 15
Mar 10		18 h 30	16 h 00	19 h 30

LE ZOLA CINEMA
ASSOCIATION POUR LE CINEMA
117 cours Emile Zola - 69100 Villeurbanne
Métro République
☎ 08.36.68.69.25 (0,35 € / mn) (programme)
☎ 04.78.93.42.65 (administration et séances scolaires)
Le Zola aussi sur Internet: http://www.grac.asso.fr/programmes/salles/villeurbanne_zola/villeurbanne_zola.htm

4 avril au 1er mai 2004

TARIF NORMAL: 6,50 € / TARIF RÉDUIT: 5,35 €
(chômeurs, étudiants, –18 ans, +60 ans)
TARIF ENFANTS: 4 € (–14 ans)
ABONNEMENTS: 23,35 € (5 films pour 1 an)
REDUCTION LUNDI ET MERCREDI: 5,35 € pour tous

b 🎧 2 22 *Regardez le programme, écoutez et corrigez les dialogues.*

c *Jouez les scènes de* **b**. Spielt die Dialoge der Aufgabe **b** mit anderen Filmen, Uhrzeiten usw. nach.

* **passer un film** einen Film spielen

S'entraîner

C 53/2 **2** **a** *Complétez.*

Utilisez: quelle heure? jusqu'à quelle heure? quand est-ce que? pourquoi est-ce que?

1. – Tu as cours [?]?
   – Jusqu'à 4 heures.
2. – Il est [?]?
   – Trois heures dix.
3. – [?] tu es en retard?
   – Parce que je n'ai pas de réveil.
4. – [?] tu as ton club-photo?
   – Le jeudi après la cantine.
5. – Ta mère travaille [?], aujourd'hui?
   – Jusqu'à 7 heures et demie.
6. – [?] tu fais les courses?
   – Le lundi et le vendredi.

b *À vous. Posez des questions avec* à quelle heure? quelle heure? jusqu'à quelle heure? quand est-ce que? pourquoi est-ce que? (→ Repères, p. 93/1)

3 *Commentez votre emploi du temps. Utilisez:* trop de / assez de / peu de.

pas de/d'___ trop de/d'___
beaucoup de/d'___
ne ___ pas assez de/d'___

4 **a** *Conjuguez les verbes.*

Paul et Pauline n' *(avoir)* pas beaucoup d'argent. Pour l'anniversaire de Lucie, ils *(faire)* un gâteau. Ils *(aller)* au supermarché et *(acheter)* deux pots de crème. Puis, ils *(attendre)* Valentin. Mais Valentin n'*(arriver)* pas. Alors, ils *(prendre)* le bus et ils *(rentrer)*. Le soir, ils *(faire)* des exercices d'allemand: ils *(répondre)* à la question 2, page 47 et ils *(apprendre)* le dialogue, page 48.

b *Faites l'exercice encore une fois. Remplacez «Paul et Pauline» par «Manon».*

Vocabulaire

5 **a** *Trouvez les contraires.* Findet die Gegensatzpaare.

trop avant être en avance
être bon le dîner
poser une question grand midi
être triste sous devant
avoir un deux la récréation froid

le cours être en retard après
répondre minuit sur derrière
être nul petit avoir un dix-huit
être content chaud
le petit-déjeuner pas assez

b *Racontez une histoire.* Versucht möglichst viele Wörter aus **a** in der Geschichte zu verwenden.

Activités

6 Schaut euch das Zeugnis an und vergleicht mit den Noten in Deutschland.

Matières Professeurs	Moy. Élève	Résultats Classe Moy.	Mini	Maxi	Appréciations et conseils des enseignants
Français Études de la langue Expression M. HUGRON	13,5 12 14,3	13,2 13,2 13,3	6,8 6,3 7	17 18,4 16,8	Bons résultats [signature]
Allemand LV1 Écrit Oral Mme MALIVET	12,9 11 16,8	13,7 12,2 14,4	7,8 6,8 8	18,7 18,8 18,5	Travaille bien! S. Malivet
Musique Mme PECOU	18,5	14,7	10	19	C'est très bien!! J. Pecou
Hist-Géo Mme MORIN	8,9	12,2	6,6	18,7	Peut mieux faire. [signature]
Maths Mme LE BOURHIS	10	11,7	5,4	19,5	C'est très moyen. N. Le Bourhis
SVT	13,3	14,3	9,3	18,5	

7 **a** ►◄ *Regardez l'agenda de Valentin et faites les dialogues.*

* **installer qc** etwas installieren

1. *Toi:* Qu'est-ce que tu vas faire dimanche, Valentin? / *Valentin:* À midi, je vais manger ___ .
2. *Toi:* On va faire un tour ensemble, dimanche? Après, ___ . *Valentin:* Non, ça ne va pas. / Je ne peux pas. À midi ___ .

b ►◄ *Notez des activités dans votre agenda et faites des dialogues comme dans* **a** *avec votre voisin/e.*

Projet: Mon album

→ Portfolio
Dossier

8 Une journée typique: Qu'est-ce que tu fais le lundi, le mardi, ...? À quelle heure?
Fais un collage et commente-le.

Apprendre à apprendre

C 57/8 **9** **Wie du einen französischen Text verstehen kannst (2)**

Wenn du einen neuen unbekannten Text siehst, betrachte zuerst die dazugehörigen Bilder. Oft geben sie dir schon viele Informationen zum Text.
Dies kannst du gleich ausprobieren: Betrachte den Text der nächsten Unité (S. 100). Wovon handelt er? Was kannst du durch die Bilder über diesen Text erfahren?

Recherche

10 *Trouvez le programme de la semaine du cinéma «Le Zola». Qui est Zola? Faites une recherche.*
(→ p. 95/1)

2 | 23 La Cigale et la Fourmi

La cigale chante en été
Elle chante du matin au soir
Elle chante pour toi et moi
Pour un oui ou pour un non
Elle chante sa chanson.

Les gens écoutent la cigale
Et disent ce n'est pas mal.
Ils disent aussi: c'est génial.
La cigale est très contente
(Mais pas très intelligente).
Un jour, dit-elle, les hommes
Vont faire un cédérom
De mon numéro
Et on va voir ma photo
Dans les magazines.

Chantez mes sœurs sur les collines
Disent les fourmis.
Nous travaillons
Et vos chansons
Sont une distraction.

Et bientôt c'est l'hiver.
Ah mon père, ah ma mère,
Tout est trop cher,
Que faire?
Et dans la maison des cigales,
Ah mes frères, ah mes sœurs,
C'est l'horreur.

Les fourmis sont dans leur maison.
Il y a des provisions
Jusqu'au plafond.
Un jour, la cigale sonne chez la fourmi
Et demande un peu de pain.
Et la fourmi dit:
Ma petite, vous chantez en été?
Eh bien, en hiver, dansez.

Sylvie Gonsolin d'après la fable de La Fontaine

1 **en été** im Sommer 7 **dire** sagen 11 **un jour** eines Tages 11 **les hommes** die Menschen 14 **voir qc** etw. sehen 20 **la distraction** die Zerstreuung 21 **l'hiver** *m.* der Winter 24 **Que faire?** Was tun? 29 **les provisions** *f.* die Vorräte 30 **le plafond** die Decke 32 **demander qc** *hier:* nach etw. verlangen

→ Portfolio Dossier

Regardez les dessins. Quelle strophe va avec quel dessin? Imaginez un dialogue entre la cigale et la fourmi.

2 25 Au fil des saisons

L'automne

Il pleut
des feuilles jaunes
il pleut
des feuilles rouges.

L'été
va s'endormir
et l'hiver
va venir
sur la pointe
de ses souliers
gelés.

L'hiver, la neige

Voilà
les arbres
avec
du sucre
sur le nez

la route
toute poudrée

le ciel enfariné

la neige
a tout
changé

Anne-Marie Chapouton, Poèmes petits

l'automne *m.* der Herbst 1 **il pleut** es regnet 2 **la feuille** das Blatt 2 **jaune** gelb 4 **rouge** rot 5 **l'été** *m.* der Sommer 6 **s'endormir** einschlafen 7 **l'hiver** *m.* der Winter 8 **venir** kommen 9 **la pointe** die Spitze 10 **le soulier** der Schuh 11 **gelé/e** gefroren

l'hiver *m.* der Winter **la neige** der Schnee 2 **l'arbre** *m.* der Baum 4 **le sucre** der Zucker 5 **le nez** die Nase 6 **la route** die Straße 7 **poudré/e** gepudert 8 **le ciel** der Himmel 8 **enfariné/e** plein de farine 11 **changé** verändert

Choisissez un des deux poèmes et apprenez-le par cœur.*

* **par cœur** auswendig

UNITÉ 7 Lyon, notre ville: un dossier

Approches

2|26 Une promenade à Lyon

Les élèves de la sixième D font un dossier pour leurs correspondants. Dans leur dossier, il y a des photos de Lyon.

Lyon, c'est …

la ville de Guignol

*la ville de la soie et des canuts**

la ville des parcs et des promenades

Visitez le parc de la Tête d'Or et le Jardin des plantes.

la ville du cinéma, des Frères Lumière …

… et de Bertrand Tavernier

du savant André-Marie Ampère

de l'aviateur et écrivain Antoine de Saint-Exupéry

* **le canut** der Seidenweber in Lyon

la ville du cuisinier Paul Bocuse

la ville des collines

la ville de la chimie

Découvrir

1 **a** Findet weitere Beispiele im Text und vervollständigt die Tabelle in eurem Heft.

la ville				
de	de la	de l'	des	du
Bertrand Tavernier	soie	aviateur	canuts	cinéma
___	___	___	___	___

b Wofür stehen „du" und „des"?

S'entraîner

C 60/2 **2** *Imaginez des noms de rues, de maisons, de places et de parcs. Utilisez* du, de la, de l', des.
(→ Repères, p. 110/2)

Préparer la lecture

1 ►◄ *Lisez ou relisez les informations sur Fantômas et les traboules de Lyon dans le petit dictionnaire de civilisation.* (→ p. 144)

2|27 Fantômas à Lyon

Pauline adore le dessin et les bédés. Voici sa bédé pour le dossier des élèves de la sixième D.

Comprendre

C 61/2 C 62/2 **2** *Comment est-ce qu'on dit en allemand* un bandit, un policier, une allée, un numéro, un plan, retrouver, le chef. *Justifiez votre réponse.* Begründet eure Antwort.
(→ Apprendre à apprendre p. 35/7)

Découvrir

3 **a** Schaut euch den Comic nochmals an. Wer oder was ist in den folgenden Sätzen gemeint?

Je **les** adore. Il ne **le** trouve pas. Tu **l'**as sur toi? Je ne **la** trouve pas.

b Übersetzt die Sätze. Vergleicht die Stellung der Satzglieder im Deutschen und Französischen.

S'entraîner

C 63/6 C 63/7 C 63/8 **4** **a** *Qu'est-ce que c'est? Retrouvez les noms.* (→ Repères, p. 111/4)

Exemple: On le prend au CDI. → Le livre.

1. On le prend au CDI.
2. On les met dans un album.
3. On les note dans le cahier de textes.
4. On l'achète à la boulangerie.
5. On l'a à dix heures.
6. On le fait avec des oranges.
7. On les trouve dans un fleuve.
8. On la met dans l'ordinateur.

le pain au chocolat — les photos — les devoirs — le jus d'oranges — les poissons — le livre — la récréation — la disquette

b *À vous. Faites d'autres devinettes.* Erfindet weitere Rätsel.

C 61/3 **5** *Formez des phrases.* Vergesst nicht das Verb zu konjugieren. (→ Repères, p. 110/2; 111/3)

Exemple: Fantômas sort du cours de trompette.

Fantômas	*sortir*	du	boulangerie.
Les policiers		de la	club-photo.
Nous		de l'	hôpital.
Le bandit		des	conservatoire.
Je			immeuble.
Vous			rue.
Manon et Pauline			allée n° 9.
Tu			cours de trompette.
Elles			cantine.
On			Jardin des plantes.
Mme Navarro			parc de la Tête d'Or.

6 ►◄ *A regarde le dessin A. B regarde le dessin B. Parlez avec votre partenaire et trouvez les différences.*
Findet die Unterschiede zwischen den beiden Bildern heraus.

A Sur mon dessin, un policier entre dans l'immeuble.
B Sur mon dessin, un policier sort de l'immeuble.
A À gauche de la porte, ___

7 **a** Schreibt alle Orte auf, die ihr kennt: la boulangerie, le collège, ___ .

b ►► *Utilisez les mots de* **a**, *posez des questions et répondez.* (→ Repères, p. 110/2)

près   à droite   à gauche   en face

du   de la   de l'

Exemples:

8 **a** *Relisez la bédé de Pauline p. 102. Préparez des plaques de rues* avec les numéros.*

b *Prenez les rôles et jouez l'histoire de «Fantômas à Lyon».*

* la plaque de rue
das Straßenschild

2|28 La légende du Gros Caillou

Pour le dossier de sa classe, Paul raconte la légende du Gros Caillou.

Nous sommes à Lyon, dans le quartier de la Croix-Rousse ...

Jean Tourmente est un huissier* de Lyon. Il n'a pas de cœur, il n'aime pas les pauvres, mais il aime l'argent.
Un jour, il va chez un canut**. L'homme a des dettes parce qu'il est au chômage et parce qu'il n'a pas d'argent. Il parle de ses problèmes, sa femme parle de leurs enfants, de leur vie ...

Les enfants pleurent. L'huissier bouscule le fils du canut, un garçon de six ans, et dit: «On ne pleure pas à ton âge, on travaille!» Alors l'enfant dit: «Je te déteste, tu es méchant et le Bon Dieu t'entend!»

Le canut et sa famille n'ont plus de maison. Ils sont dans la rue. Ils ont faim et ils ont froid.
Le Bon Dieu arrive et regarde le canut, sa femme et ses enfants. Puis, il regarde Jean Tourmente.
«Jean Tourmente, dit le Bon Dieu, tu as un caillou à la place du cœur.»
Et un caillou tombe aux pieds de Jean Tourmente. Il le regarde:
«Qu'est-ce que vous dites? Qu'est-ce que c'est?
– Ton cœur, dit le Bon Dieu, tu vas le prendre et partir.»
Alors, Jean Tourmente regarde son cœur, il le prend et part.
Le caillou pèse d'abord 1 kilo. Puis, au quai de Serin, il pèse 10 kilos. Au pont du Palais, il pèse déjà 100 kg ... Au pont Tolozan, il pèse une tonne, et place de la Croix-Rousse, c'est le Gros Caillou.

* **l'huissier** *m.* der Gerichtsvollzieher
** **le canut** der Seidenweber

Comprendre

C 64/1
DELF

1 *Vrai ou faux? Répondez et corrigez les phrases.*

1. Les problèmes des pauvres n'intéressent pas Jean Tourmente.
2. Le canut a beaucoup d'argent.
3. La femme du canut parle de ses enfants.
4. Jean Tourmente écoute le canut et sa femme.
5. Le Bon Dieu dit: «Tu as un caillou dans le cœur.»
6. Le caillou pèse d'abord un kilo.
7. Le Gros Caillou est le cœur de Jean Tourmente.

S'entraîner

C 65/4
C 65/5

2 *Complétez les dialogues. Utilisez* me/m', te/t', nous, vous.

3 ►◄ *Posez des questions à vos camarades. Ils/Elles répondent.*

Exemple:
– Frank, le dessin, ça t'intéresse?
– Oui, ça m'intéresse. / Non, ça ne m'intéresse pas. Je préfère ___.

les ordinateurs   les livres   les bédés de ___
la musique de ___   la danse   l'histoire
le cinéma   les films de ___   les films avec ___
les spectacles de ___   la géographie
Guignol   la boxe   le cirque   ___

Projet

4 *Écrivez des dialogues et jouez la légende du Gros Caillou. Vous pouvez aussi choisir une musique.*
Ihr könnt auch eine passende Musik aussuchen.

Préparer la lecture

DELF **1** *Écoutez et répondez.*
Wo spielt diese Szene? Was machen Lucie und Valentin? Mit wem und worüber sprechen sie?

2|29 On fait des interviews

Lucie et Valentin veulent faire des interviews pour le dossier. Ils préparent leurs questions et vont en ville.

Valentin: Qu'est-ce qu' on dit aux gens?
Lucie: Ben, tu dis: «Bonjour, je suis du collège Clément Marot. Je fais des interviews pour nos correspondants.» et tu poses tes questions. Tu vas voir, c'est facile.
Valentin: Facile, facile …

Sur la place des Terreaux, Lucie parle à une dame.

1

«Bonjour, Madame, nous faisons des interviews sur Lyon. Est-ce que vous aimez votre ville?
– Oui, j'aime beaucoup Lyon.
– Et pourquoi?
– Pour ses quartiers, ses théâtres, ses musées, sa vie …
– Merci. Au revoir.»

2

Valentin demande à un monsieur:
«Bonjour, Monsieur …, je fais …, je … Une question. Vous aimez Lyon?
– Oui. On mange très bien à Lyon. Ma femme et moi, quand nous venons à Lyon, nous allons toujours au restaurant. J'adore les andouillettes!»

3

Ensuite, il parle à une jeune fille à la terrasse d'un café.
«Mademoiselle, s'il vous plaît! Qu'est-ce que vous aimez à Lyon?
– Le marché aux puces du dimanche, les magasins et les parcs, les quais … Le dimanche, je vais au parc de la Tête d'Or, j'aime bien regarder les fleurs.»

4

Lucie pose sa question à une jeune femme.
«Mademoiselle, vous aimez Lyon?
– Non. Je viens de la campagne, moi. On ne respire pas ici. Quand il fait chaud, c'est l'horreur.
– Heu … je vous comprends, mais …»

5

Ensuite elle parle à un monsieur. Il sort de la gare. Il n'est pas très sympa mais …
«Monsieur, s'il vous plaît … Vous venez souvent à Lyon?
– Désolé, je n'ai pas le temps.»
Le monsieur est déjà loin …

6

Alors, elle pose sa question à un garçon de quinze ou seize ans:
«Une minute, s'il te plaît, tu aimes Lyon?
– Aimer, aimer … Qu'est-ce que ça veut dire? J'aime ma copine. J'aime bien Lyon, mais une ville, c'est une ville.»

Comprendre

DELF **2** 2 29 *Écoutez encore une fois le texte. Regardez les personnes p. 107. Reliez les interviews et les personnes.*
Ordnet die Interviews den Personen zu.

Exemple: L'interview numéro [1], c'est la femme [d].

C 66/1 DELF **3** *Lisez le texte. Qui aime Lyon? Qui n'aime pas Lyon? Pourquoi? Qu'est-ce qu'ils/elles (n')aiment (pas)? Faites un tableau.*
Erstellt eine Tabelle.

S'entraîner

C 66/2 **4** **a** ►◄ *Posez des questions et répondez. Utilisez* quand.

Exemple:
– Qu'est-ce qu'on dit quand on ne comprend pas?
– Quand on ne comprend pas, on dit «Pardon?» ou «Je ne comprends pas.»

1. On ne comprend pas.
2. On cherche son stylo.
3. On bouscule une femme / un homme.
4. On déteste le dessin.
5. On aime beaucoup la musique.
6. On répond au téléphone.
7. On sort d'un magasin.
8. On est à l'office de tourisme.
9. On cherche la poste.
10. On achète un pain au chocolat à la boulangerie.
11. Le/La prof entre dans la classe.

Je voudrais un plan de la ville, s'il vous plaît.
Où est mon stylo?
Pardon?
J'adore la musique.
Est-ce qu'il y a une poste près d'ici?
Je voudrais un pain au chocolat, s'il vous plaît.
Bonjour, Monsieur/Madame!
Allô?
Où est la poste? ...
Pardon, Monsieur/Madame/Mademoiselle.
Le dessin, pour moi, c'est l'horreur.
Au revoir!
Je ne comprends pas.

b *À vous. Posez des questions à vos camarades et répondez.*

Exemple:
– Qu'est-ce que tu fais quand tu vas à la cantine?
– Quand je vais à la cantine, je mange, je bouscule les copains, je ___ .

C 66/4
C 67/5 **5** *Formez des phrases. N'oubliez pas de conjuguer les verbes.* (→ Repères, p. 111/5)

Mon cochon d'Inde	*parler*	à	**éléphant**
Fantômas	***dire* bonjour**	**à l'**	perruche
Le clown	*dire* au revoir	à la	chiens de Tilo
Je	*dire* merci	au	poulet
Nous	*demander* l'heure	aux	tortues
La souris	*poser* une question	à un	ami
Nos poissons	*répondre*	à une	bébés
Les chats de Lucie	*raconter* une histoire	à des	Manon
Tu			monstre
Vous			M. Ardent
La vendeuse			chat de ___
Le père de ___			poissons de ___
La voisine de ___			ours en peluche de David

Exemple:
La souris dit bonjour à l'éléphant.

Écouter

C 66/3 **6** 2 30 *Écoutez et notez les formes de* venir *qui manquent.*
Das Verb „venir" wird jedes Mal von der Leitung „verschluckt". Hört den Dialog und schreibt die fehlenden Formen auf. (→ Repères, p. 111/3)

Vocabulaire

7 Was fällt euch alles zu „la ville" ein? Ordnet die Wörter in ein Vokabelnetz ein.

Activité

DELF **8** **a** *Est-ce que vous aimez votre ville/village*? Qu'est-ce que vous aimez? Qu'est-ce que vous n'aimez pas? Faites une interview avec votre voisin/e.*

* **le village** das Dorf

b *Présentez vos résultats en classe.* Tragt eure Ergebnisse in der Klasse vor.

Pascal aime ___ . Le/La/Les ___ intéresse(nt) Anna.

Sandra n'aime pas ___ . Frank déteste ___ .

Pour Laura, le/la/les ___ , c'est l'horreur. Sven adore ___ .

Repères

Qu'est-ce qu'on dit?

1

Du findest jemanden herzlos:	Il/elle n'a pas de cœur.
Jemand ist arbeitslos:	Il/elle est au chômage.
Etwas geht dich nichts an:	Ça ne me regarde pas.
Etwas interessiert dich nicht:	Ça ne m'intéresse pas.
Du frierst:	J'ai froid.
Du sagst: „Du wirst schon sehen":	Tu vas voir.
Du fragst: „Was heißt das?":	Qu'est-ce que ça veut dire?

Grammaire

2 **Der zusammengezogene Artikel mit der Präposition „de"** L'article contracté avec la préposition «de» (→ GH, p. 30/24)

Singulier

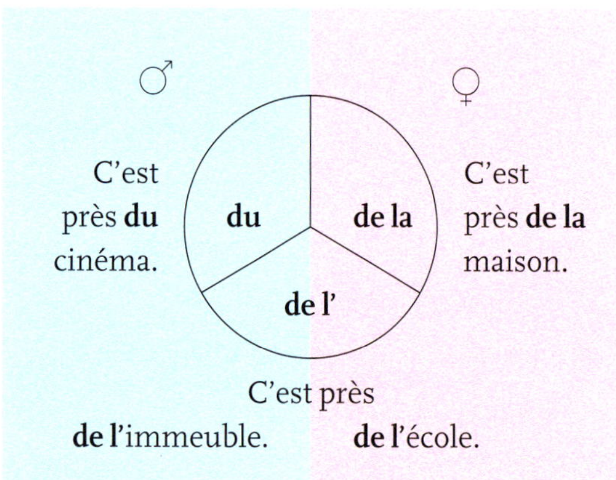

Pluriel

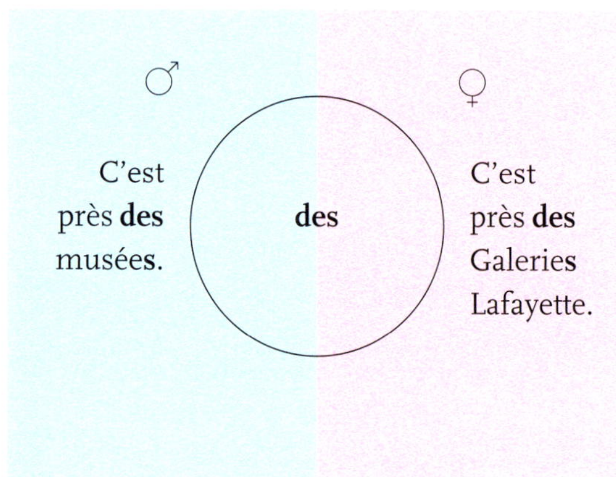

Merke

~~de + le~~ = **du**
de + la = de la
de + l' = de l'
~~de + les~~ = **des**

a Mit welchen Artikeln ziehst du die Präposition „de" zusammen? Mit welchen nicht?

b Mit welcher Präposition werden die Artikel ebenfalls zusammengezogen? (→ Unité 5, p. 78)

c Ergänze die Sätze mit den Wörtern in Klammern.

1. Elle sort (aus der Schule).
2. C'est l'idée (der Schüler).
3. Lucie attend (in der Nähe der Bäckerei).
4. Lucie a des photos (von ihrer Familie).
5. Lyon, c'est la ville (des Kinos).

3 Die Verben Les verbes (→ GH, p. 32/26)

	sortir		dire		venir
je	sors	je	dis	je	viens
tu	sors	tu	dis	tu	viens
il/elle/on	sort	il/elle/on	dit	il/elle/on	vient
nous	sort**ons**	nous	dis**ons**	nous	ven**ons**
vous	sort**ez**	vous	**dites**	vous	ven**ez**
ils/elles	sort**ent**	ils/elles	dis**ent**	ils/elles	vie**nnent**

a „Sortir“ und „partir“ sind Verben auf „-ir“. Konjugiere das Verb „partir“.

b Konjugiere das Verb „peser“. Es wird wie „acheter“ konjugiert. (→ Unité 5, p. 79)

4 Das direkte Objektpronomen Le pronom objet direct (→ GH, p. 31/25.1–32/25.2)

direktes Objekt		direktes Objektpronomen	
	Vous	**me**	comprenez?
	Oui, on	**te**	comprend.
Le policier trouve **la** traboule?	Non, il ne	la	trouve pas.
Il trouve Fantômas?	Non, il ne	le	trouve pas.
On attend Valentin?	Oui, on	l’	attend.
On attend Lucie?	Oui, on	l’	attend.
	Valentin, tu	**nous**	écoutes?
	Oui, je	**vous**	écoute.
Pauline aime **les bédés**?	Oui, elle	**les**	aime.

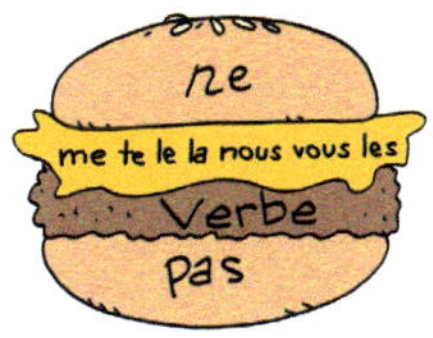

a Formuliere die Regel: Im französischen Satz steht das Objektpronomen ___ .
Im verneinten französischen Satz steht das Objektpronomen ___ .

b Ersetze die unterstrichenen Objekte durch Objektpronomen.

1. Voilà le bandit. Le policier cherche le bandit, mais il ne trouve pas le bandit.
2. Lucie attend Tarik et Valentin.
3. Valentin écoute le prof? Oui, il écoute le prof.
4. M. Ardent cherche les cassettes.
5. Le policier cherche la traboule, mais il ne trouve pas la traboule.
6. Manon fait les courses. Pauline attend Manon.

c Übersetze.

1. Ich höre dir zu.
2. Er wartet auf mich.
3. Wo sind die CDs? Ich suche sie.
4. Verstehen Sie mich?
5. Ja, ich verstehe Sie.

5 Das direkte und das indirekte Objekt Le complément d’objet direct et indirect (→ GH, p. 33/26.4)

direktes Objekt		indirektes Objekt	
Il cherche **son plan**.	→ chercher **qc**	Tarik parle **à une dame**.	→ parler **à qn**
Ils regardent **le plan**.	→ regarder **qc**	Paul demande **à un monsieur**.	→ demander **à qn**
Lucie adore **les animaux**.	→ adorer **qc**	Le monsieur répond **à Paul**.	→ répondre **à qn**

Écouter

DELF **1** 2/31 *Écoutez l'interview et notez les informations sur la personne.*

Vocabulaire

2 **a** ►◄ *Retrouvez les noms et leurs articles. Un nom = un point. Un nom avec son article = deux points.*

nameprode = ? teuravia = ? blimeume = ? inavérci = ? osdiser = ?
cierpoli = ? imlecibé = ? tanvas = ? sicuinier = ? gampanec = ?

b *À vous. Faites d'autres devinettes.* (→ Liste des mots, p. 147)

3 **a** ►► *Posez des questions à vos camarades.*

Exemple:
– «Vérité», qu'est-ce que ça veut dire?
– Ça veut dire «Wahrheit».

vérité cœur partir avoir froid
poser une question
Je n'ai pas le temps. entendre

b *Continuez.* (→ Liste des mots, p. 147)

Révisions

C 62/4 **4** ►◄ *Posez les questions et répondez. Utilisez:*

À quelle heure est-ce que ___ | *aller* à la / à l' / au / aux ___ .
| *sortir* de la / de l' / du / des ___ .

Activités

5 ►◄ *Regardez les photos p. 100–101, le plan de Lyon, vos prospectus de Lyon* (→ Unité 5, p. 81/9) *et préparez une promenade à Lyon. Présentez-la à vos camarades.*

D'abord, | nous allons à ___ .
Ensuite, | nous regardons ___ et nous ___ .
| nous faisons | un tour à ___ . / une promenade à ___ .
| nous visitons ___ .
| nous rentrons.

6

a 2/32 *Lisez le poème.*

Poème pour Céline

Café au lait au lit
Il y a une chanson à la radio
Moi, j'aime le samedi
Mais tu n'es pas là
Céline

Charles et Christine
Ont rendez-vous à la piscine
Dans la rue, il y a des filles
Il y a des fleurs aux fenêtres
Mais tu n'es pas là
Céline

Au marché, au restaurant du zoo
Et dans les magasins
À la gare, au ciné, dans le parc
Il y a des hommes et des femmes
Mais tu n'es pas là
Céline

François, 13 ans (Lyon)

1 **le café au lait** der Milchkaffee
7 **avoir rendez-vous** verabredet sein
9 **la fenêtre** das Fenster

b *À vous. Écrivez votre poème.*
Schreibt selbst ein kleines Gedicht für jemanden.

Projet: Mon album

7 Lyon, c'est la ville de Guignol, de la soie, des collines, du cinéma …
Et ta ville / ton village* ou ta ville préférée? Fais une page pour ton album.

* **le village** das Dorf

→ Portfolio
Dossier

Apprendre à apprendre

8 **Wie du Vokabeln effektiver lernen kannst (2)**

Auf S. 66 hast du gelernt, wie du mit Hilfe einer Vokabelkartei Wörter behalten kannst.
Wörter merkst du dir auch leichter, wenn du sie in Sachgruppen ordnest und zusammen lernst.
Zu einigen Sachgruppen kannst du schon Wörter zusammenstellen.

Tiere: une souris, ___
Möbel: un lit, ___
Obst und Gemüse: une banane, ___
Berufe: une vendeuse, ___

Vervollständige die Listen mit so vielen Wörtern wie möglich. Überprüfe in der alphabetischen Wortliste die Schreibweise und die Artikel. Stelle Wörter einer weiteren Sachgruppe zusammen.

1 **a** Schaut euch den U-Bahn-Plan an: An welchen Stationen gibt es ein Fremdenverkehrsamt? Wo gibt es einen Bahnhof?

b Mit welchem der beiden Fahrscheine kann man den ganzen Tag fahren?

2 *Vous êtes à la station Charpennes et vous voulez aller à ___ . Faites des dialogues:*

Pour aller à ___ ?
Tu prends la ligne ___ direction ___ .
Tu vas jusqu'à ___ .

1 **Pour aller à** ___ ? Wie kommt man nach ___ ? 2 **la cathédrale** die Kathedrale 3 **la ligne** die Linie 3 **la direction** die Richtung

UNITÉ Supplémentaire à la carte

États d'AM
Le journal du collège Clément Marot

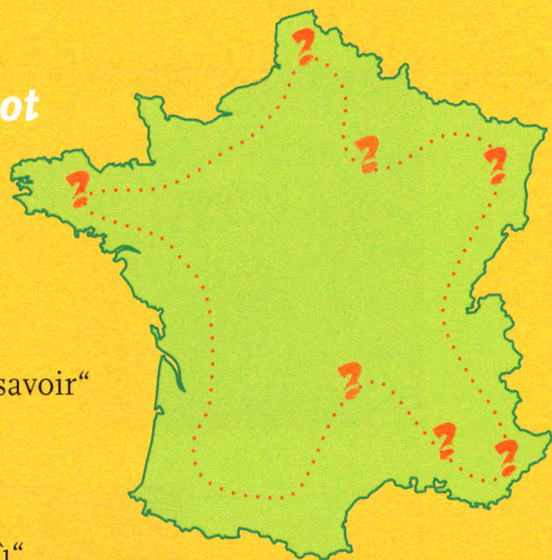

2|33 Le quiz du Tour de France

Est-ce que vous savez répondre à ces questions?
Faites vite ce quiz.

Cette région est située entre des montagnes et un fleuve. Ce fleuve, c'est aussi la frontière avec un autre pays. C'est la région des cigognes et de la choucroute.

Prenez ce tunnel sous la mer et faites un tour en Angleterre.

Cette ville est très célèbre. Pour Astérix et les Gaulois, elle s'appelle Lutèce. Aujourd'hui, c'est la capitale.

Cette région est célèbre pour ses volcans. Mais ces volcans ne sont plus dangereux. Dans sa préfecture, on fabrique des pneus.

Dans cette région au bord de la mer, vous pouvez manger des crêpes et rêver des aventures d'Astérix et d'Obélix.

Cette ville est située sur le Rhône. C'est la ville du théâtre et les enfants savent par cœur la chanson du pont.

Dans cette ville au bord de la mer, le soleil brille sur les plages, et sur ces plages-là, brillent les stars du festival.

* Vous trouvez la solution à la p. 143.

Comprendre

C 70/1 **1** *Regardez les photos et la carte de France dans votre livre et répondez au quiz.*
(→ vordere Umschlaginnenseite)

Découvrir

2 **a** Findet weitere Beispiele im Text und vervollständigt diese Tabelle in eurem Heft.

ce	cet	cette	ces
quiz	___	___	___

b Vervollständigt die Regel.

„ce" begleitet ___ Substantive, „cette" begleitet ___ Substantive.
„cet" wird nur bei ___ Substantiven gebraucht, die ___ .
„ces" verwendet man vor ___ und ___ Substantiven im ___ .

S'entraîner

C 71/4 **3** ►◄ *Posez des questions. Votre camarade répond. Utilisez:* ce, cet, cette, ces.
(→ Repères, p. 125/3)

Exemple:
– Comment s'appelle cette fille?
– Elle s'appelle ___ .

4 *Faites des devinettes pour vos camarades. Utilisez* ce, cet, cette, ces.
(→ Repères, p. 125/3)

Exemples:
Ce fleuve est entre la France et l'Allemagne.
Cette star chante la chanson «Hollywood».

Recherche

5 *Choisissez une de ces trois recherches. Présentez vos résultats.*

1. *Trouvez le texte de «la chanson du pont».* → www.google.fr. → recherche: (2 mots-clés)
2. *Trouvez le nom de trois villes en Alsace.* → atlas
3. *Trouvez une recette de crêpes.* → www.cuisineaz.com

2 34 Avoir un chien: pour ou contre?

Le problème de Bastien: ***Je voudrais un chien mais mes parents ne veulent pas: «Un chien en ville!» «Un chien dans un appartement!» «Les chiens aboient et on va avoir des problèmes avec les voisins.» «On travaille, le chien va être seul pendant des heures ...» «Tu vas promener ton chien au début, mais après trois semaines ...»***

Qu'est-ce que Bastien peut dire à ses parents?

Dis ça à tes parents: Tout dépend du chien. Moi, j'ai une chienne qui est petite et très drôle. Et en ville, il y a des parcs où tu peux jouer avec ton chien. Clémentine, 5e C

Moi aussi, j'aime bien les chiens mais je ne suis pas pour les chiens dans un appartement parce qu'ils ne sont pas libres. Et quand ils sortent, ils font des crottes qu'on doit ramasser. Ce n'est pas marrant. Benoît, 3e A

Avec un chien on n'est pas seul, c'est un ami qui est là quand on rentre de l'école, c'est bien, surtout quand les parents ne sont pas encore là, et puis c'est un copain qui aime toujours jouer. Ça, c'est génial. Leila, 6e D

Nos voisins ont un chien qui est un monstre. Il aboie 24 heures sur 24 et surtout il est méchant! Mais il y a des chiens qui sont sympa et qui n'aboient pas beaucoup. Et puis, un chien qui garde l'appartement, c'est bien, non? Manuella 3e A

Mon père est facteur. C'est un métier que tu ne peux pas faire sans problèmes avec les chiens. Il les déteste, c'est comme ça. Alors, moi, j'ai une chatte que j'aime beaucoup. C'est bien aussi, les chats. Kévin, 5e C

Tu vas toujours le promener, ton chien? Et le soigner quand il est malade? Tu as le foot, les copains, l'école et il y a aussi les endroits où tu ne peux pas aller avec ton chien ... Désolée, mais tes parents ont raison. Lisa, 4e A

Moi aussi, je voudrais un chien mais mes parents ne veulent pas. Il y a la nourriture qu'on doit acheter, les vétérinaires qui sont chers ... Mais pour moi ce n'est pas grave. J'ai des copains et des copines à deux pattes. Marina, 4e B

Comprendre

C 72/1 DELF **1** **a** *Notez les arguments pour et contre un chien. Faites un tableau.*

pour	contre
c'est un copain	___

b *À vous. Répondez à Bastien.*

S'entraîner

2 *Expliquez. Utilisez le pronom relatif* qui. (→ Repères, p. 126/2)

Exemple: Un cuisinier, c'est un homme qui travaille dans une cuisine.

un cuisinier — une vendeuse — une documentaliste — une secrétaire — un vendeur — un marchand — un professeur — un médecin — un documentaliste — un clown — ___

homme — femme

secrétariat — cuisine — marché aux puces — école — hôpital — cirque — magasin — CDI — supermarché — ___

3 *Parlez des choses que vous aimez. Utilisez le pronom relatif* que. (→ Repères, p. 126/3)

Exemple: Le sport que je préfère, c'est le foot.

le sport — la chanson — le film — le CD — la bédé — le livre — le quartier — les animaux

C 72/2 **4** **a** *Complétez par* qui, que/qu'.

Oscar le chat, la nouvelle bédé [?] les jeunes adorent.

Miam Miam, le chocolat [?] on mange à la récré.

Sportoscope, le magazine [?] intéresse les filles et les garçons.

Maxim, le mini dictionnaire [?] on a toujours dans son sac.

Kikol, la nouvelle colle [?] colle.

Mangez chez Bébert, le restaurant [?] vous allez aimer.

b *À vous. Imaginez des slogans.*

C 73/3 **5** *Faites des devinettes. Utilisez le pronom relatif* où. (→ Repères, p. 126/4)

C'est un endroit	où	on trouve ___ . on achète ___ . il y a ___ . on peut (+ infinitif).

Exemple:
C'est un endroit à l'école où on trouve des DVD et des livres. → le CDI

Préparer la lecture

1 *Regardez le texte, son titre et les photos.* Um welche Art Text handelt es sich? Worum geht es in dem Text? Wie seid ihr darauf gekommen?

2 35 Métiers: être acteur

Quand je dis que je voudrais devenir actrice, mes parents répondent que le métier d'acteur n'est pas sérieux. Ils disent aussi que ce n'est pas possible quand on n'est pas le fils ou la fille d'un acteur comme Depardieu ou d'une actrice comme Jane Birkin.
Est-ce que c'est possible ou non?
Madame Riou, professeur d'art dramatique, répond, ici, à la question.

Guillaume et Gérard Depardieu

Un cours de Mme Riou

États d'AM: Est-ce qu'on peut devenir acteur sans parents acteurs ou chanteurs? Ou est-ce que ce n'est pas possible?
Mme Riou: Beaucoup de jeunes filles et aussi beaucoup de garçons veulent être acteurs. Quand on a des parents ou des amis dans le métier, ça facilite les choses, bien sûr. Par exemple Charlotte Gainsbourg ou le fils de Gérard Depardieu ... On raconte qu'ils sont acteurs parce que leurs parents le sont. C'est juste, mais c'est aussi parce que les enfants d'acteurs commencent très tôt. Sans parents acteurs on peut aussi entrer dans un cours d'art dramatique à sept ans!
États d'AM: Vous voulez dire qu'on doit commencer à sept ans?
Mme Riou: On peut commencer à 14, à 15 ans, dans le club de théâtre de son école comme Isabelle Adjani par exemple. Mais je pense qu'on doit commencer tôt. Regardez par exemple Ludivine Sagnier.

Ludivine Sagnier

États d'AM: Elle n'est pas célèbre depuis longtemps.
Mme Riou: Non, mais elle joue depuis l'âge de sept ans. Au cours d'art dramatique, ensuite au conservatoire de Versailles. Elle joue d'abord des petits rôles ici et là, elle double des actrices de films américains. Aujourd'hui, elle est célèbre, mais elle a «déjà» vingt-cinq ans.
États d'AM: Alors à 16 ans c'est trop tard?
Mme Riou: Non. Mais on doit avoir beaucoup de talent. Et travailler beaucoup. On ne devient pas célèbre comme ça. Je dis toujours à mes élèves que ça ne va pas être facile, qu'ils peuvent aussi jouer pour leur plaisir et avoir un métier ailleurs.

Comprendre

C 74/1 **2** *Répondez.*

1. Qui est Mme Riou?
2. Qui sont Charlotte Gainsbourg et Ludivine Sagnier? Qu'est-ce que vous apprenez sur elles?
3. Est-ce qu'on peut devenir acteur quand on n'a pas de parents acteurs? Résumez la réponse de Mme Riou.

3 Quand je pense au mot « théâtre », je pense aussi à …
Faites un associogramme.

S'entraîner

4 *Séverine voudrait devenir actrice. Mais ses parents ne sont pas d'accord … Elle téléphone à une copine. Qu'est-ce qu'elle dit?* (→ Repères, p. 127/3)

Exemple: Mes parents disent que ce n'est pas sérieux.

Utilisez:

Ma mère / Mon père	*dire*	
Mes parents	*penser*	que ____ .
Ils	*trouver*	

C 75/4
C 75/5
5 *À Cannes, il y a toujours beaucoup de touristes. Ils ne parlent pas français. Traduisez pour eux. Utilisez* dire, raconter, penser, trouver *avec le discours indirect.* (→ Repères, p. 127/3)

Recherche

6 *Trouvez des informations sur un acteur / une actrice du texte.*
www.nomade.fr → Recherche: (le nom de l'acteur)

2 36 C'est la vie: nous parlons de nous

Un évènement a marqué votre année scolaire? Des jeunes ont répondu. ...

1 Beaucoup de choses ont marqué mon année scolaire, mais surtout les spectacles de notre chorale. Ça a très bien marché parce que nous avons beaucoup travaillé: On va faire un CD avec notre prof et une tournée dans le Beaujolais avec une chorale de Dijon! *Pauline, 6e D*

Mon correspondant, mon frère et moi

2 La fête d'anniversaire de mon copain Nasser. Je suis nouveau au collège et dans la ville. Quand on arrive dans une ville, trouver des copains, c'est très important. La fête a été géniale, on a mangé des gâteaux, on a écouté des CD ... et surtout, on a fait une LAN partie. Comme ça, j'ai vite trouvé des copains. *Nicolas, 3e B*

3 Ma mère a été malade. Mon père rentre tard. Alors, j'ai fait la cuisine pour mes frères et sœurs pendant quinze jours. D'abord, j'ai préparé des œufs au plat ou des frites. Ensuite, j'ai regardé dans le livre de cuisine de ma mère et j'ai appris des tas de trucs. Quand ma mère est rentrée de l'hôpital, j'ai préparé un dîner de fête. Ma mère a été très contente. *Tarik, 5e C*

4 J'ai invité mon correspondant allemand. Il est venu. Maintenant, nous sommes super copains. J'apprends l'allemand depuis deux ans et maintenant je sais pourquoi. *Nathan, 5e A*

5 Je suis partie chez mon oncle en Normandie. Mes parents ne sont pas venus. Quand je suis arrivée, mon oncle a dit: «Lucie, j'ai un cadeau pour toi. C'est une surprise.» Alors, nous sommes allés jusqu'à l'aérodrome de Deauville, et là, j'ai eu mon cadeau: le baptême de l'air. Fantastique! *Lucie 6e D*

Comprendre

C 76/1 **1** *Quel titre va avec quel texte? Trouvez l'intrus.*

- Maintenant, j'aime l'allemand.
- Une tournée en Allemagne
- Et bien, chantez!
- Bon appétit!
- Un oncle super sympa
- Comment j'ai trouvé des amis

Découvrir

2 **a** on **a mangé** – wir haben gegessen
je **suis partie** – ich bin weggegangen

Um welche Zeit handelt es sich? Wie wird sie im Französischen und im Deutschen gebildet?

b Schreibt eine Tabelle (wie im Beispiel) mit allen passé-composé-Formen aus dem Text in euer Heft. Bei welchem Verb benutzt man im Französischen ein anderes Hilfsverb als im Deutschen?

a marqué	hat gekenn-zeichnet	marquer

c Welche Endung haben die Verben auf -er im „passé composé"?

d il est venu *(ligne 27)*
elle est rentrée *(ligne 24)*
nous sommes allés *(ligne 34)*

Betrachtet die Beispiele. Von wem ist jeweils die Rede? Ergänzt: Lucie et sa tante sont rentr[?].

Écouter

3 2 37 *Est-ce qu'ils parlent du futur ou du passé? Levez la main quand vous entendez une forme du passé.*

S'entraîner

4 **a** *Mettez les verbes au présent.*

1. Tarik a bousculé Manon.
2. Tu as fermé la porte?
3. Lucie a trouvé un message de sa correspondante.
4. Nous avons acheté deux bouteilles de jus de fruits.
5. Vous avez appris le français à l'école?
6. Les Gallet ont été aux Galeries Lafayette.
7. Vous avez fait vos devoirs?
8. Les filles ont bien travaillé.

b *Qui a écrit ces messages? Lisez les phrases et répondez. Justifiez vos réponses.* (→ Repères, p. 127/1)

1. Je suis arrivée à 18 heures.
2. Je suis venu avec ma copine Charlotte.
3. Nous sommes parties en Bretagne chez ma grand-mère.
4. Quand nous sommes rentrés, notre mère a dit: «Ah, vous voilà!»

Pauline — Lucie et Manuel — Nasser — Anna et Marie

5 *Qu'est-ce qu'ils ont fait? Reconstituez les textes.* (→ Repères, p. 127/1)

Valentin | ont fait les courses. | sont allés au cirque. | Ensuite, il a téléphoné à sa grand-mère. | Paul et Annabelle | Elles | est arrivé à la maison. | Lucie et Manon | Ils ont beaucoup aimé les clowns. | sont allées aux Galeries Lafayette. | D'abord, il a fait ses devoirs.

S

C 76/2
C 76/3
6 *Qu'est-ce qu'ils ont fait? Regardez les dessins et répondez.*

1. *écouter* des CD

2. *faire* la cuisine

3. *ranger* le CDI

4. *aller* au cirque

5. *venir* à Lyon

6. *jouer*

7. *faire* leurs devoirs ensemble

8. *aller* au conservatoire

9. *acheter* une bédé de Tintin

10. *apprendre* une fable de La Fontaine

C 77/4
C 77/5
7 ►◄ *Prenez un dé et jouez à deux.* (→ Repères, p. 127/1)

Exemple:

A fait un trois, choisit un verbe dans la colonne 3 (↓) et pose une question avec «est-ce que»:
Est-ce que tu as attendu Julia?

B fait un cinq (→) et répond:
Non, j'ai regardé la télé.

	1 ↓	2 ↓	3 ↓	4 ↓	5 ↓	6 ↓
1 →	préparer qc	comprendre qc	chanter	coller qc	travailler	répondre à ___
2 →	aller à ___	apprendre qc	faire qc	trouver qc	poser qc	sortir
3 →	avoir qc	donner qc à qn	attendre qn	bousculer qn	prendre qc	partir
4 →	acheter qc	rentrer à ___	mettre qc	chercher qc/qn	manger	être à ___
5 →	discuter avec qn	photographier qc/qn	montrer qc	faire qc	regarder qc	travailler
6 →	jouer	ranger qc	venir	écouter qc	aller à ___	téléphoner à qn

Activité

DELF
8 *Faites une page «C'est la vie: nous parlons de nous» pour le journal scolaire de vos correspondants. Utilisez les verbes de l'exercice 7.*

Repères

SÉQUENCE SUPPLÉMENTAIRE 1

Qu'est-ce qu'on dit?

1

Du weist auf jemanden hin:	Regarde cet homme / cette femme là-bas.
Du beschreibst die Lage eines Ortes:	Cette ville est située sur ___ / au bord de ___ .
Du gibst an, wofür ein Ort bekannt ist:	Cette ville / Cette région est célèbre pour ___ .
Du sagst, dass du etwas auswendig kannst:	Je sais (cette chanson) par cœur.

Grammaire

2 Die Verben Les verbes (→ GH, p. 35/29)

	savoir
je	**sais**
tu	**sais**
il/elle/on	**sait**
nous	**savons**
vous	**savez**
ils/elles	**savent**

3 📖 **Der Demonstrativbegleiter** Le déterminant démonstratif (→ GH, p. 35/28)

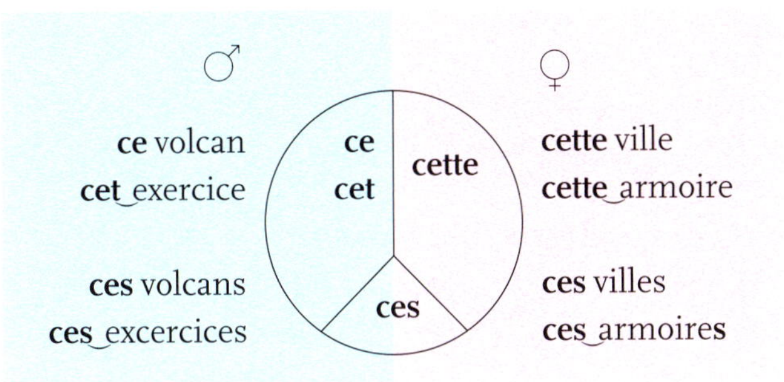

a Formuliere die Regel:
„Cet" steht vor ___ .

b Ergänze mit den Demonstrativbegleitern: ? ordinateur, ? fleur, ? magasin, ? musée, ? étagères, ? histoire, ? hôpital, ? horloges, ? hommes

SÉQUENCE SUPPLÉMENTAIRE 2

Qu'est-ce qu'on dit?

1

Du bist für/gegen etwas:	Je suis pour/contre (les chiens).
Du gibst jemandem Recht:	Tu as raison.
Du bist der Meinung, dass man etwas machen muss:	On doit (ranger sa chambre).
Du findest etwas (nicht) schlimm:	C'est grave. / Ce n'est pas grave.
rund um die Uhr:	24 heures sur 24

Grammaire

2 Das Relativpronomen „qui“ Le pronom relatif «qui» (→ GH, p. 36/30.1)

… un copain **qui** aime toujours jouer.
… une chienne **qui** est très drôle.
… des chiens **qui** n’aboient pas beaucoup.

a Übersetze.

b „Qui“ ist immer ___ des Relativsatzes. Auf „qui“ folgt deshalb ein ___ .

3 Das Relativpronomen „que“ Le pronom relatif «que» (→ GH, p. 36/30.2)

… un métier **que** tu ne peux pas faire sans problèmes.
… la nourriture **qu’**on doit acheter
… des voisins **que** je n’aime pas trop.

a Übersetze.

b „Que“ ist immer ___ des Relativsatzes. Auf „que“ folgt das ___ des Relativsatzes.

4 Das Relativpronomen „où“ Le pronom relatif «où» (→ GH, p. 37/30.3)

… un endroit **où** tu ne peux pas aller.
… des parcs **où** tu peux jouer.

ou – oder
où – wo

SÉQUENCE SUPPLÉMENTAIRE 3

Qu’est-ce qu’on dit?

1

Du stimmst jemandem zu:	C’est juste.
Du äußerst deine Meinung:	Je pense que ___ . Je trouve que ___ .
Du bist der Meinung, dass man etwas machen muss:	On doit (commencer tôt).
Du erklärst, dass du etwas nur zum Spaß machst:	(Je joue) pour mon plaisir.

Grammaire

2 Die Verben Les verbes (→ GH, p. 38/31)

commencer

je	commence	nous	commen**çons**
tu	commence**s**	vous	commence**z**
il/elle/on	commence	ils/elles	commence**nt**

3 Die indirekte Rede *Le discours indirect* (→ GH, p. 38/32)

Séverine: «Je veux devenir actrice.»	Séverine **dit qu**'elle veut devenir actrice.
Ses parents: «Le métier n'est pas sérieux.»	Ses parents **répondent que** le métier n'est pas sérieux.
Mme Riou dit à ses élèves: «Vous pouvez jouer pour votre plaisir.»	Mme Riou **dit** à ses élèves **qu**'ils peuvent aussi jouer pour leur plaisir.

Beschreibe die Umwandlung von der direkten in die indirekte Rede. An welche Veränderungen musst du denken?

SÉQUENCE SUPPLÉMENTAIRE 4

Grammaire

1 Die Bildung des „passé composé" *La formation du «passé composé»* (→ GH, p. 39/33.2)

j'	**ai mangé**	je	**suis** rentré/rentrée
tu	**as mangé**	tu	**es** rentré/rentrée
il	**a mangé**	il	**est** rentré
elle	**a mangé**	elle	**est** rentrée
nous	**avons mangé**	nous	**sommes** rentrés/rentrées
vous	**avez mangé**	vous	**êtes** rentré/rentrée/rentrés/rentrées
ils	**ont mangé**	ils	**sont** rentrés
elles	**ont mangé**	elles	**sont** rentrées

Die meisten Verben haben im „passé composé" das Hilfsverb „avoir".
Nur wenige Verben haben im „passé composé" das Hilfsverb „être".

Woran musst du denken, wenn ein Verb im „passé composé" das Hilfsverb „être" hat?

Hier die Verben, die du schon kennst:

2 Das Partizip Perfekt *Le participe passé* (→ GH, p. 40/33.3)

Verben auf **-er**	Verben auf **-dre**	Verben auf **-ir**	Unregelmäßige Verben
regarder → regard**é**	attendre → attend**u**	sortir → sort**i**	comprendre → **compris**
parler → parl**é**	répondre → répond**u**	partir → part**i**	prendre → **pris**
acheter → achet**é**			apprendre → **appris**
aller → all**é**			mettre → **mis**
			avoir → **eu**
			venir → **venu**
			pouvoir → **pu**
			vouloir → **voulu**
			être → **été**
			faire → **fait**

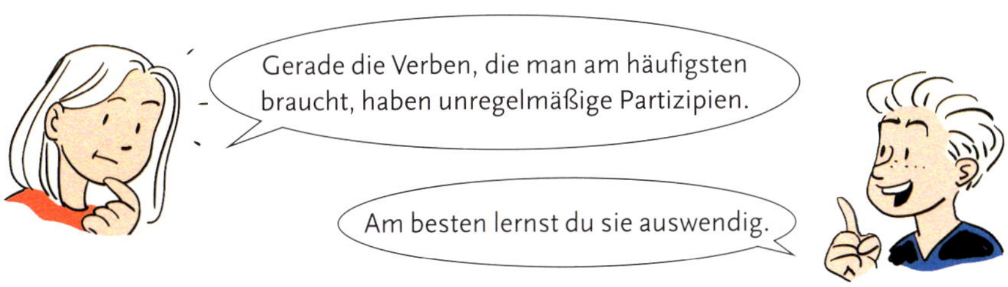

UNITÉ Révision: Enfin les vacances!

Préparer la lecture

1 *Regardez les photos et les dessins p. 128–130. De qui et de quoi parle l'histoire?*

2 38 I. Vous avez le choix

Pauline est contente pour trois raisons. D'abord, parce que c'est bientôt les vacances, ensuite parce qu'elle passe en cinquième, et enfin parce que les élèves de sa classe vont faire une excursion avec la prof de S.V.T., Mme Dulac, et le prof de technologie, M. Gauthier. Où? Les élèves ont le choix: Ils peuvent aller au Parc des oiseaux ou à l'aéroport «Saint-Exupéry».

le Parc des oiseaux

l'aéroport de Lyon

M. Gauthier propose l'aéroport. Pauline ne trouve pas ça très intéressant. Elle préfère le parc parce qu'elle aime la nature, les animaux, les oiseaux ... Quand on n'a pas le choix, ce n'est pas intéressant, mais quand on a le choix, ce n'est pas facile. Les élèves discutent longtemps. Lucie est pour l'aéroport. Paul aussi. Il veut devenir pilote. Et Valentin? Valentin est dans la lune.

«Eh Valentin, tu rêves? Qu'est-ce que tu préfères?

– Heu, répond Valentin, le port, je préfère le port.

– Le port? On ne va pas à la mer, Valentin, on parle de l'AÉROPORT de Lyon! Et du Parc des oiseaux!

– Ah bon! Alors ... le parc, je préfère le parc.»

Valentin a un appareil numérique. Il veut faire des photos des oiseaux.

Mme Dulac aussi préfère le parc. Elle adore les oiseaux et dans sa maison, il y a beaucoup de colibris et de perruches.

À la fin, M. Gauthier et Mme Dulac disent: «Bon, on vote.»

Dix élèves sont pour l'aéroport et quinze votent pour le parc. Mme Dulac est très contente.

2 39 2. Ça commence mal …

L'excursion commence mal, il pleut! Deux filles arrivent en retard. Tout le monde les attend. Les professeurs ne sont pas contents. Enfin, elles arrivent.

Pauline a mal au cœur. Elle a toujours mal au cœur dans le car.

Valentin est déprimé pour trois raisons: D'abord, parce qu'il ne part pas en vacances. Ses copains vont à la mer ou à la montagne avec leurs parents ou ils partent en colonie de vacances. Manon va partir chez ses grands-parents à Biarritz. Paul va aller chez son père à Bruxelles. Mais Valentin va rester à Lyon parce que ses parents ne peuvent pas prendre de vacances. Le mois de juillet et le mois d'août en ville, ce n'est pas marrant. Il y a la piscine bien sûr quand il fait chaud, mais sans copains, ce n'est pas drôle. Ensuite, il est déprimé parce que son appareil numérique ne marche pas. Le Parc des oiseaux sans photos, ça ne l'intéresse pas. Enfin, il est triste parce que samedi ses copains Manon, Tarik, Paul et Pauline vont à la fête de Lucie. Tout le monde parle de la fête … et lui, Valentin, on ne l'invite pas.

le parc

🎧 2 40 3. Mais ça continue bien …

Enfin on arrive au parc. Le soleil aussi. C'est déjà ça … Les élèves et leurs professeurs visitent le parc. Il est grand.

Ils regardent un film sur les oiseaux. Après, un guide parle des oiseaux, raconte des histoires et répond aux questions des élèves. Valentin a une idée. Pendant ses vacances, il va observer les oiseaux du parc et les photographier. En juillet, Manon n'est pas là, mais en août, il va être son guide, il va l'étonner! À dix-huit ou vingt ans, il va partir en Afrique. Il va photographier les oiseaux de là-bas … Mais il est déjà midi. Les élèves ont faim et soif. Ils demandent: «Monsieur, on va à la cafétéria?»

Dans la boutique du parc, Valentin trouve un livre sur les oiseaux et l'achète.

Dans le car, on parle encore des vacances et de la fête de Lucie. Quand ils arrivent, Lucie demande: «Alors, c'est d'accord pour samedi, je vous attends à quatre heures. … Eh, Valentin, tu m'écoutes? Tu n'oublies pas, hein? Je t'attends à …

– Ah! Heu … je … bien sûr … Je n'oublie pas, à quatre heures … On est combien?

– Oh, dix ou quinze, Tarik, Manon …»

Valentin regarde Lucie, la vie est formidable …

Comprendre

Après le chapitre 1

DELF **2** *Écoutez et répondez. De qui est-ce qu'on parle?* (2 41)

DELF **3** **a** *Vrai ou faux? Corrigez si c'est faux.*

1. Pauline passe en cinquième.
2. Madame Dulac est prof de technologie.
3. C'est bientôt les vacances.
4. Les élèves ont le choix entre le musée de la poste et le Parc des oiseaux.
5. Lucie est pour le parc.
6. Valentin n'écoute pas la discussion.
7. Valentin n'aime pas les oiseaux.
8. Mme Dulac a un appareil numérique.
9. Les élèves votent.

b *Qui est pour le parc? Qui est pour l'aéroport? Pourquoi?*

c *Et vous, dans votre classe? Est-ce que vous préférez l'aéroport ou le parc? Votez.*

Après le chapitre 2

4 *Ça commence mal. Pourquoi? Trouvez quatre raisons.*

5 *Valentin a des problèmes. Complétez les phrases dans vos cahiers.*

1. Ses copains partent en vacances, mais Valentin ___ .
2. Quand il fait chaud, il peut aller à la piscine, mais ___ .
3. Il veut photographier les oiseaux, mais ___ .
4. Samedi, c'est la fête de Lucie, mais ___ .

Après le chapitre 3

6 **a** *Trouvez les noms.*

Exemple: Les élèves et leurs profs **le** visitent. → le parc

1. Mme Dulac **les** regarde.
2. Pendant les vacances, Valentin va **les** observer.
3. Valentin va **l'**étonner.
4. Les élèves **le** regardent.
5. Lucie **le** défend.
6. Lucie **les** attend samedi.
7. Lucie **l'**invite, mais il n'écoute pas.
8. Valentin **la** trouve formidable.

b *À vous. Faites des devinettes comme en* **a** *sur les chapitres 1 et 2.*

Sur l'ensemble de l'histoire

7 **a** ►◄ *Mettez les phrases suivantes dans l'ordre et trouvez le mot. Travaillez à deux.*

- [n] Ils votent.
- [e] Ils arrivent à Lyon.
- [n] Les élèves discutent beaucoup.
- [v] Ils vont au Parc des oiseaux.
- [e] L'excursion commence mal.
- [i] Ils vont à la cafétéria.
- [s] Ils visitent le parc.
- [a] Ils regardent un film sur les oiseaux.
- [r] Ils rentrent.
- [i] Dix élèves sont pour l'aéroport, quinze veulent aller au parc.
- [r] Deux filles arrivent en retard, il pleut et Pauline a mal au cœur.
- [a] Mme Dulac et M. Gauthier proposent deux excursions: le Parc des oiseaux et l'aéroport de Lyon.

b *Maintenant, faites un résumé du texte dans votre cahier. Utilisez:*

alors après d'abord quand à midi enfin parce que puis

8 *Vous voulez faire une excursion dans votre ville / votre région. Faites des propositions et notez-les au tableau. Puis discutez. Ensuite, votez.*

Je suis pour ___ parce que ___ .	Je suis contre ___ parce que ___ .
c'est intéressant	ce n'est pas intéressant
c'est formidable	ce n'est pas sympa
on peut parler à ___	ça ne m'intéresse pas
on peut faire des photos	le/la/les ___ ne m'intéresse(nt) pas
on peut faire un film	je déteste ___
on peut observer ___	je préfère ___
j'aime le/la/les ___	je n'aime pas ___
j'adore le/la/les ___	le/la/les ___ , non merci

Vocabulaire

9 *Complétez.*

10 *Trouvez le contraire de ces mots.*

bien triste petit chaud le matin la ville aujourd'hui le garçon à gauche entrer la femme le père adorer

11 **a** *Trouvez les intrus. Justifiez votre réponse (en allemand).*

1. le mois – le jour – l'heure – la montre – la semaine
2. la chaise – l'assiette – la table – l'armoire – le lit
3. le gâteau – la glace – le sandwich – le chocolat – l'eau

b *À vous. Faites des intrus pour vos camarades.*

Écouter

DELF **12** 2 42 *Qui parle? À qui?*

Exemple:
C'est M. Gauthier. Il parle aux deux filles en retard.

Réviser

13 **Réviser les adjectifs**

Notez les adjectifs à la forme correcte.
(→ Repères, p. 79/5 et 93/2)

Aujourd'hui, Mme Pianta est *(déprimé)*. Elle est *(seul)*, il pleut, le bus est en retard et elle ne trouve plus son porte-monnaie. Manon aussi attend le bus. Elle est *(content)*, elle est *(bon)* à l'école, elle va passer en quatrième*, et elle a déjà un cadeau pour Lucie: deux affiches. Elles sont *(drôle)* et très *(joli)*. Paul et Pauline aussi sont *(content)*. C'est bientôt les vacances. Paul va partir *(seul)* à Bruxelles. C'est super. Tarik fait vite ses devoirs d'allemand. Ils sont *(facile)* et Tarik est *(bon)* en allemand.

* entspricht der achten Klasse

14 Réviser les quantités

A regarde le dessin A. B regarde le dessin B. Trouvez les différences.
(→ Repères, p. 79/3)

Utilisez:

Il y a	un/une/des ___ . beaucoup de ___ . peu de ___ .	Il n' y a	pas de ___ . plus de ___ .

15 Réviser les pronoms

Ils sont très différents. Formez les phrases.
(→ Repères, p. 111/4)

Exemple: Mme Dulac aime les oiseaux. M. Gauthier ne les aime pas. Mme Dulac comprend ___ .

1. *aimer* les oiseaux
   comprendre toujours les élèves

2. *ranger* souvent sa chambre
   regarder souvent la télé

3. *faire* toujours ses devoirs
   aimer les chats

4. *faire* souvent les courses
   préparer souvent le dîner

16 Réviser le futur composé

a *Imaginez: Qui parle à qui?*

1. Rangez votre chambre.
2. Apprends les verbes.
3. Fais les courses.
4. Mange tes fruits.
5. Mets les assiettes sur la table.
6. Notez les devoirs.
7. Range la cuisine.
8. Faites vos devoirs.

b *Ensuite, faites les dialogues.*
(→ Repères, p. 94/6)

Pour les réponses, utilisez:

Oui, D'accord,	je vais on va nous allons	le la les	ranger apprendre faire manger mettre noter	bientôt. pendant les vacances. un jour. à midi. ce soir. demain. en juillet.

17 Réviser le futur composé

►► *Qu'est-ce que vous allez faire pendant les vacances? A commence. B répète la phrase et continue.* (→ Repères, p. 94/6)

Exemple:
Oliver: Moi, je vais rester ici.
Sandra: Oliver va rester ici et moi, je vais passer 15 jours à la mer.
Tanja: Oliver va rester ici, Sandra va passer 15 jours à la mer et moi, je ___ .

aller à la mer / à la montagne / à la piscine / ___
aller en France / en Espagne[1] / en Autriche[2] / en Turquie[3] / ___
aller à Lyon / à Berlin / ___ partir en vacances avec ___
aller chez *ses* grand-parents / ___ rester à la maison

passer ___	semaines / ___ jours	à Lyon / à la mer / en France / ___

1 **l'Espagne** *f.* Spanien 2 **l'Autriche** *f.* Österreich 3 **la Turquie** die Türkei

Jeu de rôle

DELF **18** *Tu es avec tes parents à la cafétéria du parc. La serveuse arrive. Jouez les rôles.*

Deine Eltern wollen wissen, ob man auch etwas essen kann.
Die Bedienung zählt auf: Es gibt belegte Brötchen mit Schinken oder Käse, Croissants und Schokocroissants.
Du möchtest wissen, ob es auch Eis gibt.
Die Bedienung sagt, dass es kein Eis mehr gibt.
Du bestellst zwei belegte Brötchen mit Schinken für deine Eltern, einen Kaffee, ein Wasser und einen Orangensaft.

Recherche

DELF **19** Die Nachbarn deiner Eltern wollen im Oktober den Vogelpark besuchen. Sie sprechen kein Französisch. Du schaust dir die Internetseite, S. 136, an und beantwortest ihre Fragen.

- Ist der Park überhaupt im Oktober geöffnet? Wann?
- Wie heißt der Ort, an dem der Park liegt?
- Muss man in ein Restaurant gehen oder kann man auch Verpflegung mitbringen?
- Kann man im Internet auch eine genaue Karte des Vogelparks herunterladen?

Versuche noch die Eintrittspreise herauszufinden. Hierzu musst du ins Internet gehen: www.parc-des-oiseaux.com

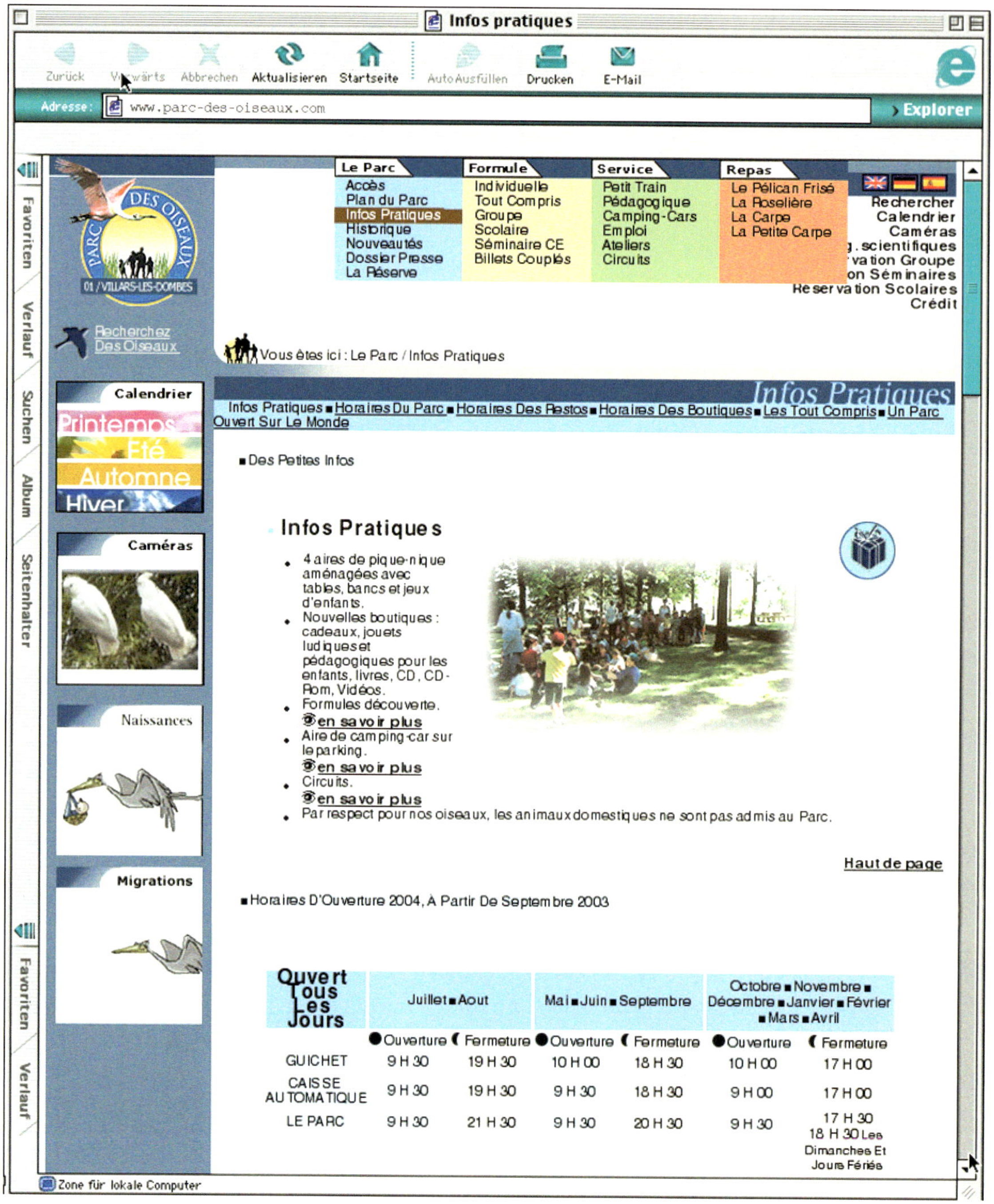
Infos pratiques

Zurück Vorwärts Abbrechen Aktualisieren Startseite AutoAusfüllen Drucken E-Mail

Adresse: www.parc-des-oiseaux.com › Explorer

Le Parc: Accès, Plan du Parc, Infos Pratiques, Historique, Nouveautés, Dossier Presse, La Réserve

Formule: Individuelle, Tout Compris, Groupe, Scolaire, Séminaire CE, Billets Couplés

Service: Petit Train, Pédagogique, Camping-Cars, Emploi, Ateliers, Circuits

Repas: Le Pélican Frisé, La Roselière, La Carpe, La Petite Carpe

Rechercher, Calendrier, Caméras, …g. scientifiques, …vation Groupe, …on Séminaires, Reservation Scolaires, Crédit

PARC DES OISEAUX 01 / VILLARS-LES-DOMBES

Recherchez Des Oiseaux

Vous êtes ici : Le Parc / Infos Pratiques

Infos Pratiques

Infos Pratiques ▪ Horaires Du Parc ▪ Horaires Des Restos ▪ Horaires Des Boutiques ▪ Les Tout Compris ▪ Un Parc Ouvert Sur Le Monde

Calendrier: Printemps, Été, Automne, Hiver

Caméras

Naissances

Migrations

▪ Des Petites Infos

Infos Pratiques

- 4 aires de pique-nique aménagées avec tables, bancs et jeux d'enfants.
- Nouvelles boutiques : cadeaux, jouets ludiques et pédagogiques pour les enfants, livres, CD, CD-Rom, Vidéos.
- Formules découverte. en savoir plus
- Aire de camping-car sur le parking. en savoir plus
- Circuits. en savoir plus
- Par respect pour nos oiseaux, les animaux domestiques ne sont pas admis au Parc.

Haut de page

▪ Horaires D'Ouverture 2004, À Partir De Septembre 2003

Ouvert Tous Les Jours	Juillet ▪ Aout		Mai ▪ Juin ▪ Septembre		Octobre ▪ Novembre ▪ Décembre ▪ Janvier ▪ Février ▪ Mars ▪ Avril	
	Ouverture	Fermeture	Ouverture	Fermeture	Ouverture	Fermeture
GUICHET	9 H 30	19 H 30	10 H 00	18 H 30	10 H 00	17 H 00
CAISSE AUTOMATIQUE	9 H 30	19 H 30	9 H 30	18 H 30	9 H 00	17 H 00
LE PARC	9 H 30	21 H 30	9 H 30	20 H 30	9 H 30	17 H 30 18 H 30 Les Dimanches Et Jours Fériés

Zone für lokale Computer

Activité

20 Joyeux anniversaire!

a *Parlez de vos anniversaires.*

– Ton anniversaire, c'est quand?
– C'est | en mai / en novembre / en ___ .
le premier mai / le treize novembre[1] / le ___ .
Mon anniversaire tombe un lundi / un mardi / ___ .

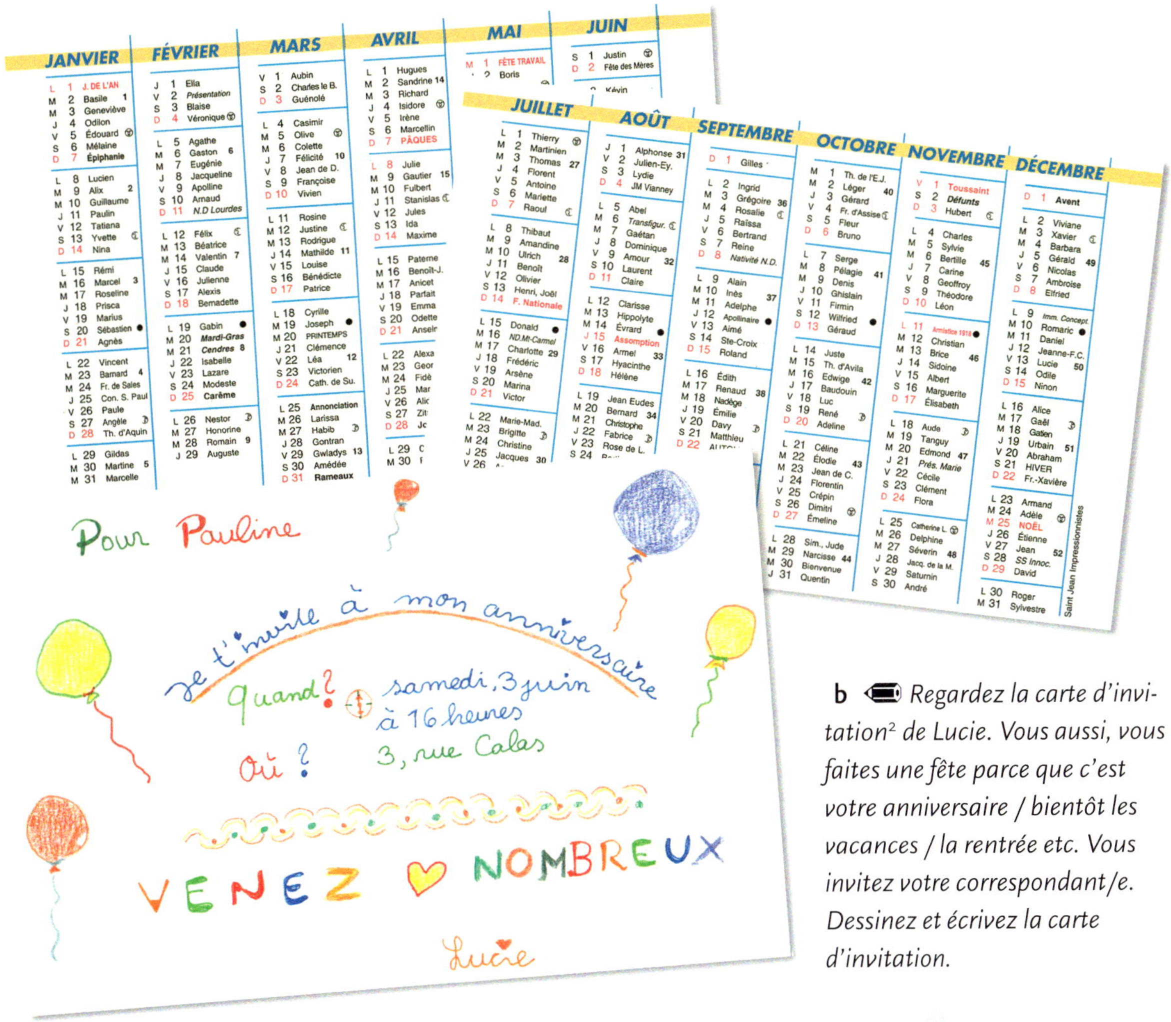

b *Regardez la carte d'invitation[2] de Lucie. Vous aussi, vous faites une fête parce que c'est votre anniversaire / bientôt les vacances / la rentrée etc. Vous invitez votre correspondant/e. Dessinez et écrivez la carte d'invitation.*

1 Bei der Datumsangabe steht im Deutschen eine Ordnungszahl, im Französischen aber eine Grundzahl: der 13. November – le treize novembre. Ausnahme: Beim Ersten des Monats steht die Ordnungszahl premier: der 1. Mai – le premier mai.
2 **la carte d'invitation** die Einladungskarte

→ Portfolio
Dossier

Repères

Qu'est-ce qu'on dit?

Du wirst in die nächste Klasse versetzt:	Je passe en ___ .
Du gibst deinen Traumberuf an:	Je voudrais devenir pilote/médecin/ professeur/___ .
Du lädst jemanden zu deinem Geburtstag ein:	Je t'invite à mon anniversaire.
Du hast Hunger/Durst:	J'ai faim. / J'ai soif.
Du gibst eine Bestellung auf:	Je prends (un sandwich / une glace / ___ .)
Etwas fängt schlecht an:	Ça commence mal.
Du wünschst jemandem schöne Ferien:	Bonnes vacances!

ANNEXE

L'alphabet **Das Alphabet**

a [a]	d [de]	g [ʒe]	j [ʒi]	m [ɛm]	p [pe]	s [ɛs]	v [ve]	y [igʀɛk]	
b [be]	e [ə]	h [aʃ]	k [ka]	n [ɛn]	q [ky]	t [te]	w [dubləve]	z [zɛd]	
c [se]	f [ɛf]	i [i]	l [ɛl]	o [o]	r [ɛʀ]	u [y]	x [iks]		

Les signes dans la phrase **Die Zeichen im Satz**

la minuscule
LA MAJUSCULE
l'apostrophe f.
le trait d'union
l'accent circonflexe m.
l'accent aigu m.
l'accent grave m.
le «c» cédille

Samedi, c'est l'anniversaire de Jérôme! Il fait une fête et il invite ses amis: deux garçons et trois filles. Mercredi après-midi, les copains achètent des cadeaux. Hélène achète le CD «Joyeux anniversaire». René regarde une bédé – elle est super, mais trop chère. Et moi? (Je n'ai pas encore d'idée ...)

les points de suspension
la virgule
le tiret
les deux points
les parenthèses f.
le point d'exclamation
le point
les guillemets m.
le point d'interrogation

La transcription phonétique **Die Lautschrift**

Les consonnes **Die Konsonanten**

[b] banane, bonbon
[d] danse, ordinateur
[f] photo, soif
[g] gare, guide
[k] classe, chocolat
[l] la, ville
[m] mardi, aimer, film
[n] non, tonne
[ŋ] camping
[ɲ] campagne, Allemagne
[p] page, répondre
[ʀ] rue, livre
[s] *scharfes „s" wie in* Kuss: ça, merci, sonner, passer
[z] *summendes „s" (tritt nur zwischen zwei Vokalen, als Bindungs -s bzw. -x oder in der Schreibung „z" auf) wie in* rasen: maison, les enfants, six heures, zéro
[ʃ] „sch" *wie in* Tasche: chercher, chat
[ʒ] „j" *wie in* Garage: agenda, jouer
[t] tour, mettre
[v] voisin, livre, élève

Les voyelles **Die Vokale**

[a] *kurzes „a" wie in* Ball: ami, femme
[ɑ] *langes „a" wie in* Bahn: ne ... pas, gâteau
[ɛ] *offenes „e" wie in* Ende: mais, disquette, c'est
[e] *geschlossenes „e" wie in* See: école, bébé
[ə] *stummes „e" wie in* Kabel: le, de, regarder
[i] idée, guide, lit
[o] *geschlossenes „o" wie in* Floh: trop, pauvre
[ɔ] *offenes „o" wie in* doch: poste, sortir
[ø] *geschlossenes „ö" wie in* böse: jeudi, Monsieur
[œ] *offenes „ö" wie in* öffnen: fleuve, cœur
[u] „u" *wie in* Mut: où, bonjour, sous
[y] „ü" *wie in* müde: unité, muscle, minute

Les semi-voyelles **Die Gleitlaute**

[ɥ] cuisine, minuit
[j] caillou, famille, dossier
[w] oiseau, histoire, oui

Les voyelles nasales **Die nasalierten Vokale**

[ɑ̃] enfant, cantine, lampe
[ɔ̃] pont, raconter, pardon
[ɛ̃] un, dessin, faim, copain

Les jours de la semaine Die Wochentage

lundi [lɛ̃di]
mardi [maʀdi]
mercredi [mɛʀkʀədi]
jeudi [ʒødi]
vendredi [vɑ̃dʀədi]
samedi [samdi]
dimanche [dimɑ̃ʃ]

Les mois de l'année Die Monate des Jahres

janvier [ʒɑ̃vje]
février [fevʀije]
mars [maʀs]
avril [avʀil]
mai [mɛ]
juin [ʒɥɛ̃]
juillet [ʒɥijɛ]
août [u(t)]
septembre [sɛptɑ̃bʀ]
octobre [ɔktɔbʀ]
novembre [nɔvɑ̃bʀ]
décembre [desɑ̃bʀ]

Indications pour les exercices Übungsanweisungen

À vous.	Ihr seid dran!
Commentez.	Kommentiert.
Comparez (les résultats en classe).	Vergleicht (die Ergebnisse in der Klasse).
Complétez (le tableau / la règle).	Ergänzt (die Tabelle / die Regel).
Continuez.	Macht weiter!
Corrigez (les phrases / le texte).	Korrigiert (die Sätze / den Text).
Décrivez les dessins.	Beschreibt die Bilder.
Écoutez et répétez.	Hört zu und wiederholt.
Écoutez encore une fois le texte.	Hört euch den Text noch einmal an.
Écrivez les légendes / un message.	Schreibt die Bildunterschriften / eine E-Mail.
Expliquez.	Gebt eine Erklärung.
Faites des devinettes.	Erfindet Rätsel.
Faites des rimes.	Bildet Reime.
Faites le dialogue et jouez-le.	Denkt euch den Dialog aus und spielt ihn.
Faites une interview avec votre voisin/e.	Macht ein Interview mit eurer Nachbarin / eurem Nachbarn.
Formez des phrases / des questions.	Bildet Sätze/Fragen.
Imaginez (trois nouveaux mots).	Denkt euch (drei neue Wörter) aus.
Jouez (la scène / les dialogues).	Spielt (die Szene / die Dialoge).
Justifiez votre réponse.	Begründet eure Antwort.
Lisez (le dialogue / le poème).	Lest (den Dialog / das Gedicht).
Mettez les verbes au présent.	Konjugiert die Verben im Präsens.
Notez (la solution) dans votre cahier.	Notiert (die Lösung) in euer Heft.
N'oubliez pas de conjuguer le verbe.	Vergesst nicht, das Verb zu konjugieren.
Parlez de ___ .	Erzählt von ___ .
Posez des questions et répondez.	Stellt Fragen und antwortet.
Prenez les rôles et jouez l'histoire.	Verteilt die Rollen und spielt die Szene.
Prenez un dé et jouez à trois.	Nehmt einen Würfel und spielt zu dritt.
Présentez vos résultats en classe / à vos camarades.	Tragt eure Ergebnisse der Klasse / euren Mitschülern vor.
Racontez (une histoire).	Erzählt (eine Geschichte).
Regardez le dessin / les photos.	Schaut euch die Zeichnung / die Fotos an.
Répondez.	Antwortet.
Résumez le texte.	Fasst den Text zusammen.
Retrouvez le texte.	Stellt den Text wieder her.
Traduisez les phrases / les questions.	Übersetzt die Sätze / die Fragen.
Trouvez des informations sur ___ .	Findet Informationen über ___ .
Trouvez les mots / les différences.	Findet die Wörter / die Unterschiede heraus.
Trouvez l'intrus.	Findet das Wort, das nicht passt.
Utilisez ___ .	Verwendet ___ .
Vrai ou faux?	Richtig oder falsch?

Le français en classe Klassenraum-Französisch

Hilfe anbieten/erbitten

Qu'est-ce que tu as?
Tu as des problèmes?
J'ai des problèmes avec ___ .
Je n'ai pas (assez) de ___ , qu'est-ce que je fais?
Encore une minute, s'il vous plaît.
Vous pouvez épeler, s'il vous plaît?

Um Wiederholung bitten

Pardon? / Comment? Vous parlez trop vite.
Ça va beaucoup trop vite.
Pardon? Je ne comprends pas.
Est-ce que tu peux / vous pouvez répéter?

Sich entschuldigen

Pardon.
Excusez-moi, Madame/Monsieur, je suis en retard.
C'est la faute de mon réveil. Il ne sonne pas à l'heure.
Excusez-moi, j'ai mal au cœur.
Excusez-moi, Madame/Monsieur, je peux sortir?

Um Hinweise oder Erklärungen bitten

Est-ce qu'on a des devoirs?
Je voudrais encore poser une question.
Je ne comprends pas le mot «___» / la phrase «___».
Comment est-ce qu'on dit «___» en français / en allemand?
«___», qu'est-ce que ça veut dire?
Est-ce que le mot «___» prend un «s»?
Où est-ce que c'est?
C'est à quelle page?

Vorschläge erbitten/machen

Qu'est-ce qu'on fait?
Vous avez une idée?
On fait un plan de travail?
On peut faire l'exercice ensemble?
J'ai une idée.
Et moi, je voudrais faire ___ .
On fait ___ , d'accord?
D'abord, on fait ___ et ensuite, on ___ , d'accord?

Zustimmen/Zögern

Bien sûr! / Mais oui!
C'est juste. / Oui, ça, c'est vrai.
D'accord. / Je suis d'accord.
C'est très bien. / Super!
C'est intéressant.
Pourquoi pas?
Je ne sais pas. Ça dépend.
Bon, d'accord, mais ___ .
Ah, c'est bien, mais ___ .
Ton idée est intéressante.

Widersprechen/Ablehnen

Ah non! Mais non!
Ça ne va pas. Je ne suis pas d'accord.
Je n'aime pas ça.
Non merci!
Pour moi, c'est l'horreur.

Etwas/Jemanden beurteilen

C'est bien/super/formidable/génial.
Je trouve ça bien/juste.
Ce n'est pas mal.
C'est mieux.
Ce n'est pas bien.
Ce n'est pas la catastrophe!
Ce n'est pas vrai. / C'est faux!
Ça commence mal!
C'est nul!
J'aime bien/beaucoup ___ .
C'est intéressant/drôle.
Il/Elle est sympa.
Il/Elle n'a pas de cœur.
Il/Elle est bon/bonne en ___ .
Il/Elle est nul/nulle en ___ .

Diskutieren

Pourquoi est-ce que vous aimez/préférez ___ ?
Pourquoi est-ce que vous n'aimez pas ___ ?
Nous faisons trop de ___ .
Nous ne faisons pas assez de ___ .
Ça ne va pas parce que ___ .
Ce n'est pas bien parce que ___ .
On a le choix: on ___ ou on ___ .
On n'a pas le choix: on ___ et ensuite on ___ .
Ce n'est pas ma faute! / C'est la faute de ___ .
Laisse tomber!
Je suis pour/contre ___ .

Les nombres en français **Die französischen Zahlen**

Les nombres cardinaux **Die Grundzahlen**

0	zéro	[zeʀo]	
1	un/une	[ɛ̃] *(männlich)* / [yn] *(weiblich)*	
2	deux	[dø]	[døz] *in der Bindung:* deux enfants [døzɑ̃fɑ̃]
3	trois	[tʀwa]	[tʀwaz] *in der Bindung:* trois enfants [tʀwazɑ̃fɑ̃]
4	quatre	[katʀ]	
5	cinq	[sɛ̃k]	
6	six	[sis]	[si] *vor Konsonanten:* six livres [silivʀ] [siz] *in der Bindung:* six heures [sizœʀ]
7	sept	[sɛt]	
8	huit	[ɥit]	[ɥi] *vor Konsonanten:* huit musées [ɥimyze]
9	neuf	[nœf]	*aber:* neuf ans [nœvɑ̃] und neuf heures [nœvœʀ]
10	dix	[dis]	[di] *vor Konsonanten:* dix livres [divʀ] [diz] *in der Bindung:* dix heures [dizœʀ]
11	onze	[ɔ̃z]	
12	douze	[duz]	
13	treize	[tʀɛz]	
14	quatorze	[katɔʀz]	
15	quinze	[kɛ̃z]	
16	seize	[sɛz]	
17	dix-sept	[disɛt]	
18	dix-huit	[dizɥit]	
19	dix-neuf	[diznœf]	*wie bei* neuf
20	vingt	[vɛ̃]	[vɛ̃t] *in der Bindung:* vingt heures [vɛ̃tœʀ]
21	vingt **et** un[1]	[vɛ̃teɛ̃] *(männlich)*	
	vingt **et** une	[vɛ̃teyn] *(weiblich)*	
22	vingt-deux	[vɛ̃tdø]	*wie bei* deux
30	trente	[tʀɑ̃t]	
40	quarante	[kaʀɑ̃t]	
50	cinquante	[sɛ̃kɑ̃t]	
60	soixante	[swasɑ̃t]	
70	soixante-dix[2]	[swasɑ̃tdis]	*wie bei* dix
71	soixante et onze	[swasɑ̃teɔ̃z]	
72	soixante-douze	[swasɑ̃tduz]	
73	soixante-treize	[swasɑ̃ttʀɛz]	
74	soixante-quatorze	[swasɑ̃tkatɔʀz]	
75	soixante-quinze	[swasɑ̃tkɛ̃z]	
76	soixante-seize	[swasɑ̃tsɛz]	
77	soixante-dix-sept	[swasɑ̃tdisɛt]	
78	soixante-dix-huit	[swasɑ̃tdizɥit]	*Bindung wie bei* huit
79	soixante-dix-neuf	[swasɑ̃tdiznœf]	*Bindung wie bei* neuf
80	quatre-vingt**s**[3]	[katʀəvɛ̃]	*Bindung wie bei* vingt
81	quatre-vingt-un[4]	[katʀəvɛ̃ɛ̃]	*(männlich)*
	quatre-vingt-une	[katʀəvɛ̃yn]	*(weiblich)*
82	quatre-vingt-deux	[katʀəvɛ̃dø]	*Bindung wie bei* deux
90	quatre-vingt-dix[5]	[katʀəvɛ̃dis]	*Bindung wie bei* dix
91	quatre-vingt-onze	[katʀəvɛ̃ɔ̃z]	
100	cent	[sɑ̃]	[sɑ̃t] *in der Bindung:* 100 ans [sɑ̃tɑ̃]

1 *Bei* 21, 31, 41, 51, 61 *wird der Einer mit* et *an den Zehner gebunden. Die nachfolgenden Einer (z.B.* 22, 23, 24, …*) werden jedoch mit Bindestrich angeschlossen.*
2 *Ein eigenes Zahlwort für* 70 *hat das Französische nicht. Diese Zahl wird durch Zusammensetzen von* 60 (+) 10 *gebildet.*
3 *Das Zahlwort* vingt *hat eine Pluralform:* quatre-vingts. *Die Zahl* 80 *ist eine Zusammensetzung aus:* 4 (x) 20.
4 *Wenn auf* vingt *eine weitere Zahl folgt, entfällt das Plural-*s.
5 *Auch bei* 90 *wird eine zusammengesetzte Form gebildet:* 4 (x) 20 (+) 10.

Hier findest du die Konjugationen der Verben aus den sieben obligatorischen Unités. Die Konjugation der Verben aus der Unité supplémentaire findest du in den Repères, S. 125–127.

Les verbes auxiliaires „avoir" et „être" **Die Hilfsverben „avoir" und „être"**

infinitif	**avoir**		**être**	
présent	j'	ai	je	suis
	tu	as	tu	es
	il/elle/on	a	il/elle/on	est
	nous	avons	nous	sommes
	vous	avez	vous	êtes
	ils/elles	ont	ils/elles	sont

Les verbes réguliers en „-er/-ir/-(d)re" **Die regelmäßigen Verben auf „-er/-ir/-(d)re"**

infinitif	**parler**	
présent	je	parl**e**
	tu	parl**es**
	il/elle/on	parl**e**
	nous	parl**ons**
	vous	parl**ez**
	ils/elles	parl**ent**
impératif	Parle. Parlons. Parlez.	

⚠ *Die folgenden Verben haben jeweils eine Besonderheit in der Schreibung:*

-ger:	nous mangeons, nous rangeons
acheter:	j'achète / nous achetons
épeler:	j'épèle / nous épelons
peser:	je pèse / nous pesons
préférer:	je préfère / nous préférons
s'appeler:	je m'appelle / tu t'appelles / il/elle s'appelle

infinitif	**sortir**		**attendre**	
présent	je	sors	j'	attend**s**
	tu	sors	tu	attend**s**
	il/elle/on	sort	il/elle/on	attend
	nous	sort**ons**	nous	attend**ons**
	vous	sort**ez**	vous	attend**ez**
	ils/elles	sort**ent**	ils/elles	attend**ent**
impératif	Sors. Sortons. Sortez.		Attends. Attendons. Attendez.	
	ebenso: partir		*ebenso:* entendre, répondre	

Les verbes irréguliers **Die unregelmäßigen Verben**

infinitif	**aller**		**dire**	
présent	je	vais	je	dis
	tu	vas	tu	dis
	il/elle/on	va	il/elle/on	dit
	nous	allons	nous	disons
	vous	allez	vous	**dites**
	ils/elles	vont	ils/elles	disent
impératif	**Va**. Allons. Allez.		Dis. Disons. Dites.	

infinitif	**faire**		**mettre**	
présent	je	fais	je	mets
	tu	fais	tu	mets
	il/elle/on	fait	il/elle/on	met
	nous	faisons [fəzɔ̃]	nous	mettons
	vous	**faites**	vous	mettez
	ils/elles	font	ils/elles	mettent
impératif	Fais. Faisons. Faites.		Mets. Mettons. Mettez.	

infinitif	**pouvoir**		**prendre**	
présent	je	peux	je	prends
	tu	peux	tu	prends
	il/elle/on	peut	il/elle/on	prend
	nous	pouvons	nous	prenons
	vous	pouvez	vous	prenez
	ils/elles	peuvent	ils/elles	prennent
impératif	*(kein Imperativ)*		Prends. Prenons. Prenez.	
			ebenso: apprendre, comprendre	

infinitif	**venir**		**vouloir**	
présent	je	viens	je	veux
	tu	viens	tu	veux
	il/elle/on	vient	il/elle/on	veut
	nous	venons	nous	voulons
	vous	venez	vous	voulez
	ils/elles	viennent	ils/elles	veulent
impératif	Viens. Venons. Venez.			

Merke: vous fai**tes**, vous di**tes**, vous ê**tes**!

Lösungen von S. 116:
l'Alsace; le Rhin; l'Eurotunnel; Paris; l'Auvergne; Clermont-Ferrand; la Bretagne; Avignon; Cannes

Lösung von S. 83:

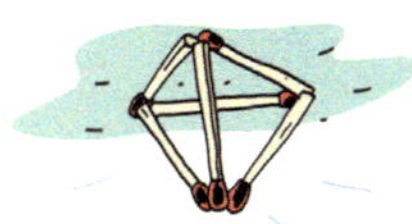

Hier findest du Namen und Orte aus den sieben obligatorischen Unités. Die Angabe in Klammern zeigt dir an, in welcher Unité/Séquence das Wort zum ersten Mal vorkommt: (→ U7/A) heißt z. B. Unité 7 / Approches.

Personen

Ampère, André-Marie [ɑ̃pɛʀ] (1775–1836)
Französischer Physiker, in Lyon geboren, Erfinder des ersten elektrischen Telegrafen. Er entwickelte die Theorie des Elektromagnetismus und trug auch zur Entwicklung der Mathematik und der Chemie bei. (→ U7/A)

Astérix [asteʀiks]
Hauptfigur einer bekannten Comic-Serie von Albert Uderzo (Zeichnungen) und René Goscinny (Texte), die seit 1959 erscheint. Die Abenteuer des gallischen Kriegers, der mit seinem Freund Obélix gegen die Römer kämpft, verraten sehr viel über die Eigenarten Frankreichs und der Franzosen. (→ U2/2)

Bocuse, Paul [bokyz] (geb. 1926)
Weltbekannter französischer Starkoch mit großem Einfluss auf die französische und internationale Küche. Er betreibt ein Edelrestaurant in Lyon. (→ U7/A)

canuts [kany] *m. pl.*
Bezeichnung für die Lyoner Seidenarbeiter. In Lyon wurde seit dem 16. Jahrhundert Seide hergestellt. Im 19. Jahrhundert lebten die Canuts unter sehr schwierigen Bedingungen: Sie arbeiteten 14 bis 18 Stunden pro Tag und erhielten nur sehr geringe Löhne. Deshalb kam es 1831 zu einem Aufstand (La révolte des canuts), mit dem die Seidenarbeiter für die Einführung eines Mindestlohns kämpften. Der Aufstand wurde jedoch niedergeschlagen. (→ U6/2)

Depardieu, Gérard [dəpaʀdjø] (geb. 1948)
Französischer Schauspieler, spielt im Astérix-Film die Rolle des Obélix. (→ U2/2)

Fantômas [fɑ̃tomas]
Gangster, der niemals gefasst wird, 1911 von Marcel Alain und Pierre Souvestre erfunden. Berühmter Film von Louis Feuillade (1913/14), später weitere Verfilmungen. (→ U7/1)

Guignol [giɲɔl]
Kasper des französischen Puppentheaters, 1769 von Laurent Mourguet, einem Lyoner Weber, erfunden. Guignol, seine Frau Madelon und sein Freund Gnafron verkörpern das einfache Volk. (→ U1/3)

La Fontaine, Jean de [lafɔ̃tɛn] (1621–1695)
Französischer Dichter des 17. Jahrhunderts. Er wurde vor allem durch seine Fabeln berühmt, z.B. La Cigale et la Fourmi (Die Grille und die Ameise) oder Le Corbeau et le Renard (Der Rabe und der Fuchs). (→ U6/2)

Louise Attaque [luizatak]
Bei französischen Jugendlichen sehr beliebte Rockgruppe, bestehend aus Arnaud (Violine), Robin (Bass), Alex (Schlagzeug) und Gaëtan (Gitarre und Gesang). (→ U2/3)

Lumière, Louis [lymjɛʀ] (1864–1948)
Französischer Chemiker und Industrieller, in Lyon geboren. Mit seinem Bruder Auguste (1862–1954) erfand er den Cinematographen (einen Filmvorführapparat, den Vorgänger des Kinos und des Fernsehens), für den er zahlreiche Filme drehte. Wir verdanken ihm auch die Entwicklung der Farbfotografie. 1897 drehten die Brüder Lumière den ersten Werbefilm fürs Kino. (→ U7/A)

Margerin, Frank [maʀʒəʀɛ̃] (geb. 1952)
Französischer Comic-Zeichner, z.B. Radio Lucien. (→ U4/1)

Marot, Clément [maʀo] (1496–1544).
Französischer Dichter des 16. Jahrhunderts. Zunächst als Ketzer verfolgt, nach seiner Begnadigung Hofdichter des Königs. Verfasser des ersten französischen Sonetts (eine Gedichtform). (→ U1/3)

Saint-Exupéry, Antoine de [sɛ̃tɛksypeʀi] (1900–1944)
Französischer Schriftsteller und Pilot, geboren in Lyon. Er kam 1944 bei einem Flugzeugabsturz ums Leben; die Umstände des Unglücks sind bis heute ungeklärt. Als Schriftsteller wurde er vor allem berühmt mit seinem Buch Le Petit Prince (Der kleine Prinz). (→ U7/A)

Tardi, Jacques [taʀdi] (geb. 1946)
Französischer Comic-Zeichner, z.B. Les aventures extraordinaires d'Adèle Blanc-Sec (Die unglaublichen Abenteuer der Adèle Blanc-Sec). (→ U4/1)

Tavernier, Bertrand [tavɛʀnje] (geb. 1941)
Französischer Filmemacher, geboren in Lyon. (→ U7/A)

Tintin [tɛ̃tɛ̃] Hauptfigur einer Comic-Serie von Hergé (1907–1983). Der erste Band erschien 1929. Mit seinem besten Freund, dem Hund Milou (Struppi), bereist Tintin (Tim) als Reporter die ganze Welt, erlebt spannende Abenteuer und fängt böse Banditen. (→ U5/1)

Geographische Namen

Bruxelles [bʀysɛl] 978 384 Einwohner
Hauptstadt des dreisprachigen (französisch, niederländisch und deutsch) Königreichs Belgien, wurde 1958 zum Sitz der EWG (Europäische Wirtschaftsgemeinschaft), der heutigen Europäischen Union, gewählt. In Brüssel tagen wichtige europäische Institutionen, u. a. die EU-Kommission. Brüssel ist Hauptquartier der NATO. (→ U3/2)

Croix-Rousse [kʀwaʀus] *f.*
Stadtteil auf einem Hügel im Norden von → Lyon, zwischen der → Rhône und der → Saône gelegen. Die historischen Stadtviertel von Lyon wurden im Dezember 1998 in das Weltkulturerbe der UNESCO aufgenommen. (→ U1/3)

Gros Caillou [ɡʀokaju] *m.*
Sehenswürdigkeit in → Lyon: riesiger Stein am Ende des Boulevard de la → Croix-Rousse. Über seine Herkunft erzählt man sich in Lyon verschiedene Geschichten. (→ U1/3)

Jardin des plantes [ʒaʀdɛ̃deplɑ̃t] *m.*
Botanischer Garten, in → Lyon 1802 gegründet. (→ U7/A)

Limoges [limɔʒ]
144 000 Einwohner
Stadt am Fluss Vienne, 374 km südlich von Paris gelegen. Zentrum der Porzellanherstellung. In Limoges wurde 1768 das erste französische Porzellan hergestellt, das in seiner Qualität dem China-Porzellan vergleichbar war. Limoges-Porzellan, das schon am Hofe des Königs Ludwig XVI. benutzt wurde, ist heute noch sehr berühmt und kostbar. (→ U5/1)

Lyon [ljɔ̃] 445 000 Einwohner
Drittgrößte Stadt Frankreichs (nach Paris und Marseille); am Zusammenfluss der → Rhône und der → Saône, 460 km südöstlich von Paris gelegen. Zentrum der französischen Textil-, besonders der Seidenindustrie. Hauptstadt der Region Rhône-Alpes und des Departements Rhône. (→ U1/3)

parc de la Tête d'Or [paʀkdəlatɛtdɔʀ] *m.*
Schöne, über 100 ha große Parkanlage in → Lyon, auf dem linken Rhône-Ufer gelegen, mit Zoo und Botanischem Garten. (→ U7/A)

Rhône [ʀon] *m.*
Fluss, entspringt in der Schweiz, fließt durch das Jura-Gebirge, durch → Lyon und mündet bei Arles im Rhône-Delta ins Mittelmeer. (Länge: 812 km, davon 522 in Frankreich) (→ U1/3)

Saône [son] *f.*
Fluss im Osten Frankreichs (480 km), entspringt in den Vogesen und mündet in → Lyon in die → Rhône. (→ U1/3)

Sonstiges

Galeries Lafayette [ɡalʀilafajɛt] *f./pl.*
Französische Kaufhauskette. (→ U5/A)

traboule [tʀabul] *f.*
Verbindungsgang zwischen Wohnhäusern, der es ermöglicht unbemerkt von einem Haus ins andere zu gelangen, ohne die Straße zu überqueren. Die traboules wurden angelegt, damit die Seidenweber die Stoffe schneller und vor Regen geschützt transportieren konnten. Der Lyoner Stadtteil → Croix-Rousse ist aufgrund seiner traboules ein wahres Labyrinth. (→ U4/1)

Grundschrift: obligatorischer Wortschatz
kursiv: fakultativer Wortschatz

Symbole und Abkürzungen

~ bezeichnet die Lücke, in die das neue Wort einzusetzen ist.
~[1] Die Fußnote zeigt dir an, dass du auf die Angleichung des Wortes achten musst.
Die richtige Lösung findest du auf einem grauen Streifen **am Ende jeder Séquence.**
⚠ Hier musst du besonders gut aufpassen.
≠ Gegenteil von

→ Civilisation zeigt dir an, dass du im Petit dictionnaire de civilisation, S. 144–145, weitere Informationen zu dem Begriff findest.
→ Verbes zeigt dir an, dass du in der Liste des verbes, S. 142–143, die Konjugation des Verbs findest.

etw.	etwas	*Pl.*	Plural (Mehrzahl)	*fam.*	familier (umgangssprachlich)
jdm/jdn	jemandem/jemanden	*Pron.*	Pronomen	*f.*	féminin (weiblich)
f.	feminin (weiblich)	*adj.*	adjectif (Adjektiv)	*m.*	masculin (männlich)
m.	maskulin (männlich)	*adv.*	adverbe (Adverb)	*pl.*	pluriel (Plural)
umg.	umgangssprachlich	*conj.*	conjonction (Bindewort)	*qc*	quelque chose (etwas)
Pers.	Person	*prép.*	préposition (Präposition)	*qn*	quelqu'un (jemand)
Sg.	Singular (Einzahl)				

Lerntipps

1. Zum Vokabellernen kannst du dir eine Schablone basteln.
Dazu nimmst du ein weißes A4-Blatt hochkant. 5 mm vom oberen Rand entfernt ziehst du eine Linie. Auf dieser Linie markierst du die beiden Punkte, die vom rechten bzw. linken Rand jeweils 7,5 cm entfernt sind. Diese Stellen schneidest du bis zur Linie ein. Nun faltest du die beiden äußeren Teile entlang der Linie nach unten (siehe Zeichnung). Fertig ist die Seite 1, le côté français–allemand. Willst du mit Seite 2, le côté allemand–français, üben, klappst du die Seitenteile einfach wieder hoch und faltest das Mittelteil entlang der Linie nach unten.

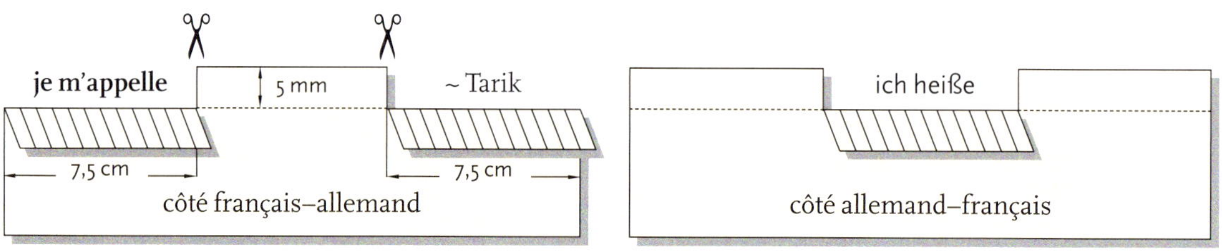

So lernst du Vokabeln mit der Schablone:

Seite 1: *français–allemand*
Lies das französische Wort. Ergänze den Satz, indem du das neue Wort an die Stelle der Tilde (~) setzt. Übersetze das Wort dann ins Deutsche. Anschließend schiebst du die Schablone nach unten und überprüfst deine Übersetzung.

Seite 2: *allemand–français*
Mit dieser Seite überprüfst du, ob du die deutschen Wörter auch ins Französische übersetzen kannst. Wenn dir der französische Ausdruck nicht gleich einfällt, schaust du unter der rechten Klappe nach und versuchst dich mit Hilfe des Satzes an den Ausdruck oder das Wort zu erinnern.

2. Viele Wörter kannst du verstehen, wenn du dir überlegst, ob du ein ähnlich lautendes deutsches oder englisches Wort kennst. Lege dir deshalb ein Vokabelheft (Französisch–Englisch–Deutsch) an, in dem du solche ähnlich lautenden Wörter sammelst. Manchmal schreiben sich diese Wörter aber anders oder sie sprechen sich anders aus. Markiere in deinem Vokabelheft also auch immer die Unterschiede, die du beachten musst.

Überall, wo dir diese Lupe begegnet, solltest du nach dem entsprechenden englischen Wort suchen oder das angegebene englische Wort in dein Vokabelheft abschreiben. (→ Lösungen, S. 208)

UNITÉ 1, Approches

la rentrée [laʀɑ̃tʀe]	der Beginn des neuen Schuljahres	
Bonjour! [bɔ̃ʒuʀ]	Guten Tag! / Guten Morgen!	
Monsieur/M. [məsjø]	*Anrede für einen Herrn*	Bonjour, ~.
les enfants [lezɑ̃fɑ̃] *m./f.*	Kinder *Anrede für mehrere Kinder*	Bonjour, les ~.
Mademoiselle/Mlle [madmwazɛl]	*Anrede für eine junge Frau, auch für eine ältere unverheiratete Frau*	Bonjour, ~.
Au revoir. [ɔʀvwaʀ]	Auf Wiedersehen!	
Madame/Mme [madam]	*Anrede für eine Frau*	Bonjour, ~.

⚠ *Im Französischen begrüßt und verabschiedet man sich, indem man dem Gruß noch die Anrede* Madame, Monsieur *oder* Mademoiselle *hinzufügt, ohne aber den Namen zu nennen. Das gilt auch für fremde Personen, z. B. Verkäuferinnen. Wenn du also in Frankreich ein Geschäft betrittst oder eine Bekannte / einen Bekannten triffst, solltest du sie/ihn mit* Bonjour, Madame, Bonjour, Mademoiselle *oder* Bonjour, Monsieur *begrüßen. Ebenso solltest du dich verabschieden, z. B.* Au revoir, Monsieur. *Da in Deutschland diese Art der Begrüßung nicht üblich ist, wird* Bonjour, Madame *entweder einfach übersetzt als* Guten Tag *oder* Guten Tag, Frau Faure, *indem man den Namen hinzufügt.*

Ah! [ɑ]	Ach!, Ah!
Salut! [saly] *fam.*	Hallo! / Grüß dich! *auch:* Tschüss!
Ça va? [sava]	Wie geht's? / Geht's dir gut?
Ça va! [sava]	Es geht (mir) gut.
À demain! [adəmɛ̃]	Bis morgen!
À plus! [aplys] *fam.*	Bis später!

UNITÉ 1, SÉQUENCE 1

C'est qui? [sɛki]	Wer ist das?	
Coucou! [kuku]	Kuckuck! / Hallo!	
C'est toi? [sɛtwa]	Bist du es? / Bist du …?	~, Lucie?
non [nɔ̃]	nein	
c'est [sɛ]	das ist	
oui [wi]	ja	
C'est moi. [sɛmwa]	Ich bin's. / Das bin ich.	– Manon, c'est qui? – ~.
je [ʒə]	ich *Personalpron. 1. Pers. Sg.*	
Je ne sais pas. [ʒənsɛpɑ]	Ich weiß (es) nicht.	– C'est qui, Nadine? – ~.
Oh! [o]	Oh! / Ach!	
Pardon! [paʀdɔ̃]	Entschuldigung!	
je m'appelle [ʒəmapɛl]	ich heiße → Verbes, p. 142	~ Tarik.
Et toi? [etwa]	Und du? / Und selbst?	
tu [ty]	du *Personalpron. 2. Pers. Sg.*	

tu t'appelles [tytapɛl]	du heißt, Heißt du …? → Verbes, p. 142	– ~ Paul? – Non, je m'appelle Tarik.
comment [kɔmɑ̃]	wie	– Tu t'appelles ~? – Je m'appelle Lucie.

UNITÉ 1, SÉQUENCE 2

tu es [tyɛ]	du bist *2. Pers. Sg. von* être (sein)	– Tu ~ Pauline? – Oui, c'est moi.
dans [dɑ̃] *prép.*	in	
la classe [laklas]	die Klasse *auch:* das Klassenzimmer	
de [də]	von	C'est la classe ~ Manon.
voilà [vwala]	da ist, da sind; das ist, das sind	~ Monsieur Mirelli.
elle [ɛl]	sie *Personalpron. 3. Pers. Sg. f.*	
est [ɛ]	ist *3. Pers. Sg. von* être (sein)	Elle ~ dans la classe de Paul.
l'ami [lami] *m.*	der Freund	Marc est l'~ de Sophie.
regarde [ʀəgaʀd]	schau mal, sieh doch mal! *Imperativ 2. Pers Sg.; von* regarder	~, Lucie, voilà Paul.
regarder [ʀəgaʀde]	schauen	
et [e] *conj.*	und	Voilà Sophie ~ Nadine.
la fille [lafij]	das Mädchen	Regarde la ~. C'est Lucie.
l'amie [lami] *f.*	die Freundin	Manon est l'~ de Tarik.
le garçon [ləgaʀsɔ̃]	der Junge	Regarde le ~. C'est Vincent.
avec [avɛk] *prép.*	mit *hier:* bei	Le garçon ~ Paul, c'est Tarik.
il [il]	er *Personalpron. 3. Pers. Sg. m.*	Voilà Patrick. ~ est dans la classe de Christophe.
Il est nouveau. / Elle est nouvelle. [ilɛnuvo]/[ɛlɛnuvɛl]	Er/Sie ist neu.	Paul est ~ et Valérie est ~[1].
bien [bjɛ̃] *adv.*	gut	– Ça va? – Oui, ça va ~.
pas mal [pɑmal]	nicht schlecht	– Ça va? – Oui, ça va ~.
je suis [ʒəsɥi]	ich bin *1. Pers. Sg. von* être (sein)	Je m'appelle Marc. Je ~ l'ami de Michel.
alors [alɔʀ]	also	
c'est toi [sɛtwa]	du bist; bist du …?	Alors, ~, Manon?
toi [twa]	du *betonte Form des Personalpronomens. Zur Hervorhebung der Person, die du ansprichst, kannst du* toi *vor einen Satz stellen, der mit* tu *beginnt.*	– Et ~, tu t'appelles comment? – Moi, je m'appelle Pauline.
bof [bɔf] *fam.* (p. 16/5)	na ja	– Ça va? – ~!
mal [mal] (p. 16/5)	schlecht	– Ça va ~!

1 nouvelle

un [ɛ̃]	ein	Bruno, c'est ~ garçon.
le cédérom [ləsedeʀɔm]	die CD-ROM	C'est le ~ de Paul.
pour [puʀ]	für	C'est un cédérom ~ Lucie.
l'Allemagne [lalmaɲ] *f.*	Deutschland	
le collège [ləkɔlɛʒ]	das „Collège" *Schultyp in Frankreich, entspricht etwa der Sekundarstufe 1 ab Klasse 6. Im Anschluss an die fünfjährige Grundschule gehen alle für vier Jahre aufs Collège.*	Voilà le ~ de Manon et Tarik.
Lyon [ljɔ̃]	*drittgrößte Stadt Frankreichs* → Civilisation, p. 145	
à Lyon [aljɔ̃]	in Lyon	– Où est Tarik? – Il est ~.
le collège Clément Marot [ləkɔlɛʒklemɑ̃maʀo]	die Clément-Marot-Schule	
Clément Marot [klemɑ̃maʀo]	*französischer Dichter des 16. Jahrhunderts* → Civilisation, p. 144	
en Allemagne [ɑ̃nalmaɲ]	in Deutschland	Francfort est une ville ~.
à Francfort [afʀɑ̃kfɔʀ]	in Frankfurt	
la cinquième [lasɛ̃kjɛm]	die „Fünfte" *die zweite Jahrgangsstufe nach Beendigung der fünfjährigen Grundschule (in Frankreich werden die Klassen rückwärts gezählt!); entspricht der 7. Klasse in Deutschland*	
la Croix-Rousse [kʀwaʀus]	*Stadtteil in Lyon* → Civilisation, p. 145	
le poète [ləpɔɛt]	der Dichter	Clément Marot est un ~.
le quartier [ləkaʀtje]	das Viertel	La Croix-Rousse est un ~ de Lyon.
sur [syʀ] *prép.*	auf, über, an	
une [yn]	eine	C'est Anna, ~ amie de Charlotte.
la colline [lakɔlin]	der Hügel	Le quartier de la Croix-Rousse est sur une ~.
où [u]	wo	~ est Philippe? Il est à Lyon.
la France [lafʀɑ̃s]	Frankreich	
en France [ɑ̃fʀɑ̃s]	in Frankreich	Lyon est ~.

⚠ *Unterscheide:* in = **dans, en, à**

... **in** Tariks Klasse. → Manon est **dans** la classe de Tarik.
... **in** der 7 B. → Il est **en** cinquième B.
... **in** Lyon. → Le collège de Lucie est **à** Lyon.
... **in** Frankreich. → Lyon est **en** France.

la ville [lavil]	die Stadt	La ~ de Tilo, c'est Francfort.

entre [ɑ̃tʀə] *prép.*	zwischen	Lyon, c'est une ville ~ le Rhône et la Saône.
le Rhône [ʀon]	*Fluss in der Schweiz und in Frankreich* → Civilisation, p. 145	
la Saône [son]	*Fluss im Osten Frankreichs* → Civilisation, p. 145	
le fleuve [ləflœv]	der Fluss	Le Rhône est un ~.
mais [mɛ] *conj.*	aber	
deux [dø]	zwei	
mieux [mjø]	besser	– Ça va, Nadine? – Oui, ça va ~.
ça [sa]	das, das da	Regarde! ~, c'est le collège Clément Marot.
hm … [hm]	hm … *nachdenklich*	
le Gros Caillou [ləgʀokaju]	*riesiger Stein in Lyon* → Civilisation, p. 145	
le caillou [ləkaju]	der Stein	
le monstre [ləmɔ̃stʀ] (p. 18/2)	das Monster	Regarde! Un ~!
Guignol [giɲɔl] (p. 19/7)	*Kasper des französischen Puppentheaters* → Civilisation, p. 144	

UNITÉ 2, Approches

l'école [lekɔl] *f.*	die Schule	Où est l'~ de Manon?
le CDI [ləsedei], **(= le Centre de Documentation et d'Information)** [ləsɑ̃tʀədədɔkymɑ̃tasjɔ̃edɛ̃fɔʀmasjɔ̃]	das Informations- und Dokumentationszentrum *Bezeichnung für die Bibliothek an französischen Schulen*	
le/la documentaliste [lədɔkymɑ̃talist] / [ladɔkymɑ̃talist]	der/die Dokumentalist/in *Bibliothekar/in, an den/die sich die Schüler im CDI wenden, um Medien zu entleihen*	
l'élève [lelɛv] *m./f.*	der Schüler / die Schülerin	
Chut! [ʃyt]	Pst!, Still!	
la table [latablə]	der Tisch	C'est la ~ de M. Ardent.
l'ordinateur [lɔʀdinatœʀ] *m.*	der Computer	Voilà l'~ de Monsieur Mirelli.
l'agenda [laʒɛ̃da] *m.*	das Merkbuch, der Taschenkalender	– C'est l'~ de Manon? – Non, c'est l'~ de Tarik.
l'armoire [laʀmwaʀ] *f.*	der Schrank	L'agenda est dans l'~.
le livre [ləlivʀə]	das Buch	Voilà le ~ de Pauline.
le CD [ləsede] ⚠ **les CD** [lesede] *pl.*	die CD	Le ~ est dans l'armoire.

le DVD [lədevede] ⚠ **les DVD** [ledevede] *pl.*	die DVD	Le ~ est sur la table.
la cassette vidéo [lakasɛtvideo] ⚠ **les cassettes vidéo** [lekasɛtvideo] *pl.*	die Videokassette	La ~ est sur la table.
le magazine [ləmagazin]	die Zeitschrift	– C'est le ~ de Nadine? – Je ne sais pas.
le stylo [ləstilo]	der Füller, der Kugelschreiber	C'est le ~ de Lucie.
l'étagère [letaʒɛʀ] *f.*	das Regal	Le DVD est sur l'~.
la cassette [lakasɛt]	die Kassette	Voilà la ~ d'Alizée.
la disquette [ladiskɛt]	die Diskette	La ~ est dans l'ordinateur.
la souris [lasuʀi]	die Maus	La ~ est dans l'armoire.

UNITÉ 2, SÉQUENCE 1

il y a [ilja]	es gibt	
des [de]	*unbestimmter Artikel im Pl.; wird nicht übersetzt*	

une cassette
– **eine** Kassette

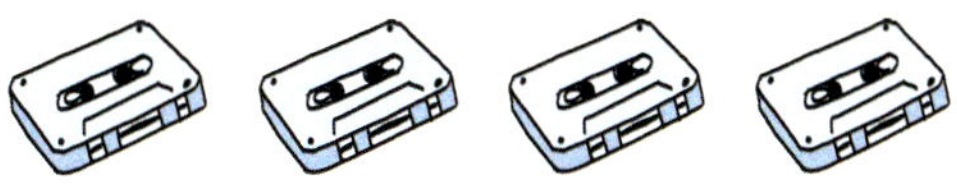

des cassettes
– ✕ Kassetten

le/la prof [ləpʀɔf/lapʀɔf] *fam.* ou: **le professeur** [ləpʀɔfɛsœʀ] *m./f.*	der Lehrer, die Lehrerin	
bien sûr [bjɛ̃syʀ]	natürlich, selbstverständlich	– Salut, ça va? – ~, ça va!
la salle de classe [lasaldəklas]	das Klassenzimmer	L'ordinateur est dans la ~.
la sixième [lasizjɛm]	die „Sechste" *die erste Jahrgangsstufe nach Beendigung der fünfjährigen Grundschule (in Frankreich werden die Klassen rückwärts gezählt!); entspricht der 6. Klasse in Deutschland*	Pauline est en ~.
le prof de maths [ləpʀɔfdəmat]	der Mathelehrer	C'est le ~ de la sixième C.
les maths [lemat] *fam.* ou **les mathématiques** [lematematik] *pl*	Mathe, Mathematik	
la faute [lafot]	der Fehler	Il y a deux ~[1].
là [la]	da, dort	~, regarde! Il y a une faute!
aussi [osi]	auch	Manon est ~ en cinquième.
la cantine [lakɑ̃tin]	die Kantine, der Speisesaal	Pardon, où est la ~?
super [sypɛʀ]	super	Le prof de maths de Thomas est ~.
les frites [lefʀit] *f. pl.*	die Pommes frites	Super! Il y a des ~!
le secrétariat [ləsekʀetaʀja]	das Sekretariat	

le/la secrétaire [lə/lasəkʀetɛʀ]	der Sekretär, die Sekretärin	– Madame Pianta, c'est une prof? – Non, c'est la ~.
elle s'appelle [ɛlsapɛl]	sie heißt → Verbes, p. 142	La fille, là, ~ comment?
sympa [sɛ̃pa] *fam.* ou: **sympathique** [sɛ̃patik]	sympathisch	Le prof de maths est ~.
Qu'est-ce qu'il y a? [kɛskilja]	Was gibt es?	
encore [ɑ̃kɔʀ]	noch, außerdem	Il y a ~ des élèves dans la salle de classe.
le gymnase [ləʒimnɑz]	die Turnhalle	Il y a des élèves dans le ~.

⚠ „faux ami“:

le lycée (das Gymnasium) ≠ le gymnase (die Turnhalle)

Wenn ein Wort in zwei Sprachen gleich oder sehr ähnlich lautet, aber trotzdem zwei verschiedene Bedeutungen hat, nennt man es einen „falschen Freund“ – auf Französisch „un faux ami“.

très [tʀɛ]	sehr	– Salut, Anne! Ça va? – Oui, ça va ~ bien.
la cour [lakuʀ]	der Hof	Voilà l'école et ça, c'est la ~.
le surveillant [ləsyʀvɛjɑ̃] / **la surveillante** [lasyʀvɛjɑ̃t]	die Aufsichtsperson *In französischen Schulen führen nicht die Lehrer/innen, sondern* surveillants/-es *die Pausenaufsicht.*	– Pardon, Monsieur, vous êtes le professeur de maths? – Non, Madame, je suis le ~.
Qu'est-ce que c'est? [kɛskəsɛ]	Was ist das?	– Et ça, ~? – C'est le stylo de Julien.

⚠ *Achte auf den kleinen Strich am* **Q**! *Du darfst das* **Q** *nicht mit dem* **O** *verwechseln, denn der kleine Strich gibt dem Wort eine ganz andere Bedeutung:*
Oui *buchstabiere* o-u-i = ja *aber* **Qui** *buchstabiere* q-u-i = wer

le cochon d'Inde [ləkɔʃɔ̃dɛ̃d]	das Meerschweinchen	Voila le ~ de Claire.

⚠ *Achte auf den Unterschied:*

Im Schrank **ist** ein Meerschweinchen.
=
Il y a un cochon d'Inde dans l'armoire.

Das Meerschweinchen **ist** im Schrank.
=
Le cochon d'Inde **est** dans l'armoire.

1 fautes

UNITÉ 2, SÉQUENCE 2

sont [sɔ̃]	(sie) sind *3. Pers. Pl. von* être (sein)	Où ~ Manon et Pauline?
Astérix [asteʀix]	*Comic-Figur* → Civilisation, p. 144	
le film [ləfilm]	der Film	Monsieur, où sont les ~[1] avec Vanessa Paradis?
Gérard Depardieu [ʒeʀaʀdəpaʀdjø]	*Französischer Schauspieler* → Civilisation, p. 144	

là-bas [labɑ]	dort	Regarde, ~, c'est Valentin.
merci [mɛʀsi]	danke	– Voilà la cassette d'Astérix. – ~, Mademoiselle.
à droite [adʀwat]	rechts	Les magazines sont ~.
..., hein? [ɛ̃] *fam.*	..., oder? *umg. am Satzende*	Paul est nouveau, ~?
eh bien [ebjɛ̃]	also *Füllwort am Anfang*	~, où sont les DVD?
l'atlas [latlɑs] *m.* ⚠ **les atlas** [lezatlɑs] *pl.*	der Atlas	L'~ est sur l'étagère.
ici [isi]	hier	Les livres sont ~.
ils [il]	sie *Personalpron. 3. Pers. Pl.: wenn männliche oder männliche und weibliche Personen oder Dinge gemeint sind*	– Lucie et Paul sont dans la classe de Manon? – Non, ~ sont dans la classe de Pauline.
sous [su] *prép.*	unter	Le cochon d'Inde est ~ la table.
la géographie [laʒeogʀafi]	die Geographie, die Erdkunde	Madame Pic, c'est la prof de ~?
à gauche [agoʃ]	links	– Où est le collège? – Là-bas, ~.
s'il vous plaît [silvuplɛ]	bitte *wenn du jdn siezt oder dich an mehrere Personen wendest*	– Madame, ~, où sont les magazines? – Ils sont là-bas, à gauche.
encore [ɑ̃kɔʀ]	*hier:* Schon wieder!	
enfin [ɑ̃fɛ̃]	schließlich	

Mais enfin! = Jetzt ist es aber genug!

elles [ɛl]	sie *Personalpron. 3. Pers. Pl. f.*	Les disquettes? ~ sont sous les livres.

⚠ *Die verflixten* „sie“:

La cassette?	Manon?	→ **Elle** est ...	**Sie** ist ...	= *Singular, weiblich*
Les cassettes?	Manon et Lucie?	→ **Elles** sont ...	**Sie** sind ...	= *Plural, weiblich*
Les livres?	Paul et Tarik?	→ **Ils** sont ...	**Sie** sind ...	= *Plural, männlich*
Le CD et la cassette?	Paul et Lucie?	→ **Ils** sont ...	**Sie** sind ...	= *Plural, männlich + weiblich*

le film d'horreur [ləfilmdɔʀœʀ]	der Gruselfilm, der Horrorfilm	Les ~[2] sont sur l'étagère, à droite.

1 films 2 les films d'horreur

UNITÉ 2, SÉQUENCE 3

vous [vu]	ihr *wenn du mehrere Personen ansprichst, die du duzt;* Sie *wenn du eine oder mehrere Personen ansprichst, die du siezt*	
vous êtes [vuzɛt]	ihr seid *2. Pers. Pl. von* être (sein), Sie sind *wenn du jdn siezt*	– Nadine et Nicole, ~ dans la classe de Manon? – Oui.

Ihr seid *oder zu Erwachsenen* Sie sind – *beides heißt* vous‿êtes.

Hé! [e]	He, (ihr da)!	
on est [ɔ̃nɛ]	man ist *auch:* wir	~ est en sixième.

Im gesprochenen Französisch wird on *oft anstelle von* wir *verwendet. Ansonsten entspricht* on *dem deutschen* man.

maintenant [mɛ̃tnɑ̃]	jetzt	Tarik est en cinquième ~.
C'est l'heure. [sɛlœʀ]	Es ist so weit. / Es ist Zeit! / Es ist jetzt an der Zeit (, etwas Bestimmtes zu tun).	
épèle [epɛl]	buchstabiere! *Imperativ 2. Pers. Sg.; von* épeler	
épeler [epəle]	buchstabieren → Verbes, p. 142	– Je m'appelle Magaud. – ~ .
s'il te plaît [siltəplɛ]	bitte *wenn du eine Person ansprichst, die du duzt*	– ~, où est la cantine? – Là-bas, derrière le gymnase.
quatre [katʀ]	vier	Sur l'étagère, il y a ~ livres.
trop [tʀo]	zu *auch:* zu viel, zu sehr	Quatre DVD et deux cédéroms, c'est ~.
ce sont [səsɔ̃]	es sind, das sind	~ les élèves de «Clément Marot».
trois [tʀwa]	drei	Il y a ~ stylos sur la table.
bon [bɔ̃] *adv.*	einverstanden, gut	
Louise Attaque [luizatak]	*in Frankreich beliebte Rockgruppe* → Civilisation, p. 144	
ou [u] *conj.*	oder	Où est le livre? Dans l'armoire ~ sur l'étagère?

Unterscheide:
où = wo? → *Fragewort, mit* accent grave
ou = oder → *Konjunktion, ohne* accent

C'est ça? [sɛsa]	Stimmt's?	Tu es Pauline, ~?
nous [nu]	wir *Personalpron. 1. Pers. Pl.*	
nous sommes [nusɔm]	wir sind *1. Pers. Pl. von* être	
être [ɛtʀ]	sein → Verbes, p. 142	
à bientôt [abjɛ̃to]	bis bald	Au revoir, Madame, et ~.
le nom [lənɔ̃] (p. 29/2)	der Name	
le prénom [ləpʀenɔ̃] (p. 29/2)	der Vorname	

UNITÉ 3, Approches

ma [ma]	mein(e) *Possessivbegleiter der 1. Pers. Sg., steht vor weibl. Nomen im Sg.*	Ça, c'est ~ disquette.
la famille [lafamij]	die Familie	Ma ~ est en France, maintenant.

mes [me]	meine *Possessivbegleiter der 1. Pers. Sg., steht vor Nomen im Pl.*	Voilà ~ profs.
chez [ʃe] *prép.*	bei *auch:* zu (einer Person)	Anne est ~ Marie.
mon [mɔ̃]	mein(e) *Possessivbegleiter der 1. Pers. Sg., steht vor männl. Nomen im Sg. und vor weibl. Nomen mit Vokalanfang im Sg.*	Tarik est ~ copain.

mon ami Paul   mon **a**mie Pauline   ma disquette   mes livres

le père [ləpɛʀ]	der Vater	Mon ~ est professeur.
la mère [lamɛʀ]	die Mutter	Ma ~ est secrétaire.
devant [dəvɑ̃] *prép.*	vor *räumlich, nicht zeitlich*	La classe est ~ le collège.
la maison [lamɛzɔ̃]	das Haus	La ~ est à gauche.
le grand-père [ləgʀɑ̃pɛʀ]	der Großvater	Mon ~ est le père de ma mère.
pépé [pepe] *m.*	Opa *Kosename für den Großvater*	
la grand-mère [lagʀɑ̃mɛʀ]	die Großmutter	Je suis chez ma ~.
mémé [meme] *f.*	Oma *Kosename für die Großmutter*	
les parents [lepaʀɑ̃] *m. pl.*	die Eltern	Mes ~ sont chez ma grand-mère.
l'enfant [lɑ̃fɑ̃] *m./f.*	das Kind	Nous sommes deux ~[1].
la sœur [lasœʀ]	die Schwester	C'est le livre de ma ~.
le frère [ləfʀɛʀ]	der Bruder	Le ~ de Marie est en cinquième.
le copain [ləkɔpɛ̃] / **la copine** [lakɔpin] *fam.*	der Freund / die Freundin	Tarik, c'est le ~ de Paul.
le chat [ləʃa]	die Katze	Voilà ma sœur avec le ~.
derrière [dɛʀjɛʀ] *prép.*	hinter	Mon frère est ~ la maison.

sous   sur   entre   dans   devant   derrière

[1] enfants

UNITÉ 3, SÉQUENCE 1

cinq [sɛ̃k]	fünf	Madame Pianta a ~ enfants.
ton [tɔ̃]	dein(e) *Possessivbegleiter der 2. Pers. Sg., steht vor männl. Nomen im Sg. und vor weibl. Nomen mit Vokalanfang im Sg.*	– Le garçon là, c'est ~ frère? – Non, c'est le copain de Marie.

parle [paʀl]	sprich! *Imperativ 2. Pers. Sg.; von* parler	
parler [paʀle]	sprechen → Verbes, p. 142	La prof ~[1] avec les élèves.
elle travaille [ɛltʀavaj]	sie lernt *auch:* sie arbeitet *3. Pers. Sg. von* travailler	
travailler [tʀavaje]	lernen *auch:* arbeiten	Mon père ~[2] à Toulouse.
le téléphone [lətelefɔn]	das Telefon	– Où est le ~? – Il est sur la table.
ta [ta]	dein(e) *Possessivbegleiter der 2. Pers. Sg., steht vor weibl. Nomen im Sg.*	– Où est ~ mère? – Elle est chez mon grand-père.
la chambre [laʃɑ̃bʀ]	das (Schlaf-)Zimmer	C'est ta ~? Elle est super!
le moment [ləmɔmɑ̃]	der Moment, der Augenblick	Un ~, s'il vous plaît!
la cuisine [lakɥizin]	die Küche	Mon père est dans la ~.
la salle de bains [lasaldəbɛ̃]	das Badezimmer	Sandra est dans la ~.
elle arrive [ɛlaʀiv]	*hier:* sie kommt *3. Pers. Sg. von* arriver	
arriver [aʀive]	ankommen *hier:* kommen	– Paul, le téléphone! – J'~[3]!
Allô! [alo]	Ja, bitte? / Hallo? *nur am Telefon; in Frankreich meldet sich die Person, die angerufen wird, nicht mit dem Namen, sondern mit* Allô!	
à la maison [alamɛzɔ̃]	zu Hause	Sylvie est ~.
la salle de séjour [lasaldəseʒuʀ]	das Wohnzimmer	Mon père est dans la ~.
ils regardent [ilʀəgaʀd]	sie schauen an *3. Pers. Pl. von* regarder	
regarder qc [ʀəgaʀde]	etw. ansehen, anschauen, betrachten	Tarik ~[4] le film d'Astérix?
la télé [latele] *fam.* ou: **la télévision** [latelevizjɔ̃]	der Fernseher, das Fernsehen	Pauline regarde la ~.
Eh! [e]	He!	
arrête [aʀɛt]	*hier:* schalt aus! *Imperativ 2. Pers. Sg.; von* arrêter	
arrêter (qc) [aʀɛte]	aufhören *hier:* (etw.) ausschalten	Mes parents ~[5] la télé.
je téléphone [ʒətelefɔn]	ich telefoniere *1. Pers. Sg. von* téléphoner	
téléphoner [telefɔne]	telefonieren	Elle ~[6] dans la salle de séjour?
tes [te]	deine *Possessivbegleiter der 2. Pers. Sg., steht vor Nomen im Pl.*	– Où sont ~ frères? – Ils sont à la maison.

ton ami Paul   ton amie Lucie   ta disquette   tes livres

six [sis]	sechs	Dans le quartier de la Croix-Rousse, il y a ~ écoles.

sept [sɛt]	sieben	Sur l'étagère, il y a ~ atlas.
huit [ɥit]	acht	Sur la table de Victor, il y a ~ disquettes.
chante [ʃɑ̃t]	singe! *Imperativ 2. Pers. Sg.; von* chanter	
chanter [ʃɑ̃te]	singen	Marie ~[7] dans la salle de bains.
la chanson [laʃɑ̃sɔ̃]	das Lied	M. Mirelli chante une ~ de «Louise Attaque».
neuf [nœf]	neun	Dans l'armoire, il y a ~ CD de Céline Dion.
dix [dis]	zehn	Dans ma classe, il y a ~ garçons.

1	un/une	[ɛ̃/yn]	3	trois	[tʀwa]	5	cinq	[sɛ̃k]	7	sept	[sɛt]	9	neuf	[nœf]	Die Zahlen findest
2	deux	[dø]	4	quatre	[katʀ]	6	six	[sis]	8	huit	[ɥit]	10	dix	[dis]	du auf S. 141.

1 parle 2 travaille 3 arrive 4 regarde 5 arrêtent 6 téléphone 7 chante

UNITÉ 3, SÉQUENCE 2

ses [se]	seine, ihre *Possessivbegleiter der 3. Pers. Sg., steht vor Nomen im Pl.*	Voilà Patrick et ~ copains. Voilà Anne avec ~ copines.
Bruxelles [bʀysɛl]	Brüssel *Hauptstadt Belgiens* → Civilisation, p. 144	
ils habitent [ilzabit]	sie wohnen *3. Pers. Pl. von* habiter	
habiter [abite]	wohnen	Louis et Anne ~[1] à Toulouse.
le médecin [ləmedsɛ̃]	der Arzt / die Ärztin	La mère de Paul est ~.
l'hôpital [lɔpital] *m.*	das Krankenhaus	Un médecin travaille aussi dans un ~.
la chaise [laʃɛz]	der Stuhl	Dans la cuisine, il y a une table avec quatre ~[2].
il pose [ilpoz]	er bringt an *3. Pers. Sg. von* poser	
poser qc [poze]	etw. anbringen *auch:* etw. (hin-) stellen	Où est-ce que je ~[3] ça?
la lampe [lalɑ̃p]	die Lampe	Mon père pose une ~ dans la salle de séjour.
sa [sa]	ihr(e), sein(e) *Possessivbegleiter der 3. Pers. Sg., steht vor weibl. Nomen im Sg.*	Voilà Tarik avec ~ copine.
Bonsoir! [bɔ̃swaʀ]	Guten Abend!	~, Monsieur.
maman [mamɑ̃] *f.*	Mutti, Mama	Regarde, ~, c'est le chat de Nadine.
allume [alym]	schalt an! *Imperativ 2. Pers. Sg.; von* allumer	
allumer qc [alyme]	etw. anschalten, einschalten, anmachen	Maman, j'~[4] la télé maintenant. Il y a un film avec Depardieu.

Ça marche! [samaʀʃ]	Es funktioniert. *3. Pers. Sg. von* marcher	
marcher [maʀʃe]	funktionieren	– Rémi, tu allumes l'ordinateur, s'il te plaît? – Regarde, ça ~[5]!
l'appartement [lapaʀtəmɑ̃] *m.*	die Wohnung	L'~ de ma grand-mère est super!
elle range [ɛlʀɑ̃ʒ]	sie räumt auf *3. Pers. Sg. von* ranger	
ranger qc [ʀɑ̃ʒe] ⚠ nous rangeons	etw. aufräumen → Verbes, p. 142	Annette ~[6] ses disquettes et ses cédéroms.
le carton [ləkaʀtɔ̃]	der Karton	– Qu'est-ce qu'il y a dans tes ~[7]? – Des livres et des cassettes.
la photo [lafɔto]	das Foto	Regarde la ~. C'est mon amie.
elle entre [ɛlɑ̃tʀ]	sie geht hinein *3. Pers. Sg. von* entrer	
entrer [ɑ̃tʀe]	hineingehen	Le professeur ~[8] dans la classe.
la fille [lafij]	die Tochter	La ~ de M. Mirelli s'appelle Charlotte.
son [sɔ̃]	ihr(e), sein(e) *Possessivbegleiter der 3. Pers. Sg., steht vor männl. Nomen im Sg. und vor weibl. Nomen mit Vokalanfang im Sg.*	Mon père est devant ~ ordinateur. Il travaille.

son ami Paul   son **a**mie Pauline   sa disquette   ses livres

Zu den vier deutschen Formen „seine/ihre, sein/ihr" gibt es im Französischen nur zwei Formen: son *und* sa. *Welche von beiden du verwenden musst, hängt nur vom Geschlecht des* ***folgenden*** *Nomens ab.*

Élodie et son père — Medhi et son père

Élodie et sa mère — Medhi et sa mère

le lit [ləli]	das Bett	Le chat est sous le ~.
la perruche [lapeʀyʃ]	der Wellensittich	La ~ d'Annabelle s'appelle Madonna.
tatie [tati] *f.*	Tantchen *Kosename für* Tante	
montre [mɔ̃tʀ]	zeig! *Imperativ 2. Pers. Sg.; von* montrer	
montrer qc [mɔ̃tʀe]	etw. zeigen	François! ~[9] tes photos, s'il te plaît!
je sais [ʒəsɛ]	ich weiß	– Le film d'Astérix est super. – Oui, ~.

le voisin [ləvwazɛ̃] / **la voisine** [lavwazin]	der/die Nachbar/in	M. Gaston, c'est le ~ de ma grand-mère.
la tante [latɑ̃t]	die Tante	Ma ~ pose une lampe dans la salle de séjour.
nous mangeons [numɑ̃ʒɔ̃]	wir essen *1. Pers. Pl. von* manger	
manger qc [mɑ̃ʒe]	etw. essen → Verbes, p. 142	Ils ~[10] dans la cuisine.
à la télé [alatele]	im Fernsehen	~, il y a un film avec Juliette Binoche.
demain [dəmɛ̃]	morgen	~, nous regardons le film vidéo de la classe de Tarik.
écoutez [ekute]	hört! *Imperativ 2. Pers Pl.; von* écouter	
écouter qc/qn [ekute]	etw. hören, jmd zuhören, auf jnd hören	Marie et Anne ~[11] un CD de Kyo.
d'abord [dabɔʀ]	zuerst	– Maman, tu regardes mes photos? – Oui, mais arrête ~ la télé.
il/elle prépare [il/ɛlpʀepaʀ]	er/sie bereitet vor *3. Pers. Sg. von* préparer	
préparer [pʀepaʀe]	zubereiten, vorbereiten	Qu'est-ce que tu ~[12]?
le dîner [lədine]	das Abendessen	Jérôme prépare le ~ pour ses frères.
la gomme [lagɔm] (p. 44/7)	der Radiergummi	Ta ~ est sur la table.
la girafe [laʒiʀaf] (p. 44/7)	die Giraffe	

1 habitent 2 chaises 3 pose 4 allume 5 marche 6 range 7 cartons 8 entre 9 montre 10 mangent 11 écoutent 12 prépares

UNITÉ 3, SÉQUENCE 3

est-ce que [ɛskə]	*wird nicht übersetzt, zeigt dir an, dass es sich um eine Frage handelt*	~ tu as une sœur?
il a [ila] / **elle a** [ɛla] / **on a** [ɔ̃na]	er/sie/man hat *3. Pers. Sg. von* avoir	
avoir [avwaʀ]	haben → Verbes, p. 142	Tarik ~[1] un ordinateur.
le message [ləmesaʒ]	die Nachricht	Le ~ de Tilo est pour Tarik.
le correspondant [ləkɔʀɛspɔ̃dɑ̃] / **la correspondante** [lakɔʀɛspɔ̃dɑ̃t]	der Brieffreund / die Brieffreundin	Tanja est la ~[2] de Lucie.
dix-sept [disɛt]	siebzehn	Dans ma classe, il y a ~ filles.
l'an [lɑ̃] *m.*	das Jahr	Caroline a treize ~[3].

⚠ *Im Französischen gibt man das Alter mit dem Verb* avoir (haben) *an und nicht mit* sein *wie im Deutschen.* *Vergleiche:* Il **a** treize ans. Er **ist** 13 Jahre alt.

près de [pʀɛdə]	in der Nähe von, nahe bei	Anne habite ~ son collège.
cher [ʃɛʀ] *m.*/ **chère** [ʃɛʀ] *f.*	lieber/liebe *Anrede in Brief*	~ Pépé, je suis à Paris ...

l'adresse e-mail [ladʀɛsimɛl] *f.*	die E-Mail-Adresse	Paul a une ~.
les grands-parents [legʀɑ̃paʀɑ̃] *m. pl.*	die Großeltern	Ses ~ habitent en Allemagne.
le chien [ləʃjɛ̃] / **la chienne** [laʃjɛn]	der Hund / die Hündin	Pascal a deux ~[4].
comme chien et chat [kɔmʃjɛ̃eʃa]	wie Hund und Katze	
comme [kɔm]	wie *auch:* als	Marion parle ~ sa sœur.
les frères et sœurs [lefʀɛʀesœʀ]	die Geschwister	Tarik a des ~.
le poisson [ləpwasɔ̃]	der Fisch	Lucie a des ~[5].
onze [ɔ̃z]	elf	Philippe a ~ ans.
la tortue [latɔʀty]	die Schildkröte	Le chat regarde la ~.
toujours [tuʒuʀ] ⚠ **toujours** a toujours un -s!	immer	Tarik travaille ~ sur son ordinateur.
d'accord [dakɔʀ]	einverstanden	– Tu es ~? – Oui, je suis ~.
douze [duz]	zwölf	Tu as ~ ans?
l'âge [lɑʒ] *m.*	das Alter	
Tu as quel âge? [tyakɛlɑʒ]	Wie alt bist du?	
l'exercice [lɛgzɛʀsis] *m.*	die Übung *hier:* die Hausaufgabe	J'ai des ~[6] de géographie.
le français [ləfʀɑ̃sɛ]	Französisch *Unterrichtsfach, auch:* die französische Sprache	Range ton livre de ~, s'il te plaît.
l'animal [lanimal] *m.* / ⚠ **les animaux** [lezanimo] *pl.*	das Tier	Est-ce qu'André a des ~[7] à la maison?
C'est juste? [sɛʒyst]	Ist das richtig?	«Das Haus» en français, c'est «la maison». ~?
beaucoup [boku]	viel	Mon oncle travaille ~.
vingt [vɛ̃]	zwanzig	Dans mon quartier, j'ai ~ voisins.

11	onze	[ɔ̃z]	14	quatorze	[katɔʀz]	18	dix-huit	[dizɥit]
12	douze	[duz]	15	quinze	[kɛ̃z]	19	dix-neuf	[diznœf]
13	treize	[tʀɛz]	16	seize	[sɛz]	20	vingt	[vɛ̃]
			17	dix-sept	[disɛt]			

Die Zahlen findest du auf S. 141.

la minute [laminyt]	die Minute	Le film à la télé, c'est dans vingt ~[8].

1 a 2 correspondante 3 ans 4 chiens 5 poissons 6 exercices 7 animaux 8 minutes

UNITÉ 4, Approches

vous faites [vufɛt]	ihr macht *2. Pers. Pl. von* faire (tun)	Qu'est-ce que ~?

Merke: vous faites vous êtes

ne … pas [nə … pɑ]	nicht ne *und* pas *drücken zusammen die Verneinung aus, das gebeugte Verb steht immer zwischen den beiden Teilen der Verneinung*	Valentin ~ regarde ~ la télé, il travaille. 
rêver [ʀɛve]	träumen	
le vendeur [ləvɑ̃dœʀ] / **la vendeuse** [lavɑ̃døz]	der/die Verkäufer/in	La ~¹ travaille pour M. Mirelli.
la dame [ladam]	die Dame, die Frau	Dans le bus, il y a une ~ avec un garçon.
chercher qc [ʃɛʀʃe]	etw. suchen	Qu'est-ce que tu ~²?
le porte-monnaie [ləpɔʀtmɔnɛ]	das Portmonee, der Geldbeutel	– Où est mon ~? – Je sais! Dans la cuisine, sous la chaise!
discuter [diskyte]	diskutieren, sich unterhalten	Valentin ~³ avec son prof de français.
jouer [ʒue]	spielen	Les enfants ~⁴ devant la maison.

1 vendeuse 2 cherches 3 discute 4 jouent

UNITÉ 4, SÉQUENCE 1

après [apʀɛ]	nach *zeitlich*	
aimer qc [ɛme] ⚠ *Nach* aimer *steht das Nomen mit dem bestimmten Artikel.*	etw. lieben, mögen	J'~¹ les chiens.
la bédé [labede] *fam.* ou: **la bande dessinée** [labɑ̃dədesine] ou: **la BD** [labede] *fam.*	der Comic	Nathalie aime les ~².
Tardi [taʀdi]	*französischer Comic-Zeichner* → Civilisation, p. 144	
préférer qc [pʀefeʀe] ⚠ *Nach* préférer *steht das Nomen mit dem bestimmten Artikel.*	etw. bevorzugen, lieber mögen → Verbes, p. 142	J'aime les bédés, mais je ~³ les livres.
Margerin [maʀʒəʀɛ̃]	*französischer Comic-Zeichner* → Civilisation, p. 144	
la gymnastique [laʒimnastik] ou: **la gym** [laʒim] *fam.*	die Gymnastik *auch:* der Sportunterricht	Est-ce que tu aimes la ~?
la danse [ladɑ̃s]	der Tanz, das Tanzen	Ma sœur aime la ~.
les rollers [leʀɔlœʀ] *m. pl.*	die Inlineskates	Est-ce que tu as des ~?

le skate [ləskɛt]	das Skateboard, das Skateboardfahren	Les rollers, c'est bien, mais le ~, c'est mieux.
le handball [ləɑ̃dbal] ⚠ *Der bestimmte Artikel* le *wird vor* handball *nicht apostrophiert.*	Handball	Nadine aime la danse, Patrick préfère le ~.
le foot [ləfut]	Fußball	Mon père regarde le ~ à la télé.
souvent [suvɑ̃]	oft, häufig	Jérôme joue ~ avec son frère.
dehors [dəɔʀ]	draußen	Manon est souvent ~ avec Tarik.
la photo [lafɔto]	das Fotografieren, das Foto	Ils aiment beaucoup la ~.
le club-photo [ləklœbfɔto]	der Foto-Club, die Foto-AG	Est-ce qu'il y a un ~ dans ton école?
pour un oui et pour un non [puʀɛ̃wiepuʀɛ̃nɔ̃]	um ein Nichts	
photographier qc [fɔtogʀafje]	etw. fotografieren	Laure ~[4] ses tortues.
ils veulent [ilvœl]	sie wollen *3. Pers. Pl. von* vouloir	
vouloir [vulwaʀ]	wollen → Verbes, p. 143	Juliette et David ~[5] manger dans dix minutes.
vous pouvez [vupuve]	ihr könnt *2. Pers. Pl. von* pouvoir Sie können *wenn du jdn siezt*	
pouvoir [puvwaʀ]	können → Verbes, p. 143	Les enfants! Vous ~[6] préparer le dîner, s'il vous plaît?
si [si]	doch *als Antwort auf eine verneinte Frage*	– Hé, Christophe, tu n'écoutes pas? – ~!
la porte [lapɔʀt]	die Tür	Qu'est-ce qu'il y a derrière la ~?
c'est marrant [maʀɑ̃] *fam.*	es ist lustig, spaßig	La photo, c'est ~!
ben [bɛ̃]	*Füllwort am Satzanfang, in etwa* naja, äh	
pourquoi pas? [puʀkwapa]	warum nicht?	– On regarde la télé? – ~?
la traboule [latʀabul]	*Durchgang zwischen zwei Häusern in Lyon* → Civilisation, p. 145	

1 aime 2 bédés 3 préfère 4 photographie 5 veulent 6 pouvez

UNITÉ 4, SÉQUENCE 2

votre [vɔtʀə]	euer, eure *Possessivbegleiter der 2. Pers. Pl., steht vor Nomen im Sg.*	Où est ~ prof?
vous faites [vufɛt]	ihr macht/Sie machen *2. Pers. Pl. von* faire	Qu'est-ce que ~ ?
rentrer [ʀɑ̃tʀe]	nach Hause gehen	Paul et Lucie ~[1] avec Annabelle.
faire qc [fɛʀ]	etw. tun → Verbes, p. 143	– Qu'est-ce que vous ~[2]? – Des photos de Lyon.

le tour [lətuʀ] *Im Französischen männlich!*	die Tour, die Runde, der Spaziergang *auch:* die Reise, der Ausflug	Aurélie fait un ~ avec le chien.
les devoirs [ledəvwaʀ] *m. pl.*	die Hausaufgaben	Tu as des ~ pour demain?
je voudrais [ʒəvudʀɛ]	ich möchte gern, ich hätte gern	Je ~ un livre sur Paris.
l'interro [lɛ̃tɛʀɔ] *fam.* ou: **l'interrogation** [lɛ̃tɛʀɔgasjɔ̃] *f.*	die Klassenarbeit	Demain, on a une ~.
l'allemand [lalmɑ̃] *m.*	Deutsch, die deutsche Sprache	La prof d'~ est sympa.
demain matin [dəmɛ̃matɛ̃]	morgen früh	Je range ma chambre ~.
le matin [ləmatɛ̃]	der Morgen, morgens	
ensemble [ɑ̃sɑ̃blə]	zusammen	Isabelle et Patrick travaillent ~.
nos [no]	unsere *Possessivbegleiter der 1. Pers. Pl., steht vor Nomen im Pl.*	– Vous regardez la télé? – Non, nous rangeons ~ chambres.
Et alors? [ealɔʀ]	Na und?	
le cirque [ləsiʀk]	der Zirkus	Manon aime bien le ~.
Place Bellecour [plasbɛlkuʀ]	*hier:* am Bellecour-Platz	Il y a un collège près de la ~.

Place Bellecour
Die frühere Place Royale *liegt im Zentrum von* Lyon, *auf der Halbinsel zwischen* Rhône *und* Saône, *und ist einer der größten Plätze Europas. In ihrer Mitte steht die Statue des französischen Königs* Louis XIV. *(1661–1715). Auf der* Place Bellecour *mündet die* Rue Victor Hugo, *Fußgängerzone und eine der größten Einkaufsstraßen von* Lyon.

la place [laplas]	der Platz, der Sitzplatz *hier (im übertragenen Sinn):* die Eintrittskarte	Deux ~[3] pour demain, s'il vous plaît.
samedi [samdi] *m.*	(am) Samstag, (am) Sonnabend	~, on mange chez ma grand-mère.
C'est nul. [sɛnyl] *fam.*	*hier:* Das ist blöd.	La gym, ~!
le bébé [ləbebe]	das Baby, das kleine Kind	Le frère de Nathalie est encore un ~.
Oh, là, là! [olala]	O je! / Ach je!	
le problème [ləpʀɔblɛm]	das Problem	J'ai un ~ en maths.
notre [nɔtʀə]	unser, unsere *Possessivbegleiter der 1. Pers. Pl., steht vor Nomen im Sg.*	Voilà M. Pennac. C'est ~ prof de géographie.
aujourd'hui [oʒuʀdɥi]	heute	Qu'est-ce que tu fais ~?
avoir le moral [avwaʀləmɔʀal]	gut gelaunt sein, gut drauf sein	Mon frère, aujourd'hui, il ~[4].
vos [vo]	eure/Ihre *Possessivbegleiter der 2. Pers. Pl., steht vor Nomen im Pl.*	– Vous faites ~ exercices? – Oui, maman.
ce soir [səswaʀ]	heute Abend	– On fait un tour en ville ~? – D'accord.
le soir [ləswaʀ] ⚠ le soir ≠ le matin	der Abend, abends	~, mes parents regardent la télé.

1 rentrent 2 faites 3 places 4 a le moral

UNITÉ 4, SÉQUENCE 3

le spectacle [ləspɛktaklə]	die Vorstellung, die Aufführung	Le ~ des «Stereophonics» est super!
dimanche [dimɑ̃ʃ] *m.*	(am) Sonntag	Le cirque de Pinocchio est à Lyon ~.
leurs [lœʀ]	ihre *Possessivbegleiter der 3. Pers. Pl., steht vor Nomen im Pl.*	Lucie et Manuel jouent avec ~ chiens.
leur [lœʀ]	ihr, ihre *Possessivbegleiter der 3. Pers. Pl., steht vor Nomen im Sg.*	Marc et Julien jouent avec ~ chat.

⚠ leur – leurs
leurs *steht vor Nomen im Plural und die haben genau wie* leurs *ein* -s *am Ende!*

leur poisson

leurs poissons

cher [ʃɛʀ] *m.* / **chère** [ʃɛʀ] *f.*	teuer	20 euros pour un CD? C'est ~!
de … à … [də a]	zwischen … und … *auch* … bis …	~ 9 ~ 12 euros pour une bédé, ce n'est pas cher.
l'euro [løʀo] *m.*	der Euro	J'ai encore 10 ~[1].
le truc [lətʀyk] *fam.*	die Sache, das Ding *umg.*	La boxe, ce n'est pas mon ~!
Ça dépend. [sadepɑ̃]	Das kommt darauf an.	– Ce soir, on regarde le film «Titanic» ensemble? – ~. C'est bien?
C'est génial. [sɛʒenjal]	Das ist genial/toll/super.	– Voilà un CD pour toi. – Merci! ~!
le clown [ləklun]	der Clown	
le numéro [lənymeʀo]	die Nummer	Tu as le ~ de téléphone de Paul?
la boxe [labɔks]	das Boxen, der Boxsport	Victor aime la ~.
le type [lətip] *fam.*	der Typ, der Kerl, der Junge, der Mann	– C'est qui, le ~ là-bas? – C'est un surveillant.
l'affiche [lafiʃ] *f.*	das Plakat, das Poster, der Aushang	Dans ma chambre, j'ai une ~ de Leonardo DiCaprio.
C'est l'horreur! [sɛlɔʀœʀ]	Das ist schrecklich / furchtbar / ein Graus!	La boxe, ~!
le muscle [ləmysklə]	der Muskel	Pascal aime le handball et il a des ~[2]!
être libre [ɛtʀəlibʀ]	frei haben, noch nichts vorhaben	Demain, tu ~[3]?

1 euros 2 muscles 3 es libre

UNITÉ 5, Approches

le cadeau [ləkado] / ⚠ **les cadeaux** [lekado] *pl.*	das Geschenk	– Voilà, c'est un ~ pour toi. – Merci.
deviner qc [dəvine]	raten, etw. erraten	– Un cadeau? Qu'est-ce que c'est? – ~[1]!
froid [fʀwa] *m.* / **froide** [fʀwad] *f. adj.*	kalt	

au [o]	*zusammengezogener Artikel aus* à *und* le	Paul est ~ collège.
le cinéma [ləsinema] ou: **le ciné** [ləsine] *fam.*	das Kino	Manon aime le ~.
la poste [lapɔst]	die Post, das Postamt	Ma mère travaille à la ~.
l'office de tourisme [lɔfisdəturizm] *m.*	das Fremdenverkehrsamt, die Touristeninformation	Mon père travaille à l'~.
les courses [lekuʀs] *f. pl.*	die Einkäufe	Aujourd'hui, je fais les ~.

Unterscheide: **faire des courses** [fɛʀdekuʀs] = Einkäufe machen *im Sinne von* shoppen
faire les courses [fɛʀlekuʀs] = einkaufen *im Sinne von* Lebensmittel kaufen

chaud [ʃo] *m.* / **chaude** [ʃod] *f. adj.* ⚠ chaud ≠ froid	warm, heiß	

Präge dir folgende Wendungen ein, die mit dem Verb „avoir" gebildet werden:
J'**ai** chaud. = Mir **ist** warm.
Tu **as** froid? = **Ist** dir kalt?

aux [o]	*zusammengezogener Artikel aus* à *und* les	
les Galeries Lafayette [legalʀilafajɛt] *f. pl.*	*Französische Kaufhauskette* → Civilisation, p. 145	
le supermarché [ləsypɛʀmaʀʃe]	der Supermarkt	Tu fais les courses au ~?
la boulangerie [labulɑ̃ʒʀi]	die Bäckerei	Près de l'école, il y a une ~.
la rue [laʀy]	die Straße	Pardon, Madame, je cherche la ~ Bouquet.
dans la rue [dɑ̃laʀy]	auf der Straße	Marc est ~ avec son chien.
le marché [ləmaʀʃe]	der Markt	Ma mère fait les courses au ~.
le marché aux puces [ləmaʀʃeopys]	der Flohmarkt	Dimanche, il y a un ~ dans notre quartier.

1 devine

UNITÉ 5, SÉQUENCE 1

ça fait [safɛ]	das macht ... *im Sinne von* das kostet ...	~ 2 euros, Monsieur.

Die Zahlen bis 100 findest du auf S. 141.

quelque chose [kɛlkəʃoz]	etwas	– Tu cherches ~? – Oui, mon agenda.
l'anniversaire [lanivɛʀsɛʀ] *m.*	der Geburtstag	Aujourd'hui, c'est l'~ de Manon.

Joyeux anniversaire! [ʒwajøzanivɛʀsɛʀ] = Alles Gute zum Geburtstag!

ne ... plus [nəply]	nicht mehr	Valentin ~ rêve ~.
acheter qc [aʃte]	etw. kaufen → Verbes, p. 142	J'~[1] un livre.
l'ours en peluche [luʀsɑ̃pəlyʃ] *m.*	der Teddybär	Odile cherche son ~.
coûter [kute]	kosten	Le magazine ~[2] 3 euros.
le centime [ləsɑ̃tim]	der Cent	50 ~[3] pour un stylo, ce n'est pas cher!
l'album [lalbɔm] *m.*	das Album	Joséphine achète un ~ de Tintin au marché aux puces.
Tintin [tɛ̃tɛ̃]	*Comic-Figur* → Civilisation, p. 145	
le marchand [ləmaʀʃɑ̃] / **la marchande** [lamaʀʃɑ̃d] *Berufsbezeichnungen stehen ohne Artikel.*	der (Markt-)Händler / die Händlerin	Mon grand-père est ~.

Mme Pianta est secrétaire.

Mme Gallet est médecin.

M. Ardent est documentaliste.

M. Conté est prof de maths.

La sœur de Rachid est vendeuse.

Le voisin de Laurent est clown.

l'assiette [lasjɛt] *f.*	der Teller	L'~ est sur la table.
trouver qc [tʀuve] trouver ≠ chercher	etw. finden	Je ne ~[4] pas mon stylo.
le prix [ləpʀi] / **les prix** [lepʀi] *pl.*	der Preis	3 euros, c'est le ~ d'une bédé au marché aux puces.
un truc comme ça [ɛ̃tʀykkɔmsa]	so ein Ding	– Qu'est-ce que tu veux acheter? – Je ne sais pas. Hm ... ~!
combien [kɔ̃bjɛ̃]	wie viel?	Les rollers, ils coûtent ~?
Limoges [limɔʒ]	*Stadt am Fluss Vienne* → Civilisation, p. 145	
le défaut [lədefo]	der Mangel, der Fehler *Nicht für „Fehler in der Klassenarbeit"!*	L'assiette a un ~.

Nicht verwechseln:

le défaut

la faute

Laisse tomber! [lɛstɔ̃be] *fam.*	Ach, lass doch! / Vergiss es! *wörtlich:* Lass fallen!	
bousculer qn [buskyle]	jdn anstoßen, schubsen	Valérie ~[5] Marie.
tomber [tɔ̃be]	fallen	Oh, là, là! Deux assiettes ~[6].

1 achète 2 coûte 3 centimes 4 trouve 5 bouscule 6 tombent

assez de [asedə]	genug	Est-ce que nous avons ~ photos de Lyon?
assez [ase] *adv.*	genug, ziemlich	Mon voisin est ~ sympa.
l'argent [laʀʒɑ̃] *m.*	das Geld	Je n'ai pas assez d'~.
une moitié de [ynmwatjedə]	ein/e/n halb/er/e/en	Lucie a ~ gomme dans son sac.
beaucoup de [bokudə]	viel	Paul a ~ copains.
les dettes [ledɛt] *f. pl.*	die Schulden	Tarik a beaucoup de ~.
Allez! [ale] *fam.*	*hier:* Ach komm! *2. Pers. Pl. von* aller	
la catastrophe [lakatastʀɔf] ou: **la cata** [lakata] *fam.*	die Katastrophe	Ce n'est pas la ~!
ne … pas de [nəpadə]	kein/e	Magalie ~ mange ~ frites.
ne … plus de [nəplydə]	kein/e/en … mehr	Tarik ~[1] a ~ dettes.
un tas de [ɛ̃tadə]	eine Menge von, ein Haufen von	
on va [ɔ̃va]	man geht *3. Pers. Sg. von* aller *im Sinne von* wir gehen	
aller [ale]	gehen → Verbes, p. 142	Avec Miriam, on ~[2] au cirque demain.
loin [lwɛ̃]	weit	Lyon, c'est encore ~?
on ne va pas loin avec qc [ɔ̃nəvapalwɛ̃avɛk]	man kommt nicht weit mit etw.	
la colle [lakɔl]	der Klebstoff	– Où est la ~? – Sur la table.
le tube [lətyb] ⚠ *Im Französischen männlich!*	die Tube	Il achète un ~ de colle.
coller qc [kɔle]	etw. kleben	Annabelle ~[3] une photo dans son album.
moi aussi [mwaosi]	ich auch	– J'aime le foot. – ~.
l'idée [lide] *f.*	die Idee, der Einfall	Qu'est-ce qu'on fait maintenant? Tu as une ~?
le gâteau [ləgɑto] / ⚠ **les gâteaux** [legɑto] *pl.*	der Kuchen	On fait un ~ pour l'anniversaire de ma sœur.
tu mets [tymɛ]	du legst *2. Pers. Sg. von* mettre	
mettre [mɛtʀ]	setzen, stellen, (hinein)legen → Verbes, p. 143	Manon, tu ~[4] les assiettes sur la table, s'il te plaît?
un peu de [ɛ̃pødə]	ein bisschen	– Vous avez encore ~[5] argent?
peu [pø]	wenig	– J'ai ~ d'argent dans mon porte-monnaie.

Il n'y a pas d'abricots.

Il n'y a pas assez d'abricots.

Il y a assez d'abricots. / Il y a beaucoup d'abricots.

Il y a trop d'abricots.

le kilo [ləkilo]	das Kilo	
la farine [lafaʀin]	das Mehl	Pour le gâteau, on achète un kilo de ~.
le beurre [ləbœʀ]	die Butter	Lucie n'aime pas le ~.
les truffes au chocolat [letʀyfoʃokola] *f. pl.*	die Schokoladentrüffel *Pralinen*	Tu aimes les ~?
le sac [ləsak]	die Tasche	Mets le livre dans ton ~.

1 n'a plus de 2 va 3 colle 4 mets 5 un peu d'

UNITÉ 5, SÉQUENCE 3

les fruits [lefʀɥi] *m. pl.*	das Obst	Manon aime beaucoup les ~.
les légumes [lelegym] *m. pl.*	das Gemüse	Nous achetons les ~ au marché.
le poivron [ləpwavʀɔ̃]	die Paprikaschote	Est-ce que tu aimes les ~[1]?
la tomate [latɔmat]	die Tomate	J'aime beaucoup les ~[2].
l'oignon ⚠ [lɔɲɔ̃] *m.*	die Zwiebel	Ils coûtent combien, les ~[3]?
la pomme de terre [lapɔmdətɛʀ] / ⚠ **les pommes de terre** [lepɔmdətɛʀ] *pl.*	die Kartoffel	Je voudrais trois kilos de ~[6], s'il vous plaît.
la banane [labanan]	die Banane	Un kilo de ~[4], s'il vous plaît.
le concombre [ləkɔ̃kɔ̃bʀ]	die Gurke	Tu achètes un ~?
la pièce [lapjɛs]	das Stück	Les concombres coûtent 1 euro la ~.
la pêche [lapɛʃ]	der Pfirsich	Deux kilos de ~[5], ça fait combien?
l'abricot [labʀiko] *m.*	die Aprikose	J'aime les pêches, mon frère préfère les ~[7].
la carotte [lakaʀɔt]	die Möhre	Pauline achète un kilo de ~[8].
l'orange [lɔʀɑ̃ʒ] *f.*	die Orange	Paul n'aime pas les ~[9].
le poulet [ləpulɛ]	das Hühnchen	Antoine achète un ~ et des oignons.
la bouteille [labutɛj]	die Flasche	Mets la ~ sur la table, s'il te plaît.
le jus de fruits [ləʒydfʀɥi]	der Fruchtsaft	Avec le gâteau, je voudrais un ~.
l'eau [lo] *f.*	das Wasser	Je voudrais un peu d'~ dans mon jus de fruits.
le pot [ləpo]	der Topf, das Glas	Qu'est-ce qu'il y a dans le ~?
la crème [lakʀɛm]	die Sahne *auch:* die Creme	Elle achète un pot de ~.
la tablette [latablɛt]	die Tafel *Schokolade*	Dans le sac de Paul, il y a une ~ de chocolat.

une tablette de

un kilo de

une bouteille de

un pot de

deux moitiés de

un tube de

grand [gʀɑ̃] *m.* / **grande** [gʀɑ̃d] *f. adj*	groß	Notre collège est très ~.
petit [pəti] *m.* / **petite** [pətit] *f. adj.* ⚠ petite ≠ grande	klein	Ma chambre est ~[10].
le pain [ləpɛ̃]	das Brot	Paul a le ~ et le beurre.

Für die Franzosen ist das Brot die Begleitung zu allem, was sie essen. Eine warme Mahlzeit ohne Brot ist undenkbar. Gleichwohl wird das Brot nicht so oft wie in Deutschland als belegtes Brot gegessen: Seine Bedeutung hat es – von der Vorspeise bis zum Käse – als Beilage. Neben dem berühmten Baguette findet man in Frankreich über 80 verschiedene regionale Brotspezialitäten, darunter Landbrote (pain de campagne), *Nussbrote und Rosinenbrote.*

le miel [ləmjɛl]	der Honig	Pauline achète un pot de ~.
le rayon [ləʀɛjɔ̃]	*hier:* die Abteilung	Au ~ «fruits et légumes», on peut acheter des bananes.
le bricolage [ləbʀikɔlaʒ]	das Basteln *hier:* das Heimwerken	J'aime le ~.
fort [fɔʀ] *m.* / **forte** [fɔʀt] *f. adj.*	1. stark 2. laut	Tarik est assez ~.

La musique (die Musik) est forte. 

 Il est très fort.

l'éléphant [lelefɑ̃] *m.*	der Elefant	Manon photographie un ~.
le plafond [ləplafɔ̃]	die Decke	Valentin regarde le ~.
contre [kɔ̃tʀ] ⚠ contre ≠ pour	gegen, dagegen	– On prépare l'interro ensemble, demain? – Non, je suis ~.
Ça ne va pas? [sanəvapɑ]	Geht's dir nicht gut? Ist etwas nicht in Ordnung?	Qu'est-ce que tu as? ~?
la pomme [lapɔm] (p. 67/5) ⚠ *Im Französischen weiblich*	der Apfel	Adèle mange souvent des ~[11].
le citron [ləsitʀɔ̃] (p. 67/5) ⚠ *Im Französischen männlich*	die Zitrone	Je voudrais un ~ et un kilo de pêches, s'il vous plaît.

fruits et légumes

1 poivrons 2 tomates 3 oignons 4 bananes 5 pêches 6 pommes de terre 7 abricots 8 carottes 9 oranges 10 petite 11 pommes

UNITÉ 6, Approches

Il est quelle heure? [ilɛkɛlœʀ]	Wie spät ist es?	Maman, ~?
l'heure/h [lœʀ] *f.*	Uhr *nach einer Zahl, sonst:* die Stunde	Il est 8 ~[1] maintenant.

Im Französischen steht heure *nach den Zahlen 2–24 im Plural und bekommt ein* -s.

Vergleiche:	
une heure	ein Uhr
deux heures	zwei Uhr
14 heures	14 Uhr

le quart [ləkaʀ]	die Viertelstunde, das Viertel	Il est 3 heures et ~.
demi [dəmi] *m.* / **demie** [dəmi] *f.*	halb	On mange toujours à une heure et ~[2].

Unterscheide:	*Bezugswort*	*Geschlecht*	*Beispiel*
	heure	*weiblich*	Il est 3 heures et dem**ie**.
	minuit, midi	*männlich*	Il est midi et dem**i**.

moins [mwɛ̃]	weniger, minus	Je suis au collège à 8 heures ~ le quart.
midi [midi] *m.*	12.00 Uhr, Mittag	À ~, je mange à la cantine.
minuit [minɥi] *m.*	Mitternacht	Il est ~.
la montre [lamɔ̃tʀ]	die Armbanduhr	Tarik cherche sa ~.
l'horloge [lɔʀlɔʒ] *f.*	die Uhr	Rémi achète une ~ au marché aux puces.

une montre   une horloge

la vitrine [lavitʀin]	das Schaufenster *auch:* der Glasschrank	Dans la ~ de la boulangerie, il y a des gâteaux.

1 heures 2 demie

UNITÉ 6, SÉQUENCE 1

l'emploi du temps [lɑ̃plwadytɑ̃] *m.*	der Stundenplan	Regarde mon ~. C'est l'horreur!
vendredi [vɑ̃dʀədi] *m.*	Freitag *auch:* am Freitag	~, je vais au cirque avec Paul.
mai [mɛ] *m.*	Mai	En ~, je vais chez ma tante.

Die Monate des Jahres findest du auf S. 139.

content [kɔ̃tɑ̃] *m.* / **contente** [kɔ̃tɑ̃t] *f. adj.*	zufrieden *auch:* glücklich	Hélène a un message de sa correspondante. Elle est très ~[1].

la fin [lafɛ̃]	das Ende	La ~ du film est super!

à la fin [alafɛ̃] = zum Schluss

la semaine [ləsəmɛn]	die Woche	
de … à … [də a]	von … bis …	~ 10 ~ 11, je danse.
à 11 heures [aɔ̃zœʀ]	um 11 Uhr	Moi, je rentre ~.
le cours [ləkuʀ]	die Unterrichtsstunde, der Unterricht *auch:* der Kurs *In Frankreich dauert eine Unterrichtsstunde in der Regel 55 Minuten*	Le mercredi, nous avons ~ à 9 heures.

le cours

la cour

les courses

le bulletin [ləbyltɛ̃]	das Zeugnis	Lucie cherche son ~ dans son sac.
Elle a 7/20. [ɛlasɛtsyʀvɛ̃]	Sie hat 7 von 20 Punkten.	J'ai ~ à l'interro de physique. Et toi?

In Frankreich gibt es Noten von 0 bis 20, wobei die 20 der deutschen 1 entspricht.

être nul/nulle en qc [ɛtʀnylɑ̃]	in etw. sehr schwach / eine Null / eine Niete sein	Anne est ~[2] en maths.

Das Adjektiv nul/nulle *darfst du* ***nicht*** *für die Zahl Null verwenden. Diese heißt auf Französisch* zéro [zeʀo].

simple [sɛ̃pl] *m./f. adj.*	leicht, einfach	Aujourd'hui, on a des devoirs assez ~[3].
la solution [lasɔlysjɔ̃]	die Lösung	Alors, est-ce que tu as la ~?
bon [bɔ̃] *m.* / **bonne** [bɔn] *f. adj.*	gut	Maryse est ~[4] en allemand.
tout [tu]	alles	
même [mɛm] *adv.*	sogar, selbst	Karine est bonne en tout, ~ en boxe.
l'après-midi [lapʀɛmidi] *m./f.*	der Nachmittag *auch:* am Nachmittag	Demain ~, les élèves de la 6e B n'ont pas cours.
le dessin [lədesɛ̃]	das Zeichnen *auch:* die Zeichnung	J'aime la géographie, mais je préfère le ~.
le sport [ləspɔʀ]	der Sport	Nathalie fait beaucoup de ~.
intéressant [ɛ̃teʀesɑ̃] *m.* / **intéressante** [ɛ̃teʀesɑ̃t] *f. adj.*	interessant	Ton livre est très ~.
en ce moment [ɑ̃səmɔmɑ̃]	zur Zeit, im Augenblick	~, j'écoute beaucoup «Louise Attaque».
la piscine [lapisin]	das Schwimmbad	Je vais à la ~ avec mon ami.

fermer qc [fɛʀme]	etwas schließen	La secrétaire ~[5] le secrétariat.
habiter à quinze minutes de [abiteakɛ̃zminytdə]	15 Minuten von etw. oder einem Ort entfernt wohnen	Vincent ~[6] l'hôpital.
lundi [lɛ̃di] *m.*	Montag *auch:* am Montag	~, j'ai une interro de géographie.
mardi [maʀdi] *m.*	Dienstag *auch:* am Dienstag	On va chez Lucie, ~?
mercredi [mɛʀkʀədi] *m.*	Mittwoch *auch:* am Mittwoch	~, nous faisons nos devoirs ensemble.
jeudi [ʒødi] *m.*	Donnerstag *auch:* am Donnerstag	~, on regarde un film avec Madame Faure.

Die Wochentage findest du auf S. 139.

la musique [lamyzik]	die Musik	Tu aimes la ~?
la récréation [laʀekʀeasjɔ̃] ou **la récré** [laʀekʀe] *fam.*	die Pause	Je n'aime pas l'école, mais j'aime la ~!
l'éducation civique [ledykasjɔ̃sivik] *f.*	*Unterrichtsfach in Frankreich, bedeutet so viel wie staatsbürgerliche Erziehung, entspricht in etwa Sozialkunde / Gemeinschaftskunde / Politischer Weltkunde*	Le jeudi, Tarik et Manon ont cours d'~.
l'histoire [listwaʀ] *f.*	die Geschichte	La prof d'~ est sympa.
les études dirigées [lezetytdiʀiʒe] *f. pl.*	*in Frankreich im Stundenplan vorgesehene feste Zeit, in der die Schüler ihre Hausaufgaben unter Aufsicht anfertigen*	En ~, on fait nos devoirs.
l'anglais [lɑ̃glɛ] *m.*	Englisch	Mathilde n'aime pas beaucoup l'~.
les S.V.T. [leɛsvete] ou **les sciences de la vie et de la terre** *f. pl.* [lesjɑ̃sdəlaviedəlatɛʀ]	*in etwa:* Mensch – Natur – Umwelt *entspricht dem Fach Biologie*	Tu fais tes exercices de ~?
la technologie [latɛknɔlɔʒi]	die Arbeitslehre	Pauline n'aime pas beaucoup la ~.

Um zu sagen, wann du welches Fach hast, verwendest du – wie im Deutschen auch – avoir *(haben) + Fach ohne Artikel.*

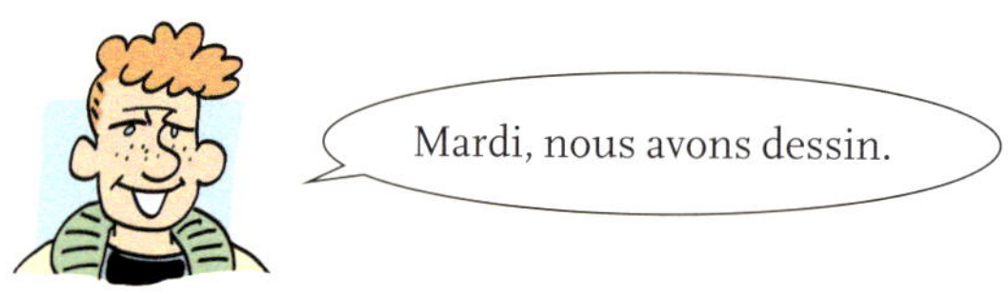

jusque [ʒysk]	bis	On a cours ~[7] à 17 heures.
à quelle heure [akɛlœʀ]	um wie viel Uhr?	~ est-ce que tu rentres?
avant [avɑ̃]	vor *zeitlich, nicht räumlich*	Je fais toujours mes devoirs ~ 18 heures.

Unterscheide:

avant – après → *zeitlich*	avant le cours – après le cours	= vor/nach dem Unterricht
devant – derrière → *räumlich*	devant la maison – derrière la maison	= vor/hinter dem Haus

1 contente 2 nulle 3 simples 4 bonne 5 ferme 6 habite à quinze minutes de 7 jusqu'

la mémoire [lamemwaʀ]	das Gedächtnis	
attendez [atɑ̃de]	wartet! *Imperativ 2. Pers. Pl. von* attendre	
attendre qn/qc [atɑ̃dʀə]	auf jdn/etw. warten → Verbes, p. 142	Tarik ~[1] Manon devant l'école.
continuer [kɔ̃tinɥe]	*hier:* weitergehen *auch:* weitermachen	Paul attend Pauline, mais ses copains ~[2].
tard [taʀ] *adv.*	spät	Va au lit, Martin! Il est ~!
dis [di] *fam.*	sag mal!	~, Léo, tu peux arrêter la télé?
quand [kɑ̃]	wann	– ~ est-ce que tu as dessin? – À 11 heures.
le mardi [ləmaʀdi]	dienstags	~, je vais au cours de danse.

⚠ *Unterscheide:*
mit dem bestimmten Artikel: **le** dimanche = sonntags, jeden Sonntag → *mehrmals oder immer*
ohne Artikel: ☒ dimanche = am Sonntag, an diesem Sonntag → *nur einmal*

l'explication de texte [lɛksplikasjɔ̃dətɛkst] *f.*	die Textinterpretation *häufige Schulaufgabe in Frankreich: ein Aufsatz, in dem man einen literarischen Text erklärt*	Ce soir, Paul fait une ~.
la baguette [labagɛt]	das Baguette	– Annabelle, tu achètes une ~ après l'école? – D'accord.
le pain au chocolat [ləpɛ̃oʃɔkɔla]	das Schokocroissant	Lucie mange un ~.
miam miam! [mjamjam]	hm, lecker! *Ausruf*	
la fable [lafablə]	die Fabel	Laura aime beaucoup les ~[3] de La Fontaine
La Cigale et la Fourmi [lasigalelafuʀmi]	Die Grille und die Ameise *Fabel von Jean de La Fontaine* → Civilisation, p. 144	
Machinchose [maʃɛ̃ʃoz] *fam.*	Dingsda, Dingsbums	
Jean de La Fontaine [lafɔ̃tɛn]	*französischer Dichter* → Civilisation, p. 144	
le cahier de textes [ləkajedətɛkst]	*das Hausaufgabenheft*	Manon regarde son ~: oh, là, là, elle a beaucoup de devoirs pour demain!
répondre à qn/qc [ʀepɔ̃dʀə]	jdm / auf etw. antworten *wird wie* attendre *konjugiert* → Verbes, p. 142	Valentin ne ~[4] pas à la question.

répondre au téléphone = ans Telefon gehen

la question [lakɛstjɔ̃]	die Frage	Est-ce que tu devines ma ~?

poser une question = eine Frage stellen

la page [lapaʒ]	die Seite	Regardez le dessin à la ~ 55.
noter qc [nɔte]	etw. notieren, etw. aufschreiben	Lucie ~[5] les devoirs dans son cahier de textes.
la carte postale [lakaʀtpɔstal] (p. 89/7)	die Ansichtskarte	Manon achète une ~ pour sa mère.
la télécarte [latelekaʀt] (p. 89/7)	die Telefonkarte	Dis, tu as une ~?
le timbre [lətɛ̃bʀ] (p. 89/7)	die Briefmarke	Moi, j'achète toujours mes ~[6] à la poste.

1 attend 2 continuent 3 fables 4 répond 5 note 6 timbres

UNITÉ 6, SÉQUENCE 3

le réveil [ləʀevɛj]	der Wecker	Je ne trouve pas mon ~.
sonner [sɔne]	klingeln	Le téléphone ~[1].
Allez hop! [aleɔp]	Los!	
être en retard [ɛtʀɑ̃ʀətaʀ]	sich verspäten, zu spät kommen	Yann ~[2].
pourquoi [puʀkwa] *conj.*	warum	~ est-ce que vous n'allez pas à l'école?
il prend [ilpʀɑ̃]	er nimmt *3. Pers. Sg von* prendre	
prendre qc [pʀɑ̃dʀ]	etw. nehmen → Verbes, p. 143	Je ~[3] mon sac et j'arrive.

Das Verb prendre *wird im Französischen auch verwendet, um jemanden zu fragen, was er gern essen oder trinken möchte, und um auf eine solche Frage zu antworten.*

le petit-déjeuner [ləptideʒœne] ⚠ **les petits-déjeuners** [leptideʒœne] *pl.*	das Frühstück	Tu prends le ~ avec tes parents?

prendre le petit-déjeuner [pʀɑ̃dʀləptideʒœne]	frühstücken	
ils apprennent [ilzapʀɛn]	sie lernen *3. Pers. Pl. von* apprendre	
apprendre qc [apʀɑ̃dʀə]	lernen *wird wie* prendre *konjugiert* → Verbes, p. 143	J'~[4] le français et j'aime ça.
la leçon [lalasɔ̃]	die Lektion, die Stoffeinheit	

bientôt [bjɛ̃to]	bald	C'est ~ vendredi.
le bus [ləbys]	der Bus	– Voilà mon ~. À plus! – Salut. À demain.
être en avance [ɛtʀɑ̃navɑ̃s]	zu früh kommen	Aujourd'hui, Paul ~[5].
le pied [ləpje]	der Fuß	
à pied [apje]	zu Fuß	Clémence va à l'école ~.
le temps [lətɑ̃]	die Zeit	Aujourd'hui, je fais les courses, j'ai le ~.

je n'ai pas **le** temps = ich habe keine Zeit

passer [pɑse]	*hier:* vergehen	
vite [vit] *adv.*	schnell	Pour Manon, le temps passe trop ~.
pendant [pɑ̃dɑ̃]	während	Le garçon regarde la fille ~ cinq minutes.
triste [tʀist] *m./f. adj.* ⚠ triste ≠ content	traurig	– Paul, pourquoi est-ce que tu es ~? – J'ai un sept en allemand.
parce que [paʀskə] *conj.*	weil	Nous rentrons ~ nous mangeons à sept heures.
le conservatoire [ləkɔ̃sɛʀvatwaʀ]	die Musikschule	Super! Demain je vais au ~!
la trompette [latʀɔ̃pɛt]	die Trompete	À 18 heures, Pierre a son cours de ~.
la clarinette [laklaʀinɛt]	die Klarinette	Mélanie apprend la ~.
l'autre [lotʀ] *m./f.*	der/die andere	Je vais à la piscine avec les ~[6].
l'intello [lɛ̃tɛlo] *m./f. fam.* ou: **l'intellectuel** [lɛ̃tɛlɛktyɛl] *m.* / **l'intellectuelle** [lɛ̃tɛlɛktyɛl] *f.*	der/die Intellektuelle *hier:* der/die Streber/in	Tu as dix-neuf en maths! Tu es un ~!
intelligent [ɛ̃tɛliʒɑ̃] *m.* / **intelligente** [ɛ̃tɛliʒɑ̃t] *f. adj.*	intelligent	Est-ce que Paul est très ~?
tu comprends [tykɔ̃pʀɑ̃]	du verstehst *2. Pers. Sg. von* comprendre	
comprendre qn/qc [kɔ̃pʀɑ̃dʀə]	jdn/etw. verstehen *wird wie* prendre *konjugiert* → Verbes, p. 143	– Est-ce que tu ~[7] la question? – Oui, pourquoi?
la faute [lafot]	*hier:* die Schuld	On est en retard, c'est la ~ de Pierre.

Ce n'est pas **ma** faute. Ce n'est pas **notre** faute.
Ce n'est pas **ta** faute. Ce n'est pas **votre** faute.
Ce n'est pas **sa** faute. Ce n'est pas **leur** faute.

le train [lətʀɛ̃] (p. 92/5)	der Zug	Le ~ arrive à 14 heures 30.
le métro [ləmetʀo] (p. 92/5)	die U-Bahn (die Untergrundbahn)	Je prends souvent le ~.
le tram [lətʀam] *fam.* ou: ***le tramway*** [lətʀamwɛ] (p. 92/5)	die Straßenbahn	À Paris, il n'y a pas de ~.

1 sonne 2 est en retard 3 prends 4 apprends 5 est en avance 6 autres 7 comprends

le dossier [lədosje]	die Mappe	Les enfants font un ~ sur Lyon.
la promenade [lapʀɔmnad]	der Spaziergang	On fait une ~ avec le chien?
la soie [laswa]	die Seide	Ma mère aime beaucoup la ~.
des [de] *pl.*	*zusammengezogener Artikel aus* de + les	Ce sont les cahiers ~ élèves de la cinquième B.
le canut [ləkany]	der Seidenweber in Lyon → Civilisation, p. 144	
du [dy] *m.*	*zusammengezogener Artikel aus* de + le	C'est la musique ~ film «Matrix».

le parc [ləpaʀk]	der Park	Le dimanche, je fais toujours une promenade dans le ~.
visiter qc [vizite]	etw. besichtigen *(eine Stadt, ein Museum usw.)*	– Où est Tarik? – Il ~[1] la ville.
le parc de la Tête d'Or [ləpaʀkdəlatɛtdɔʀ]	*große Parkanlage in Lyon* → Civilisation, p. 145	
le jardin [ləʒaʀdɛ̃]	der Garten	Les enfants jouent dans le ~.
le Jardin des plantes [ləʒaʀdɛ̃depl ɑ̃t]	der Botanische Garten → Civilisation, p. 145	À Lyon, il y a un ~.
les frères Lumière [lefʀɛʀlymjɛʀ]	*Erfinder des Kinos* → Civilisation, p. 144	
Bertrand Tavernier [bɛʀtʀɑ̃tavɛʀnje]	*französischer Filmemacher* → Civilisation, p. 145	
le savant [ləsavɑ̃] / **la savante** [lasavɑ̃t]	der/die Wissenschaftler/in	Albert Einstein est un ~.
André-Marie Ampère [ɑ̃dʀemaʀiɑ̃pɛʀ]	*französischer Physiker* → Civilisation, p. 144	
l'aviateur [lavjatœʀ] *m.* / **l'aviatrice** [lavjatʀis] *f.*	der/die Pilot/in	Le père de Luc est ~.
l'écrivain [lekʀivɛ̃] *m.* ⚠ *Es gibt nur die männliche Form!*	der/die Schriftsteller/in	La Fontaine est ~.
Antoine de Saint-Exupéry [ɑ̃twandəsɛ̃tɛxypeʀi]	*französischer Schriftsteller und Pilot* → Civilisation, p. 144	
le cuisinier [ləkɥizinje] / **la cuisinière** [lakɥizinjɛʀ]	der Koch / die Köchin	– Michel est ~? – Non, il est vendeur.

Paul Bocuse [polbokyz]	*französischer Starkoch* → Civilisation, p. 144	
la chimie [laʃimi]	die Chemie	Pour moi, la ~, c'est l'horreur.

1 visite

UNITÉ 7, SÉQUENCE 1

Fantômas [fɑ̃tomas]	*erfundene Gangsterfigur* → Civilisation, p. 144	
adorer qc [adɔʀe] ⚠ *Steht immer mit dem bestimmten Artikel.*	etw. lieben, sehr lieben	Sylvie ~[1] la danse.
voici [vwasi]	da ist, da sind; das ist, das sind	~ la maison de Nicolas.
le chef [ləʃɛf]	der Chef	
en face de [ɑ̃fasdə]	gegenüber von	Le cinéma est ~ l'école.
le bandit [ləbɑ̃di]	der Bandit	Nous cherchons un ~.
le policier [ləpɔlisje]	der Polizist	Le père de mon amie est ~.
l'allée [lale] *f.*	*hier:* die Gasse, der Gang *auch:* die Allee	
les [le]	sie *direktes Objektpronomen, steht für ein männl. oder weibl. direktes Objekt im Pl.*	Où sont Tarik et Valentin? Nous ~ cherchons.
l'immeuble [limœbl] *m.*	das Gebäude	Fantômas entre dans l'~.
le [lə]	ihn *direktes Objektpronomen, steht für ein männl. direktes Objekt*	Le livre sur Paris est super. Je ~ prends.
il sort [ilsɔʀ]	er geht hinaus *3. Pers. Sg. von* sortir	
sortir [sɔʀtiʀ]	hinausgehen, losgehen → Verbes, p. 142	Le policier ~[2] de l'immeuble.
détester qc [detɛste] ⚠ *Steht immer mit dem bestimmten Artikel.* ⚠ détester ≠ adorer	etw. hassen, nicht mögen	Les souris ~[3] les chats.
le plan [ləplɑ̃]	der Plan	– Où est la poste? – Je ne sais pas, mais j'ai un ~ de la ville.
j'ai le plan sur moi [ʒɛləplɑ̃syʀmwa]	ich habe den Plan dabei	
la tête [latɛt]	der Kopf	
faire la tête = schmollen		
l'imbécile [lɛ̃besil] *m./f.*	der Dummkopf	Michel est un ~.
je pars [ʒəpaʀ]	ich gehe weg *1. Pers. Sg. von* partir	
partir [paʀtiʀ]	weggehen *wird wie* sortir *konjugiert* → Verbes, p. 142	Je prends mon sac et ~[4].

retrouver qn/qc [ʀətʀuve]	jemanden treffen *auch:* etw./jdn wiederfinden	Sandrine ~[5] ses amis à l'école.
la [la]	sie *direktes Objektpronomen, steht für ein weibl. direktes Objekt*	Lucie trouve une photo dans la rue. Elle ~ regarde.

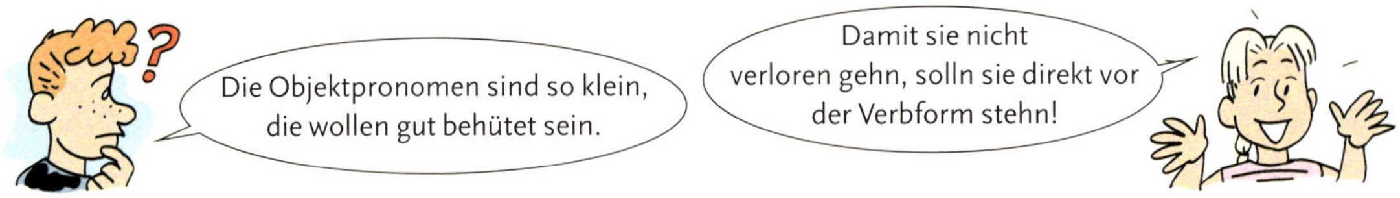

Messieurs [mesjø] *m. pl.*	Meine Herren *Anrede für mehrere Männer*	Bonjour, ~.
la vie [lavi]	das Leben	Les élèves font un film vidéo sur la ~ au collège.

1 adore 2 sort 3 détestent 4 pars 5 retrouve

UNITÉ 7, SÉQUENCE 2

la légende [laleʒɑ̃d]	die Legende	Paul aime la ~ du Gros Caillou.
raconter qc [ʀakɔ̃te]	etw. erzählen	M. Pennac ~[1] une histoire.
le cœur [ləkœʀ]	das Herz	M. Tourmente n'a pas de ~.
le/la pauvre [lə/lapovʀə]	der/die Arme	Le ~ n'a pas d'argent.
le jour [ləʒuʀ]	der Tag	
un jour [ɛ̃ʒuʀ]	*hier:* eines Tages	M. Mirelli rentre toujours à 18 heures. Mais ~, il rentre à 22 heures.
l'homme [lɔm] *m.*	der Mann ⚠ *Nicht für „der Ehemann"!*	– Qui est l'~ devant l'école? – C'est notre professeur de gym.
être au chômage [ɛtʀoʃomaʒ]	arbeitslos sein	Le père de Luc ~[2].
parler de qn/qc [paʀle]	über jdn/etw. sprechen, von jdm/etw. reden	Matthieu ~[3] souvent ~ son chat.
la femme [lafam]	die Frau, die Ehefrau	– C'est qui? – C'est la ~ de M. Pennac.
nous disons [nudizɔ̃]	wir sagen *1. Pers. Pl. von* dire	
dire qc à qn [diʀ]	jdm etw. sagen → Verbes, p. 142	Voilà le policier. Il ~[4]: «Où est Fantômas?»

dire bonjour à qn = jdm „Guten Tag" sagen, jdn begrüßen
dire au revoir à qn = jdm „Auf Wiedersehen" sagen, sich von jdm verabschieden
dire merci à qn = jdm „Danke" sagen, sich bei jdm bedanken

la vérité [laveʀite]	die Wahrheit	Étienne et moi, nous disons toujours ~.
la faim [lafɛ̃]	der Hunger	Les élèves ont ~.

avoir faim = Hunger haben

nous [nu]	uns *direktes Objektpronomen*	Il ~ attend devant la boulangerie.

vous [vu]	euch, Sie *direktes Objektpronomen*	Je ~ écoute.
me [mə]	mich *direktes Objektpronomen*	– Tu ~ cherches? – Non, je cherche Julien.
regarder qn [ʀəgaʀde]	*hier:* jdn etw. angehen	Ça ne te ~[5] pas.
intéresser qn [ɛ̃teʀese]	jdn interessieren	La musique, ça m'~[6].
pleurer [plœʀe]	weinen	L'enfant tombe et ~[7].
le fils [ləfis]	der Sohn	Regarde, c'est le ~ de ma prof de maths.
à ton âge [atɔ̃nɑʒ]	in deinem Alter	~, on va au collège.
te [tə]	dich *direktes Objektpronomen*	Léo ~ cherche.

Vor einem Verb, das mit Vokal oder stummem h *beginnt, werden die direkten Objektpronomen* me, te, le, la *zu* m', t', l' *verkürzt!*

méchant [meʃɑ̃] *m.* **méchante** [meʃɑ̃t] *f. adj.*	böse, bösartig	Ma voisine n'est pas ~[8], elle est sympa.
le Bon Dieu [ləbɔ̃djø]	der liebe Gott	
il entend [ilɑ̃tɑ̃]	er hört *3. Pers. Sg. von* entendre	Il ~ une clarinette.
entendre [ɑ̃tɑ̃dʀ]	hören *wird wie* attendre *konjugiert* → Verbes, p. 142	

Il écoute mais
il n'entend pas.

drôle [dʀol] *m./f. adj.*	lustig	Le film sur les éléphants est très ~.
puis [pɥi]	dann	
à la place de [alaplasdə] ⚠ *Folgt darauf ein männl. Nomen im Sg., wird aus* de + le = du, *folgt ein Nomen im Pl., wird aus* de + les = des!	anstelle von	Jean Tourmente a un caillou ~[9] cœur.
aux pieds [opje]	*hier:* vor die Füße	
peser [pəze]	wiegen *wird wie* acheter *konjugiert* → Verbes, p. 142	Les livres ~[10] beaucoup.
le quai [ləke]	*hier:* das Ufer, die Straße am Flussufer *auch:* der Kai, die Anlegestelle am Hafen	
le pont [ləpɔ̃]	die Brücke	Voilà un ~ sur le fleuve.
déjà [deʒa]	schon	Il est midi. Clémence est ~ à la maison.
la tonne [latɔn]	die Tonne	Un éléphant pèse entre 5 et 10 ~[11].

1 raconte 2 est au chômage 3 parle de 4 dit 5 regarde 6 intéresse 7 pleure 8 méchante 9 à la place du 10 pèsent 11 tonnes

l'interview [lɛ̃tɛʀvju] *f.* ⚠ *Im Französischen weiblich!*	das Interview	Paul fait une ~ dans la rue.
les gens [leʒɑ̃] *m. pl.*	die Leute	Sur la place Bellecour, il y a beaucoup de ~.
tu vas voir [tyvavwaʀ]	du wirst sehen	Le cirque, ~, c'est génial!
facile [fasil] *m./f. adj.*	leicht, einfach	Je cherche un cadeau pour ma copine, mais ce n'est pas ~.
parler à qn [paʀle]	mit jdm sprechen	Nadine ~[1] sa mère.

Du musst mit jedem Verb gleich mitlernen, ob es einen direkten oder einen indirekten Anschluss hat. Am besten trägst du das in dein Vokabelheft mit ein: Die Abkürzung qn *steht für* quelqu'un (jemand), qc *steht für* quelque chose (etwas).

la place des Terreaux [laplasdeteʀo]	*Platz in Lyon*	
pour [puʀ]	*hier:* wegen	J'aime mon quartier ~ son marché aux puces.
le théâtre [ləteatʀə]	das Theater	Samedi, on va au ~.
le musée [ləmyze]	das Museum	À Lyon, il y a beaucoup de ~[2].
demander (qc) à qn [dəmɑ̃de]	jdn (etw.) fragen	Paul ~[3] Manon: «On va à la piscine?»
quand [kɑ̃] *conj.*	*hier:* wenn, immer wenn	
nous venons [nuvənɔ̃]	wir kommen *2. Pers. Pl. von* venir	
venir [vəniʀ]	kommen → Verbes, p. 143	Nous ~[4] chez toi à 17 heures.
le restaurant [ləʀɛstɔʀɑ̃]	das Restaurant	Aujourd'hui, on mange au ~.
l'andouillette [lɑ̃dujɛt] *f.*	*die* Andouillette *ist eine kleine Wurst aus Innereien*	
ensuite [ɑ̃sɥit]	danach, anschließend	D'abord je fais mes devoirs et ~ je regarde la télé.
la jeune fille [laʒœnfij]	das junge Mädchen	La ~ dit: «J'aime ma ville».
la terrasse [latɛʀas]	die Terrasse	Ce soir, on mange sur la ~.
le café [ləkafe]	*hier:* das Café, die Kneipe *auch:* der Kaffee	Après l'école, les copains vont au ~.
le magasin [ləmagasɛ̃]	das Geschäft	Vincent attend son copain devant le ~.

Unterscheide:

le magasin [ləmagazɛ̃]  le magazine [ləmagazin] 

la fleur [laflœʀ]	die Blume	Léa veut acheter des ~[5].
poser une question (à qn) [pozeynkɛstjɔ̃]	jdm eine Frage stellen	Monsieur, je peux ~?

Stellung im Satz:

Subjekt – Verb – direktes Objekt – indirektes Objekt
*Mit dem Satz „*Schreib von der Insel!“ *merkst du dir die Reihenfolge.*

la jeune femme [laʒœnfam]	die junge Frau	La ~ répond aux questions de Lucie.
la campagne [lakɑ̃paɲ]	das Land, die dörfliche Gegend ⚠ *Nicht im Sinne von „der Staat“!*	Manon aime la ville. Valentin préfère la ~.
respirer [ʀɛspiʀe]	atmen	Moi, à la campagne, je ~[6].
il fait chaud [ilfɛʃo]	es ist heiß/warm	Aujourd’hui, ~.

il fait chaud  il fait froid 

heu [ø]	hm *zur Überbrückung einer Pause*	
la gare [lagaʀ]	der Bahnhof	La ~ est près d’ici.
désolé/e [desole] *m./f. adj.*	Es tut mir leid.	~, tu ne peux pas venir avec nous au cinéma.
Je n’ai pas le temps. [ʒənɛpalətɑ̃]	Ich habe keine Zeit.	
Qu’est-ce que ça veut dire? [kɛskəsavødiʀ]	Was bedeutet das?	Le dessin sur la porte, là, ~?

1 parle à 2 musées 3 demande à 4 venons 5 fleurs 6 respire

UNITÉ SUPPLÉMENTAIRE, États d’AM

États d’AM [etadam]	*Titel der Schülerzeitung, Anspielung auf* état d’âme (= Seelenzustand)	
le journal / les journaux *pl.* [ləʒuʀnal]/[leʒuʀno]	die Zeitung	Éric achète un ~ pour sa grand-mère.

UNITÉ SUPPLÉMENTAIRE, SÉQUENCE 1

le quiz [ləkwiz]	das Quiz	
le Tour de France [ləturdəfʀɑ̃s]	die „Tour de France“ *wörtlich:* die Frankreichrundfahrt	Tu regardes le ~ à la télé, ce soir?

Tour de France
eigentlich Bezeichnung für das größte Radrennen der Welt, das drei Wochen lang durch französische Städte und Regionen führt. Die letzte Etappe endet auf der Pariser Prachtstraße Champs-Élysées. Das Gelbe Trikot (le maillot jaune), das begehrteste Kleidungsstück der Tour de France, trägt der Gesamtführende. Die „Tour de France“ feierte 2003 ihr 100. Jubiläum.

S

vous savez [vusave]	ihr wisst *2. Pers. Pl. von* savoir	
savoir qc [savwaʀ]	etw. wissen (→ p. 125/2)	Qu'est-ce que vous ~[1] sur la France?
ce/cet [sə/sɛt] *m.* / ***cette*** [sɛt] *f.* / ***ces*** [se] *pl.*	dieser, diese, dieses	Tu aimes ~[2] bédé?
ce soir = heute Abend	cet après-midi = heute Nachmittag	cette semaine = diese Woche
la région [laʀeʒjɔ̃]	die Region, das Gebiet	Est-ce que tu aimes cette ~?
être situé/e [ɛtʀsitɥe]	gelegen sein	Cette ville ~[3] sur une colline.
la montagne [lamɔ̃taɲ]	die Berge, das Gebirge	Mes grands-parents habitent à la ~.
la frontière [lafʀɔ̃tjɛʀ]	die Grenze	Est-ce qu'il y a encore une ~ entre la France et l'Allemagne?
autre [otʀ] *m./f. adj.*	andere/-r/-s	Élodie veut acheter un ~ cadeau pour sa sœur.
le pays [ləpei]	das Land	Dans ce ~, il fait toujours chaud.
la cigogne [lasigɔɲ]	der Storch	Regarde! Une ~ devant la maison!
la choucroute [laʃukʀut]	das Sauerkraut	Je n'aime pas la ~. Et toi?
l'oiseau [lwazo] *m.* / ⚠ ***les oiseaux*** [lezwazo] *pl.*	der Vogel	La cigogne est un ~.
le tunnel [lətynɛl]	der Tunnel	Le bus sort du ~.
la mer [lamɛʀ]	das Meer	Tu préfères la ~ ou la montagne?
l'Angleterre [lɑ̃glətɛʀ] *f.*	England	J'adore l'~ et les Anglais.
célèbre [selɛbʀ] *m./f. adj.*	berühmt	Juliette Binoche est très ~.
le Gaulois [ləgolwa]	der Gallier	Astérix, c'est un ~.
Lutèce [lytɛs] *f.*	*römischer Name für Paris*	
la capitale [lakapital]	die Hauptstadt	Berlin est la ~ de l'Allemagne.
le volcan [ləvɔlkɑ̃]	der Vulkan	En France, il y a des ~[4].
dangereux [dɑ̃ʒəʀø] *m.* / ***dangereuse*** [dɑ̃ʒəʀøz] *f. adj.*	gefährlich	La boxe, c'est ~.
la préfecture [lapʀefɛktyʀ]	die Präfektur *Sitz der Verwaltung eines Departements / einer Region*	
fabriquer qc [fabʀike]	etw. herstellen, etw. fabrizieren	À Limoges on ~[5] des assiettes.
le pneu [ləpnø]	der Reifen	Où est-ce qu'on peut acheter des ~[6]?
au bord de la mer [obɔʀdəlamɛʀ]	am Meer	
la crêpe [lakʀɛp]	der dünne Pfannkuchen, die Crêpe	Tu veux encore une ~?
l'aventure [lavɑ̃tyʀ] *f.*	das Abenteuer	Tu aimes les ~[7] de Tintin?
Obélix [obeliks]	*Comicfigur, bester Freund von Astérix*	
par cœur [paʀkœʀ]	auswendig	Pour demain, j'apprends la fable de la Fontaine ~.

le soleil [ləsɔlɛj]	die Sonne	Au ~, on a chaud!
briller [bʀije]	scheinen	À Lyon, le soleil ~[8] souvent.
la plage [laplaʒ]	der Strand	Antoine adore aller à la ~.
la star [lastaʀ]	der Star ⚠ *Im Französischen weiblich!*	Lucie rêve souvent des ~[9] du cinéma.
le festival [ləfɛstival]	das Festspiel, das Festival	Tu as des places pour le ~ de théâtre?
Benoît Magimel [bənwamaʒimɛl]	*französischer Schauspieler*	
Jennifer Lopez [ʒenifɛʀlopɛz]	*amerikanische Schauspielerin*	
le/la touriste [lə/latuʀist]	der/die Tourist/in	À Paris, il y a toujours beaucoup de ~[10].

1 savez 2 cette 3 est située 4 volcans 5 fabrique 6 pneus 7 aventures 8 brille 9 stars 10 touristes

UNITÉ SUPPLÉMENTAIRE, SÉQUENCE 2

ils aboient [ilzabwa]	sie bellen	Les chiens de mon voisin ~ beaucoup.
seul [sœl] *m.* / ***seule*** [sœl] *f. adj.*	allein	Ce soir, Paul est ~ à la maison.
promener qn [pʀɔməne]	jdn spazieren führen	Tu viens? On va ~ le chien.
au début [odeby]	am Anfang	~, le skate, ce n'est pas facile.
tout dépend de qn/qc [tudepɑ̃də]	alles hängt von jdm/etw. ab	– On va au cinéma jeudi? – ~ mon bulletin.
qui [ki]	der, die, das *Relativpronomen, immer Subjekt des Relativsatzes*	Paul attend le bus ~ est en retard aujourd'hui.
où [u]	wo *Relativpronomen, steht anstelle einer Ortsangabe*	C'est la boulangerie ~ j'achète mon pain au chocolat.
libre [libʀ] *m./f. adj.*	frei	– Je peux entrer dans la salle de bains? – Oui, c'est ~.
la crotte [lakʀɔt]	der Hundekot	Oh! L'horreur! Une ~ devant la porte!
on doit [ɔ̃dwa]	man muss	En cinquième, ~ beaucoup travailler.
ramasser qc [ʀamase]	etw. einsammeln, aufsammeln	Avant le cours, le prof ~[1] les devoirs des élèves.
surtout [syʀtu]	vor allem	J'aime bien l'école, ~ la récréation.
il aboie [ilabwa]	er bellt	Le chien de Nicolas ~ souvent le soir.
24 heures sur 24 [vɛ̃tkatʀœʀsyʀvɛ̃tkatʀ]	rund um die Uhr	Dans un hôpital, on travaille ~.
garder qn/qc [gaʀde]	auf jdn aufpassen, etw. behalten, etw. aufbewahren	Le mercredi après-midi, Nicole ~[2] sa sœur.
le facteur [ləfaktœʀ] / ***la factrice*** [lafaktʀis]	der/die Briefträger/in	Le père d'Émilie est ~.
le métier [lәmetje]	der Beruf	Ma mère aime beaucoup son ~.

que [kə]	den, die, das *Relativpronomen, immer Objekt des Relativsatzes*	Voilà un CD ~ j'écoute souvent.

que *wird vor Vokalen zu* qu' *apostrophiert*

sans [sɑ̃]	ohne	Elle habite dans un quartier ~ boulangeries.
la chatte [laʃat]	die Katze	J'ai une ~.
soigner qn [swaɲe]	jdn pflegen	Qui va ~ le chien de Benoît?
malade [malad] *m./f. adj.*	krank	– Pourquoi est-ce que ton chat est ~? – Je ne sais pas.
l'endroit [lɑ̃dʀwa] *m.*	der Ort	Ma chambre, c'est l'~ que je préfère.
avoir raison [avwaʀɛzɔ̃]	Recht haben	Mon frère veut toujours ~.
la nourriture [lanuʀityʀ]	die Lebensmittel	La ~ pour les chats, c'est cher.
le/la vétérinaire [ləveteʀinɛʀ]/[laveteʀinɛʀ]	der Tierarzt / die Tierärztin	La mère de Marie est ~.
grave [gʀav] *m./f. adj.*	schlimm	Ce n'est pas ~.
la patte [lapat]	die Pfote	Un chien, c'est un animal qui a quatre ~[3].

1 ramasse 2 garde 3 pattes

UNITÉ SUPPLÉMENTAIRE, SÉQUENCE 3

le métier [ləmetje]	der Beruf	Mon frère aime son ~.
l'acteur [laktœʀ] *m.* / *l'actrice* [laktʀis] *f.*	der/die Schauspieler/in	Être ~, c'est intéressant.
devenir (qc) [dəvniʀ]	(etw.) werden *wird wie* venir *konjugiert,* → Verbes, p. 143	Je veux ~ cuisinier, et toi?
sérieux [seʀjø] *m.* / *sérieuse* [seʀjøz] *f. adj.*	seriös, ernst	L'école, c'est ~.
possible [pɔsibl] *m./f. adj.*	möglich	Un 18 en français, c'est ~.
Jane Birkin [dʒɛnbiʀkin]	*englische Schauspielerin und Sängerin*	
l'art dramatique m. [laʀdʀamatik]	die Schauspielkunst	Ce soir, Charlotte va à son cours d'~.
sans [sɑ̃]	ohne	Elle habite dans une maison ~ enfants.
le chanteur [ləʃɑ̃tœʀ] *m.* / *la chanteuse* [laʃɑ̃tøz] *f.*	der/die Sänger/in	Tu aimes le ~ de «Louise Attaque»?
faciliter qc [fasilite]	etw. erleichtern	L'ordinateur, ça ~[1] la vie.
la chose [laʃoz]	die Sache	Manon et Tarik font beaucoup de ~[2] ensemble.
par exemple [paʀɛgzɑ̃pl]	zum Beispiel	– Qu'est-ce qu'on fait maintenant? – On peut aller à la piscine, ~.

Charlotte Gainsbourg [ʃaʀlɔtgɛ̃zbuʀ]	*französische Schauspielerin, Tochter von Jane Birkin und Serge Gainsbourg*	
ils/elles commencent [il/ɛlkɔmɑ̃s]	sie beginnen *3. Pers. Pl. von* commencer	
commencer qc [kɔmɑ̃se] ⚠ ***nous commençons***	anfangen, beginnen (→ p. 126/2)	Au collège, les cours ~[3] à 8 heures.
tôt [to] *adv.* ⚠ tôt ≠ tard	früh	– Tu rentres à la maison maintenant? – Non, c'est encore trop ~.
on doit [ɔ̃dwa]	man muss	En sixième aussi, on ~ beaucoup travailler.
Isabelle Adjani [izabɛladʒani]	*französische Schauspielerin*	
penser [pɑ̃se]	denken	Je ~[4] que l'exercice est facile.
Ludivine Sagnier [lydivinsaɲje]	*französische Schauspielerin*	
célèbre [selɛbʀ] *m./f. adj.*	berühmt	Tintin est aussi ~ en Allemagne.
depuis [dəpɥi]	seit	~ jeudi, j'ai un ordinateur.
longtemps [lɔ̃tɑ̃] *adv.*	lange	Mon frère téléphone toujours ~.
Versailles [vɛʀsaj]	*französische Stadt, südwestlich von Paris gelegen*	
le rôle [ləʀol]	die Rolle	Au théâtre, Valentin prend le ~ du monstre.
doubler qc [duble]	etw. synchronisieren	Un jour, je vais ~ des films français.
les films américains [lefilmameʀikɛ̃] *m. pl.*	die amerikanischen Filme	J'adore les ~.
le talent [lətalɑ̃]	das Talent	Ma sœur dit que Ludivine Sagnier a beaucoup de ~.
le plaisir [ləpleziʀ]	das Vergnügen, die Freude	Je fais du roller pour le ~.
ailleurs [ajœʀ]	woanders	Thierry ne veut pas travailler ~.

1 facilite 2 choses 3 commencent 4 pense

UNITÉ SUPPLÉMENTAIRE, SÉQUENCE 4

l'événement ou ***évènement*** [levɛnmɑ̃] *m.*	das Ereignis	Le spectacle des «Stereophonics», c'est l'~ de la semaine à Lyon.
il a marqué [ilamaʀke]	er hat geprägt *3. Pers. Sg.* passé composé *von* marquer	
marquer qn [maʀke]	jdn prägen	L'histoire du Gros Caillou ~ beaucoup ~[1] Paul.
l'année scolaire [laneskɔlɛʀ] *f.*	das Schuljahr	L'~ a 40 semaines.
le/la jeune [ləʒœn]/[laʒœn]	der/die Jugendliche	Le ~, là-bas, c'est mon frère.

ils ont répondu [ilzɔ̃ʀepɔ̃dy]	sie haben geantwortet *3. Pers. Pl.* passé composé *von* répondre	Nos correspondants allemands ~ à notre message.
la chose [laʃoz]	die Sache	– Qu'est-ce qu'on apprend à l'école? – Beaucoup de ~[2].
surtout [syʀtu]	vor allem	J'aime le cinéma, ~ les films avec Depardieu.
la chorale [lakɔʀal]	der Chor	Irène chante dans une ~.
ça a marché [saamaʀʃe]	das hat funktioniert/geklappt *3. Pers. Sg.* passé composé *von* marcher	– Alors, ton interro, ça ~? – Oui, merci.
nous avons travaillé [nuzavɔ̃tʀavaje]	wir haben gearbeitet *1. Pers. Pl.* passé composé *von* travailler	Samedi, nous n'~ pas ~.
la tournée [latuʀne]	die Tournee, die Gastspielreise	Olivia fait une ~ avec sa chorale.
le Beaujolais [ləboʒɔlɛ]	*Weingebiet, Teil der französischen Region Rhône-Alpes*	
Dijon [diʒɔ̃]	*politisches und wirtschaftliches Zentrum von Burgund*	
la fête [lafɛt]	die Party, die Fete, das Fest	Les ~[3] de Manon sont toujours super.
important [ɛ̃pɔʀtɑ̃] *m.* / ***importante*** [ɛ̃pɔʀtɑ̃t] *f. adj.*	wichtig	Ma famille est très ~[4] pour moi.
elle a été [ɛlaete]	sie ist gewesen *3. Pers. Sg.* passé composé *von* être	L'interro ~ très facile.
on a mangé [ɔ̃namɑ̃ʒe]	man hat / wir haben gegessen *3. Pers. Sg.* passé composé *von* manger	On ~ des abricots chez Valentin.
on a écouté [ɔ̃naekute]	man hat / wir haben gehört *3. Pers. Sg.* passé composé *von* écouter	On ~ le CD de Michel.
on a fait [ɔ̃nafɛ]	man hat / wir haben gemacht *3. Pers. Sg.* passé composé *von* faire	On ~ nos devoirs avec Paul.
la LAN partie [lalanpaʀti]	die LAN Party *(Local Area Network) Action-, Simulations- und Strategiespiele werden auf Computern gespielt, wobei alle Rechner der Teilnehmer miteinander vernetzt sind.*	Tu vas à la ~ dimanche?
j'ai trouvé [ʒɛtʀuve]	ich habe gefunden *1. Pers. Sg.* passé composé *von* trouver	J'~ la solution.
malade [malad] *m./f. adj.*	krank	Le prof de technologie est encore ~.
j'ai fait la cuisine [ʒɛfɛlakɥizin]	ich habe gekocht *1. Pers. Sg.* passé composé *von* faire la cuisine	
faire la cuisine [fɛʀlakɥizin]	kochen	Ce soir, j'~[5] pour mes sœurs.
quinze jours [kɛ̃zʒuʀ]	vierzehn Tage	

j'ai préparé [ʒepʀepaʀe]	ich habe vorbereitet *1. Pers. Sg.* passé composé *von* préparer	J'~ la fête avec Emmanuel.
l'œuf au plat [lœfopla] *m.* ⚠ *les œufs* [lezø]	das Spiegelei	Je n'aime pas les ~[6].
j'ai regardé [ʒeʀəgaʀde]	ich habe geschaut *1. Pers. Sg.* passé composé *von* regarder	Aujourd'hui, je n'~ pas ~ la télévision.
le livre de cuisine [ləlivʀdəkɥizin]	das Kochbuch	Papa, où est le ~?
j'ai appris [ʒeapʀi]	ich habe gelernt *1. Pers. Sg.* passé composé *von* apprendre	J'~ la fable pour demain. Et toi?
elle est rentrée [elɛʀɑ̃tʀe]	sie ist zurückgekommen *3. Pers. Sg.* passé composé *von* rentrer	Carole ~ tard.
j'ai invité [ʒeɛ̃vite]	ich habe eingeladen *1. Pers. Sg.* passé composé *von* inviter	
inviter qn [ɛ̃vite]	jdn einladen	Ma sœur ~[7] notre voisine pour son anniversaire.
il est venu [ilɛvəny]	er ist gekommen *3. Pers. Sg.* passé composé *von* venir	Ton copain ~ en métro.
depuis [dəpɥi]	seit	~ quand est-ce que tu apprends le français?
je suis parti(e) [ʒəsɥipaʀti]	ich bin gegangen *1. Pers. Sg.* passé composé *von* partir	
la Normandie [lanɔʀmɑ̃di]	*Gebiet in Nordwestfrankreich entlang des Ärmelkanals*	
je suis arrivé(e) [ʒəsɥizaʀive]	ich bin angekommen *1. Pers. Sg.* passé composé *von* arriver	
il a dit [iladi]	er hat gesagt *3. Pers. Sg.* passé composé *von* dire	
la surprise [lasyʀpʀiz]	die Überraschung	Salut! J'ai une ~ pour toi!
l'aérodrome [laeʀodʀom] *m.*	der Flugplatz	S'il vous plaît, où est l'~?
Deauville [dovil]	*berühmter Badeort am Ärmelkanal*	
nous sommes allé(e)s [nusɔmzale]	wir sind gegangen *1. Pers. Pl.* passé composé *von* aller	Paul et moi, nous ~ au cirque dimanche.
le baptême de l'air [ləbatɛmdəlɛʀ]	die Lufttaufe, der erste Flug	Mon ~ a été génial!
fantastique [fɑ̃tastik] *m./f. adj.*	phantastisch	Un 20 en physique? C'est ~!
bon appétit [bɔnapeti] (p. 122/1)	guten Appetit!	Voilà les frites! ~!

1 a marqué 2 choses 3 fêtes 4 importante 5 ai fait la cuisine 6 œufs au plat 7 invite / a invité

enfin [ɑ̃fɛ̃]	endlich	~, te voilà!
les vacances [levakɑ̃s] *f. pl.*	die Ferien	Paul n'aime pas l'école, il préfère les ~.
le choix [ləʃwa]	die Wahl	Tu prends une banane ou une orange? Tu as le ~.
la raison [laʀɛzɔ̃]	der Grund	
passer en [paseɑ̃]	versetzt werden in *die nächste Klasse*	Lucie ~[1] cinquième.
l'excursion [lɛkskyʀsjɔ̃] *f.*	die Exkursion, der Ausflug	Mardi, nous allons faire une ~ à la mer.
le Parc des oiseaux [ləpaʀkdezwazo]	der Vogelpark	La classe de Lucie va au ~.
l'aéroport [laeʀɔpɔʀ] *m.*	der Flughafen	– Où est l'~ de Lyon? – Regardons sur le plan.
proposer qc (à qn) [pʀɔpoze]	(jdm) etw. vorschlagen	Qu'est-ce qu'on regarde? Je ~[2] un film sur Berlin.
la nature [lanatyʀ]	die Natur	Patrick aime la ~.
l'oiseau [lwazo] *m.* / ⚠ *les oiseaux* [lezwazo] *pl.*	der Vogel	Julie fait un film vidéo sur les ~[3].
longtemps [lɔ̃tɑ̃] *adv.*	lange	
devenir qc [dəvniʀ]	etw. werden	Je veux ~ policier.
le pilote [ləpilɔt]	der/die Pilot/in	Le ~ est très sympa.
la lune [lalyn]	der Mond	Valentin regarde longtemps la ~.

être dans la lune = nicht bei der Sache sein, mit seinen Gedanken ganz woanders sein

le port [ləpɔ̃ʀ]	der Hafen	Le ~ de Marseille est très grand.
la mer [lamɛʀ]	das Meer	J'adore la ~.
Ah bon! [abɔ̃]	Ach so!	– Le garçon avec Tarik, c'est Philippe? – Non, c'est Paul. – ~.
le colibri [ləkolibʀi]	der Kolibri	Un ~, c'est petit.
l'appareil numérique [lapaʀɛjnymeʀik] *m.*	die Digitalkamera	– Un ~, ça coûte combien? – Je ne sais pas.
voter pour qn/qc [vɔte]	für jdn/etw. abstimmen	Qui ~[4] pour le cirque et qui ~ pour le cinéma?
l'avion [lavjɔ̃] *m.*	das Flugzeug	Mes frères jouent avec un ~.

1 passe 2 propose 3 oiseaux 4 vote

Ça commence mal. [sakɔmɑ̃smal]	Das fängt ja gut an.	
il pleut [ilplø]	es regnet	C'est une catastrophe! C'est dimanche et ~.
le monde [ləmɔ̃d]	die Welt	
tout le monde [tuləmɔ̃d]	alle, jedermann	
depuis [dəpɥi]	seit	Marie apprend l'anglais ~ 3 ans.
avoir mal au cœur [avwaʀmalokœʀ]	Übelkeit empfinden, schlecht sein	– Ça va? – Non, j'~[1].
le car [ləkaʀ]	der Reisebus	Le ~ arrive.
donner qc à qn [dɔne]	jdm etw. geben	Tu ~[2] l'atlas à Tarik, s'il te plaît?
le bonbon [ləbɔ̃bɔ̃]	das Bonbon	Marie a des ~[3] dans sa poche.
déprimé [depʀime] *m.* / ***déprimée*** [depʀime] *f. adj.*	deprimiert, niedergeschlagen	Le policier est ~ parce qu'il ne trouve pas le bandit.
partir [paʀtiʀ]	*hier:* wegfahren, in den Urlaub fahren	Vendredi, je ~[4] avec ma famille.
la montagne [lamɔ̃taɲ]	die Berge, das Gebirge	Arthur aime la mer mais il préfère la ~.
la colonie de vacances [lakɔlɔnidəvakɑ̃s] / ***la colo*** *fam.*	das Ferienlager *für Kinder von 6 bis 12 Jahren*	Martin va en ~ à la mer.
Biarritz [biaʀits]	*berühmter Badeort am Atlantik*	

Merke dir folgende Ausdrücke:

partir **à** la mer	partir **en** vacances	partir **chez** ses grands-parents
partir **à** la montagne	partir **en** colonie de vacances	
partir **à** Lyon	partir **en** France	

rester [ʀɛste]	bleiben	Valérie ne va pas bien. Elle ne va pas à l'école, elle ~[5] à la maison.
le mois [ləmwa]	der Monat	Je vais rester en France pendant un ~.
sans [sɑ̃]	ohne	Paul rentre ~ sa sœur.
la fête [lafɛt]	die Party, die Fete, das Fest	Samedi, c'est mon anniversaire. Je fais une ~.
inviter qn [ɛ̃vite]	jdn einladen	C'est l'anniversaire de Lucie. Elle ~[6] ses amis.
apporter qc [apɔʀte]	etw. mitbringen	Pour l'excursion, Paul ~[7] son appareil numérique.
peut-être [pøtɛtʀ]	vielleicht	Mélanie va ~ apporter un cédérom à la fête.

1 ai mal au cœur 2 donnes 3 bonbons 4 pars 5 reste 6 invite 7 apporte

le soleil [ləsɔlɛj]	die Sonne	Aujourd'hui, il n'y a pas de ~.
C'est déjà ça. [sɛdeʒasa]	Wenigstens etwas. / Das ist ja schon etwas.	
si [si] *adv.*	so	
joli [ʒɔli] *m.* / *jolie* [ʒɔli] *f.*	hübsch, niedlich	Ton dessin est très ~.
le guide [ləgid]	der Fremdenführer, der Reiseführer	Le ~ raconte une légende sur la ville.
observer qn/qc [ɔbsɛʀve]	jdn/etw. beobachten	Les élèves ~[1] les éléphants.
étonner qn [etɔne]	jdn beeindrucken, verblüffen	Patrick ~[2] Sylvie avec son idée.
l'Afrique [lafʀik] *f.*	Afrika	
la soif [laswaf]	der Durst	Vous avez ~?
avoir faim = Hunger haben	avoir soif = Durst haben	
la cafétéria [lakafeteʀja]	die Cafeteria	J'ai soif. Je vais à la ~.
la glace [laglas]	das Eis	Stéphanie mange une ~ au chocolat.
la pomme [lapɔm]	der Apfel	Moi, je n'aime pas le coca. Je prends un jus de ~[3].
le coca [ləkoka]	die Cola	– Qu'est-ce que vous prenez? – Un ~, s'il vous plaît.
le sandwich [ləsɑ̃dwitʃ]	das belegte Brötchen, das Sandwich	Marion veut acheter un ~ à la cafétéria.
le jambon [ləʒɑ̃bɔ̃]	der Schinken	
le fromage [ləfʀɔmaʒ]	der Käse	En France, on mange beaucoup de ~.

⚠ *In Frankreich wird am Ende einer Mahlzeit häufig Käse angeboten. Dabei kann der Käse entweder die Nachspeise ersetzen oder es gibt erst Käse und dann noch ein süßes Dessert.*

la boutique [labutik]	die Boutique, der Shop	
l'image [limaʒ] *f.*	das Bild	Sur le cédérom «Encarta», il y a beaucoup d'~[4].
défendre qn [defɑ̃dʀ]	jdn verteidigen	L'éléphant ~[5] la souris contre le chat.
sûr/e [syʀ] *m./f. adj.*	sicher	– Demain, on a une interro d'anglais. – C'est ~?
oublier qc [ublije]	etw. vergessen	Ma copine ~[6] souvent son livre de français.
formidable [fɔʀmidablə] *m./f.*	hervorragend, toll	Le film «Matrix» est ~.
Bonnes vacances! [bɔnvakɑ̃s]	Schöne Ferien!	

1 observent 2 étonne 3 pommes 4 images 5 défend 6 oublie

Grundschrift: obligatorischer Wortschatz
kursiv: fakultativer Wortschatz
Die Zahl hinter dem Pfeil zeigt dir an, in welcher Unité/Séquence das Wort zum ersten Mal vorkommt: 3/A heißt z.B. Unité 3, Approches; 1/2 Ex steht z.B. für Unité 1, Séquence 2, Exercice.
In rot ist angegeben, auf welchen Seiten du die Konjugation der Verben findest.

A

à [a] in → 1/3
à 11 heures [aõzœʀ] um 11 Uhr → 6/1
à bientôt [abjẽto] bis bald! → 2/3
À demain! [adəmẽ] Bis morgen! → 1/A
à droite [adʀwat] rechts → 2/2
à gauche [agoʃ] links → 2/2
à la maison [alamɛzõ] zu Hause → 3/2
à la place de (qc) [alaplasdə] anstelle von → 7/2
à pied [apje] zu Fuß → 6/3
À plus! [aplys] Bis später! → 1/A
l' **abricot** [labʀiko] *m.* die Aprikose → 5/3
il aboie [ilabwa] er bellt, ***ils aboient*** [ilzabwa] sie bellen → supp/2
acheter qc [aʃte] etw. kaufen → 5/1 *wird wie épeler konjugiert, Konjugation S. 142*
l' ***acteur/-trice*** [laktœʀ/laktʀis] der/die Schauspieler/in → supp/3
adorer qc [adɔʀe] etw. lieben, sehr lieben → 7/1
l' **adresse e-mail** [ladʀɛsimɛl] *f.* die E-Mail-Adresse → 3/3
l' ***aérodrome*** [laeʀodʀom] *m.* der Flugplatz → supp/4
l' ***aéroport*** [laeʀɔpɔʀ] *m.* der Flughafen → rév/1
l' **affiche** [lafiʃ] *f.* das Plakat, der Aushang → 4/3
l' **âge** [lɑʒ] *m.* das Alter → 3/3; **à ton âge** [atõnɑʒ] in deinem Alter → 7/2; **Tu as quel âge?** [tyakɛlɑʒ] Wie alt bist du? → 3/3
l' **agenda** [aʒẽda] *m.* das Merkbuch, der Taschenkalender → 2/A
Ah bon! [abõ] Ach so. → rév/1
Ah! [ɑ] Ach!, Ah! → 1/A
ailleurs [ajœʀ] woanders → supp/3
aimer qc/qn [ɛme] etw./jdn lieben, mögen → 4/1
l' **album** [lalbɔm] *m.* das Album → 5/1
l' **allée** [lale] *f.* die Gasse, der Gang, die Allee → 7/1
l' **Allemagne** [lalmaɲ] *f.* Deutschland → 1/3
l' **allemand** [lalmɑ̃] *m.* Deutsch → 4/2
aller [ale] gehen, fahren → 5/2 *Konjugation S. 142*
Allez hop! [aleɔp] Los! → 6/3
Allez! [ale] *hier:* ach komm! → 5/2
Allô! [alo] Ja, bitte?, Hallo? *am Telefon* → 3/1
allumer qc [alyme] etw. anschalten, einschalten, anmachen → 3/2
alors [alɔʀ] also → 1/2
l' **ami/e** [lami] *f.* der/die Freund/in → 1/2
l' **an** [lɑ̃] *m.* das Jahr → 3/3
l' **andouillette** [lɑ̃dujɛt] *f.* Kuttelwurst → 7/3
l' **anglais** [lɑ̃glɛ] *m.* Englisch → 6/1
l' **animal** [lanimal] *m.* / **les animaux** [lezanimo] *pl.* das Tier → 3/3
l' ***année scolaire*** [laneskɔlɛʀ] *f.* das Schuljahr → supp/4
l' **anniversaire** [lanivɛʀsɛʀ] *m.* der Geburtstag → 5/1
l' ***appareil numérique*** [lapaʀɛjnymeʀik] *m.* die Digitalkamera → rév/1
l' **appartement** [lapaʀtəmɑ̃] *m.* die Wohnung → 3/2
apprendre qc [apʀɑ̃dʀ] etw. lernen → 6/3 *wird wie prendre konjugiert, Konjugation S. 143*
après [apʀɛ] nach *zeitlich* → 4/1
l' **après-midi** [lapʀɛmidi] *m./f.* der Nachmittag, nachmittags → 6/1
l' **argent** [laʀʒɑ̃] *m.* das Geld → 5/2
l' **armoire** [laʀmwaʀ] *f.* der Schrank → 2/A
arrêter [aʀete] aufhören; **arrêter qc** etw. ausschalten → 3/1
arriver [aʀive] ankommen, kommen → 3/1
l' ***art dramatique*** [laʀdʀamatik] *m.* die Schauspielkunst → supp/3
assez [ase] ziemlich, **assez de** [asedə] genug → 5/2
l' **assiette** [lasjɛt] *f.* der Teller → 5/1
l' **atlas** [atlɑs] *m.* der Atlas → 2/2
attendre qn/qc [atɑ̃dʀ] auf jdn/etw. warten → 6/2 *Konjugation S. 142*
au début [odeby] am Anfang → supp/2
Au revoir. [ɔʀvwaʀ] Auf Wiedersehen! → 1/A
aujourd'hui [oʒuʀdɥi] heute → 4/2
aussi [osi] auch → 2/1
autre [otʀ] *m./f. adj.* andere/-r/-s → supp/1; **l'autre** [lotʀ] *m./f.* der/die/das andere → 6/3
avant [avɑ̃] vor *zeitlich* → 6/1
avec [avɛk] mit, bei → 1/2
l' ***aventure*** [lavɑ̃tyʀ] *f.* das Abenteuer → supp/1
l' **aviateur/-trice** [lavjatœʀ/lavjatʀis] der/die Pilot/in → 7/A
l' ***avion*** [lavjõ] *m.* das Flugzeug → rév/1
avoir qc [avwaʀ] etw. haben → 3/3 *Konjugation S. 142;* **avoir le moral** [avwaʀləmɔʀal] guten Mutes sein → 4/2; ***avoir mal au cœur*** [avwaʀmalokœʀ] Übelkeit empfinden, schlecht sein → rév/2; ***avoir raison*** [avwaʀɛzõ] Recht haben → supp/2
août [u(t)] *m.* August → Annexe
avril [avʀil] *m.* April → Annexe

B

la **baguette** [labagɛt] das Baguette → 6/2

la **banane** [labanan] die Banane → 5/3

le **bandit** [ləbɑ̃di] der Bandit → 7/1

le ***baptême de l'air*** [ləbatɛmdəlɛʀ] die Lufttaufe, der erste Flug → supp/4

beaucoup [boku] viel → 3/3

beaucoup de [bokudə] viel → 5/2; ***beaucoup de choses*** [bokudəʃoz] vieles → supp/4

le **bébé** [ləbebe] das Baby, das kleine Kind → 4/2

la **bédé** [labede] *fam.* ou: **la bande dessinée** [labɑ̃ddesine] ou: **la BD** [labede] der Comic → 4/1

ben [bɛ̃] *Füllwort am Satzanfang, in etwa* naja, äh → 4/1

le **beurre** [ləbœʀ] die Butter → 5/2

bien [bjɛ̃] gut → 1/2

bien sûr [bjɛ̃syʀ] *adv.* natürlich, selbstverständlich → 2/1

bientôt [bjɛ̃to] bald → 6/3; **à bientôt** [abjɛ̃to] bis bald! → 2/3

bof [bɔf] na ja *umg.* → 1/2 Ex

bon [bɔ̃] einverstanden, gut → 2/3

bon/ne [bɔ̃/bɔn] *adj.* gut → 6/1; **Bonnes vacances!** [bɔnvakɑ̃s] *f. pl.* Schöne Ferien! → rév/3

le **Bon Dieu** [ləbɔ̃djø] der liebe Gott → 7/2

le ***bonbon*** [ləbɔ̃bɔ̃] das Bonbon → rév/2

Bonjour! [bɔ̃ʒuʀ] Guten Tag!, Guten Morgen! → 1/A

Bonsoir! [bɔ̃swaʀ] Guten Abend! → 3/2

le ***bord*** [ləbɔʀ] der Rand, die Kante → supp/1

la **boulangerie** [labulɑ̃ʒʀi] die Bäckerei → 5/A

bousculer qn [buskyle] jdn anstoßen, schubsen → 5/1

la **bouteille** [labutɛj] die Flasche → 5/3

la **boutique** [labutik] die Boutique, der Shop → rév/3

la **boxe** [labɔks] das Boxen, der Boxsport → 4/3

le **bricolage** [ləbʀikolaʒ] das Basteln, das Heimwerken → 5/3

briller [bʀije] scheinen → supp/1

le **bulletin** [ləbyltɛ̃] das Zeugnis → 6/1

le **bus** [ləbys] der Bus → 6/3

C

c'est [sɛ] das ist → 1/1; **C'est ça?** [sɛsa] Stimmt's? → 2/3; ***C'est déjà ça.*** [sɛdeʒasa] Wenigstens etwas. Das ist ja schon etwas. → rév/2; **C'est l'horreur!** [sɛlɔʀœʀ] Das ist schrecklich / furchtbar / ein Graus! → 4/3; **C'est moi.** [sɛmwa] Ich bin's., Das bin ich. → 1/1; **C'est qui?** [sɛki] Wer ist das? → 1/1; **C'est toi?** [sɛtwa] du bist; bist du ...? → 1/2, → 1/2

ça [sa] das, das da → 1/3; **Ça dépend.** [sadepɑ̃] Das kommt darauf an. → 4/3; **Ça ne va pas?** [sanvapɑ] Ist etwas nicht in Ordnung? → 5/3; **Ça va!** [sava] Es geht (mir) gut. → 1/A; **Ça va?** [sava] Wie geht's?, Geht's dir gut? → 1/A

le **cadeau** [ləkado] / **les cadeaux** [lekado] das Geschenk → 5/A

le **café** [ləkafe] das Café, der Kaffee → 7/3

la ***cafétéria*** [lakafeteʀja] die Cafeteria → rév/3

le **cahier de textes** [ləkajedətɛkst] das Hausaufgabenheft → 6/2

le **caillou** [ləkaju] der Stein → 1/3

la **campagne** [lakɑ̃paɲə] das Land, die dörfliche Gegend → 7/3

la **cantine** [lakɑ̃tin] die Kantine, der Speisesaal → 2/1

la ***capitale*** [lakapital] die Hauptstadt → supp/1

le ***car*** [ləkaʀ] der Reisebus → rév/2

la **carotte** [kaʀɔt] die Möhre → 5/3

la ***carte postale*** [lakaʀtpɔstal] die Ansichtskarte → 6/2 Ex

le **carton** [ləkaʀtɔ̃] der Karton → 3/2

la **cassette** [lakasɛt] die Kassette → 2/A

la **cassette vidéo** [lakasɛtvideo] die Videokassette → 2/A

la **catastrophe** [lakatastʀɔf] ou: la **cata** [lakata] *fam.* die Katastrophe → 5/2

le **CD** [ləsede] die CD → 2/A

le **CDI** [lesedei] die Schulbibliothek → 2/A

le **cédérom** [ləsedeʀɔm] die CD-ROM → 1/3

célèbre [selɛbʀ] *m./f. adj.* berühmt → supp/1, → supp/3

le **centime** [ləsɑ̃tim] der Cent → 5/1

la **chaise** [laʃɛz] der Stuhl → 3/2

la **chambre** [laʃɑ̃bʀ] das (Schlaf-) Zimmer → 3/1

la **chanson** [laʃɑ̃sɔ̃] das Lied → 3/1

chanter qc [ʃɑ̃te] etw. singen → 3/1

le/la ***chanteur/-euse*** [ləʃɑ̃tœʀ/ laʃɑ̃tøz] der/die Sänger/in → supp/3

le/la **chat/te** [ləʃa/laʃat] die Katze → 3/A, → supp/2

chaud/e [ʃo/ʃod] warm, heiß → 5/A; **il fait chaud** [ilfɛʃo] es ist heiß → 7/3

le **chef** [ləʃef] der Chef → 7/1

cher [ʃɛʀ] *m./* **chère** [ʃɛʀ] *f.* lieber/liebe → 3/3; teuer → 4/3

chercher qc [ʃɛʀʃe] etw. suchen → 4/A

chez [ʃe] bei, *auch: zu einer Person* → 3/A

le/la **chien/ne** [ləʃjɛ̃/laʃjɛn] der Hund / die Hündin → 3/3

la **chimie** [laʃimi] die Chemie → 7/A

le ***choix*** [leʃwa] die Wahl → rév/1

le **chômage** [ləʃomaʒ] die Arbeitslosigkeit → 7/2

la ***chorale*** [lakɔʀal] der Chor → supp/4

la ***chose*** [laʃoz] die Sache → supp/3, → supp/4

la ***choucroute*** [laʃukʀut] das Sauerkraut → supp/1

chut [ʃyt] Pst!, Still! → 2/A

la ***cigogne*** [lasigɔɲ] der Storch → supp/1

le **cinéma** [ləsinema] ou: **le ciné** [ləsine] *fam.* das Kino → 5/A

la **cinquième** [lasɛ̃kjɛm] → 1/3

le **cirque** [ləsiʀk] der Zirkus → 4/2

le ***citron*** [ləsitʀɔ̃] die Zitrone → 5/3 Ex

la **clarinette** [laklaʀinɛt] die Klarinette → 6/3
la **classe** [laklas] die Klasse, das Klassenzimmer → 1/2
le **clown** [ləklun] der Clown → 4/3
le ***club de théâtre*** [ləklœbdəteɑtʀ] die Theater-AG → supp/3
le **club-photo** [ləklœbfɔto] der Foto-Club, die Foto-AG → 4/1
le ***coca*** [ləkoka] die Cola → rév/3
le **cochon d'Inde** [ləkɔʃɛ̃dɛ̃d] das Meerschweinchen → 2/1
le **cœur** [ləkœʀ] das Herz → 7/2
la **colle** [lakɔl] der Klebstoff → 5/2
le **collège** [ləkɔlɛʒ] das Collège *Schultyp* → 1/3
coller qc [kɔle] etw. kleben → 5/2
la **colline** [lakɔlin] der Hügel → 1/3
le ***colibri*** [ləkolibʀi] der Kolibri → rév/1
la ***colonie de vacances*** [lakɔlɔnidvakɑ̃s] das Ferienlager → rév/2
combien [kɔ̃bjɛ̃] wie viel? → 5/1
comme [kɔm] wie → 3/3
comme chien et chat [kɔmʃjɛ̃eʃa] wie Hund und Katze → 3/3
commencer qc [kɔmɑ̃se] etw. anfangen, beginnen → supp/3 *Konjugation S. 126;* ***Ça commence mal!*** [sakɔmɑ̃smal] Das fängt ja gut an! → rév/2
comment [komɑ̃] wie → 1/1
comprendre qc [kɔ̃pʀɑ̃dʀ] etw. verstehen → 6/3 *wird wie prendre konjugiert, Konjugation S. 143*
le **concombre** [ləkɔ̃kɔ̃bʀ] die Gurke → 5/3
le **conservatoire** [ləkɔ̃sɛʀvatwaʀ] die Musikschule → 6/3
content/e [kɔ̃tɑ̃/kɔ̃tɑ̃t] *adj.* zufrieden *auch:* glücklich → 6/1
continuer [kɔ̃tinye] weitergehen, weitermachen → 6/2
contre [kɔ̃tʀ] gegen, dagegen → 5/3
le **copain / la copine** [ləkɔpɛ̃] / [lakɔpin] der Freund / die Freundin → 3/A
le/la **correspondant/e** [ləkɔʀɛspɔ̃dɑ̃/lakɔʀɛspɔ̃dɑ̃t] der/die Brieffreund/in → 3/3
Coucou! [kuku] Kuckuck!, Hallo! → 1/1
la **cour** [lakuʀ] der Hof → 2/1
le **cours** [ləkuʀ] die Unterrichtsstunde, der → 6/1
les **courses** [lekuʀs] *f. pl.* die Einkäufe → 5/A; **faire les courses** [fɛʀlekuʀs] einkaufen *im Sinne von* Lebensmittel kaufen → 5/A
coûter [kute] kosten → 5/1
la **crème** [lakʀɛm] die Sahne *auch:* die Creme → 5/3
la ***crêpe*** [lakʀɛp] der *dünne* Pfannkuchen, die Crêpe → supp/1
la ***crotte*** [lakʀɔt] der Hundekot → supp/2
la **cuisine** [lakɥizin] die Küche → 3/1; ***faire la cuisine*** [fɛʀlakɥizin] kochen; le ***livre de cuisine*** [ləlivʀdəkɥizin] das Kochbuch → supp/4
le/la **cuisinier/-ière** [lekɥizinje/lakɥizinjɛʀ] der Koch / die Köchin → 7/A

D

d'abord [dabɔʀ] zuerst → 3/2
d'accord [dakɔʀ] einverstanden → 3/3
la **dame** [ladam] die Dame → 4/A
dangereux/-euse [dɑ̃ʒəʀø/dɑ̃ʒəʀøz] *adj.* gefährlich → supp/1
dans [dɑ̃] in → 1/2
la **danse** [ladɑ̃s] der Tanz, das Tanzen → 4/1
de [də] von → 1/2; **de ... à ...** [dəa] von ... bis ... → 6/1; zwischen ... und → 4/3
décembre [desɑ̃bʀ] *m.* Dezember → Annexe
le **défaut** [ladefo] der Fehler *im Sinne von* Mangel → 5/1
défendre qn/qc [defɑ̃dʀ] jdn/etw. verteidigen → rév/3
dehors [dəɔʀ] draußen → 4/1
déjà [deʒa] schon → 7/2
demain [dəmɛ̃] morgen → 3/2; **À demain!** [adəmɛ̃] Bis morgen! → 1/A
demander (qc) à qn [dəmɑ̃de] jdn (etw.) fragen → 7/3
demi/e [dəmi] *adj.* halb → 6/A
déprimé/e [depʀime] *m./f. adj.* deprimiert → rév/2
depuis [dəpɥi] seit → supp/3, → supp/4, → rév/2
derrière [dɛʀjɛʀ] hinter → 3/A
Désolé/e. [dezole] *m./f. adj.* Es tut mir leid. → 7/3
le **dessin** [lədesɛ̃] das Zeichnen *auch:* die Zeichnung → 6/1
détester qn/qc [detɛste] jdn/etw. hassen → 7/1
les **dettes** [ledɛt] *f. pl.* die Schulden → 5/2
devant [dəvɑ̃] vor *räumlich, nicht zeitlich* → 3/A
devenir (qc) [dəvniʀ] (etw). werden → supp/3, → rév/1 *wird wie venir konjugiert, Konjugation S. 143*
deviner qc [dəvine] etw. raten, erraten → 5/A
les **devoirs** [ledəvwaʀ] *m. pl.* die Hausaufgaben → 4/2
dimanche [dimɑ̃ʃ] *m.* (am) Sonntag → 4/3
le **dîner** [ladine] das Abendessen → 3/2
dire qc à qn [diʀ] jdm etw. sagen → 7/2 *Konjugation S. 142;* **dis** [di] *fam.* sag mal → 6/2
discuter [diskyte] diskutieren → 4/A
la **disquette** [ladiskɛt] die Diskette → 2/A
le/la **documentaliste** [lədokymɑ̃talist/ladokymɑ̃talist] der/die Bibliothekar/in → 2/A
donner qc à qn [dɔne] jdm etw. geben → rév/2
le **dossier** [lədosje] die Mappe → 7/A
doubler [duble] synchronisieren → supp/3
drôle [dʀol] lustig → 7/2
le **DVD** [lədevede] die DVD → 2/A

E

l' **eau** [lo] *f.* das Wasser → 5/3
l' **école** [lekɔl] *f.* die Schule → 2/A
écouter qn/qc [ekute] jdm zuhören, auf jdn hören, etw. hören → 3/2
l' **écrivain** [lekʀivɛ̃] *m.* der Schriftsteller → 7/A

l' **éducation civique** [ledykasjɔ̃sivik] *f.* die Sozialkunde, die Gemeinschaftskunde → 6/1
eh bien [ebjɛ̃] also *Füllwort am Anfang* → 2/2
l' **éléphant** [lelefɑ̃] *m.* der Elefant → 5/3
l' **élève** [lelɛv] *m./f.* der Schüler / die Schülerin → 2/A
l' **emploi du temps** [lɑ̃plwadytɑ̃] *m.* der Stundenplan → 6/1
en [ɑ̃] in → 1/3
en ce moment [ɑ̃smomɑ̃] zur Zeit, im Augenblick → 6/1
en face de [ɑ̃fasdə] gegenüber von → 7/1
encore [ɑ̃kɔʀ] noch, außerdem, schon wieder! → 2/1, → 2/2
l' ***endroit*** [lɑ̃dʀwa] *m.* der Ort → supp/2
l' **enfant** [lɑ̃fɑ̃] *m./f.* das Kind → 3/A
enfin [ɑ̃fɛ̃] schließlich → 2/2; endlich → rév/1
ensemble [ɑ̃sɑ̃bl] zusammen → 4/2
ensuite [ɑ̃sɥit] danach, anschließend → 7/3
entendre qn/qc [ɑ̃tɑ̃dʀ] jdn/etw. hören → 7/2 *wird wie attendre konjugiert, Konjugation S. 142*
entre [ɑ̃tʀ] zwischen → 1/3
entrer [ɑ̃tʀe] hineingehen → 3/2
épeler qc [epəle] etw. buchstabieren → 2/3 *Konjugation S. 142*
est-ce que [ɛskə] *zeigt dir an, dass es sich um eine Frage handelt* → 3/3
et [e] und → 1/2; **Et alors?** [ealɔʀ] Na und? → 4/2; **Et toi?** [etwa] Und du? → 1/1
l' **étagère** [letaʒɛʀ] *f.* das Regal
états d'AM [etadam] *Titel der Schülerzeitung, Anspielung auf* état d'âme (Seelenzustand) → supp/1
étonner qn [etɔne] jdn. überraschen, in Erstaunen versetzen → rév/3
être [ɛtʀ] sein → 2/3 *Konjugation S. 142;* **être en avance** [ɛtʀəɑ̃avɑ̃s] zu früh kommen → 6/3; **être en retard** [ɛtʀəɑ̃ʀətaʀ] sich verspäten, zu spät kommen → 6/3; **être libre** [ɛtʀlibʀ] frei haben → 4/3; ***être situé/e*** [ɛtʀsitɥe] gelegen sein → supp/1
les **études dirigées** [lezetytdiʀiʒe] *f. pl. Zeit, in der die Schüler ihre Hausaufgaben unter Aufsicht anfertigen* → 6/1
l' **euro** [løʀo] *m.* der Euro → 4/3
l' ***événement/évènement*** [levɛnmɑ̃] *m.* das Ereignis → supp/4
l' ***excursion*** [lɛkskyʀsjɔ̃] *f.* die Exkursion, der Ausflug → rév/1
l' **exercice** [lɛgzɛʀsis] *m.* die Übung, die Hausaufgabe → 3/3
l' **explication de texte** [lɛksplikasjɔ̃dətɛkst] *f.* die Textinterpretation → 6/2

F

la **fable** [lafablə] die Fabel → 6/2
fabriquer qc [fabʀike] etw. herstellen, etw. fabrizieren → supp/1
facile [fasil] *m./f. adj.* leicht, einfach → 7/3
faciliter qc [fasilite] etw. erleichtern → supp/3
le/la ***facteur/-trice*** [ləfaktœʀ/lafaktʀis] der Briefträger → supp/2
la **faim** [lafɛ̃] der Hunger → 7/2
faire qc [fɛʀ] etw. tun → 4/2 *Konjugation S. 143;* ***faire les courses*** [fɛʀlekuʀs] einkaufen im Sinne von Lebensmittel kaufen → 5/A; ***faire la cuisine*** [fɛʀlakɥizin] kochen → supp/4
la **famille** [lafamij] die Familie → 3/A
fantastique [fɑ̃tastik] *m./f. adj.* phantastisch → supp/4
la **farine** [lafaʀin] das Mehl → 5/2
la **faute** [lafot] der Fehler → 2/1, die Schuld → 6/3
la **femme** [lafam] die Frau → 7/2; **la jeune femme** [laʒœnfam] die junge Frau → 7/3
fermer qc [fɛʀme] etw. schließen → 6/1
février [fevʀije] *m.* Februar → Annexe
le ***festival*** [ləfɛstival] das Festspiel, das Festival → supp/1
la ***fête*** [lafɛt] die Party, die Fete, das Fest → supp/4, → rév/2
la **fille** [lafij] das Mädchen → 1/2, die Tochter → 3/2; **la jeune fille** [laʒœnfij] das junge Mädchen → 7/3
le **film** [ləfilm] der Film → 2/2
les ***films américains*** [lefilmameʀikɛ̃] die amerikanischen Filme → supp/2
le **film d'horreur** [ləfilmdɔʀœʀ] der Gruselfilm, der Horrorfilm → 2/2
le **fils** [ləfis] der Sohn → 7/2
la **fin** [lafɛ̃] *f.* das Ende → 6/1
la **fleur** [laflœʀ] die Blume → 7/3
le **fleuve** [ləflœv] der Fluss → 1/3
le **foot** [ləfut] Fußball → 4/1
formidable [fɔʀmidablə] *m./f. adj.* hervorragend, toll → rév/3
fort/e [fɔʀ/fɔʀt] *adj.* stark → 5/3
le **français** [ləfʀɑ̃sɛ] Französisch → 3/3
la **France** [lafʀɑ̃s] *f.* Frankreich → 1/3
le **frère** [ləfʀɛʀ] der Bruder → 3/A; **les frères et sœurs** [lefʀɛʀesœʀ] *m. pl.* die Geschwister → 3/3
les **frites** [lefʀit] *f. pl.* die Pommes frites → 2/1
froid/e [fʀwa/fʀwad] *adj.* kalt → 5/A
le ***fromage*** [ləfʀɔmaʒ] der Käse → rév/3
la ***frontière*** [lafʀɔ̃tjɛʀ] die Grenze → supp/1
les **fruits** [lefʀɥi] *m. pl.* das Obst → 5/3

G

le **garçon** [ləgaʀsɔ̃] der Junge → 1/2
garder qn/qc [gaʀde] auf jdn aufpassen, etw. behalten, etw. aufbewahren → supp/2
la **gare** [lagaʀ] der Bahnhof → 7/3
le **gâteau** [ləgato] / **les gâteaux** [legato] *pl.* der Kuchen → 5/2
le ***Gaulois*** [ləgolwa] der Gallier → supp/1
génial/e [ʒenjal] *adj.* genial, toll, super → 4/3

les **gens** [leʒɑ̃] *m. pl.* die Leute → 7/3
la **géographie** [laʒeografi] die Geographie, die Erdkunde → 2/2
la ***girafe*** [laʒiʀaf] die Giraffe → 3/2 Ex
la ***glace*** [laglas] das Eis → rév/3
la ***gomme*** [lagɔm] der Radiergummi → 3/2 Ex
grand/e [gʀɑ̃/gʀɑ̃d] *adj.* groß → 5/3
la **grand-mère** [lagʀɑ̃mɛʀ] die Großmutter → 3/A
le **grand-père** [ləgʀɑ̃pɛʀ] der Großvater → 3/A
les **grands-parents** [legʀɑ̃paʀɑ̃] *m. pl.* die Großeltern → 3/3
grave [gʀav] *m./f. adj.* schlimm → supp/2
le ***guide*** [ləgid] der Fremdenführer, der Reiseführer → rév/3
la **gym** [laʒim] *fam.* ou: **la gymnastique** [laʒimnastik] der Sportunterricht, die Gymnastik → 4/1
le **gymnase** [ləʒimnaz] die Turnhalle → 2/1

H

habiter [abite] wohnen → 3/2; **habiter à quinze minutes de** [abiteakɛ̃zminytdə] 15 Minuten von etw. oder einem Ort entfernt wohnen → 6/1
le **handball** [ləɑ̃dbal] Handball → 4/1
Hé! [e] He, (ihr da)! → 2/3
héhé [ee] haha *lachend* → 7/1
hein? [ɛ̃] ..., nicht wahr? → 2/2
l' **heure** [lœʀ] *f.* die Stunde, Uhr *zur Angabe der Uhrzeit* → 6/A; **À quelle heure?** [akɛlœʀ] um wie viel Uhr? →6/1; **à onze heures** [aɔ̃zœʀ] um elf Uhr → 6/1; **C'est l'heure.** [sɛlœʀ] Es ist so weit., Es ist Zeit!, Es ist jetzt an der Zeit (etw. Bestimmtes zu tun). → 2/3; **Il est quelle heure?** [ilɛkɛlœʀ] Wie spät ist es? → 6/A; ***24 heures sur 24*** [vɛ̃tkatʀœʀsyʀvɛ̃tkatʀ] rund um die Uhr → supp/2
l' **histoire** [listwaʀ] *f.* die Geschichte → 6/1
l' **homme** [lɔm] *m.* der Mann → 7/2
l' **hôpital** [lɔpital] *m.* das Krankenhaus → 3/2
l' **horloge** [lɔʀlɔʒ] *f.* die Uhr → 6/A

I

ici [isi] hier → 2/2
l' **idée** [lide] *f.* die Idee → 5/2
il pleut [ilplø] es regnet → rév/2
il y a [ilja] es gibt → 2/1
l' ***image*** [limaʒ] *f.* das Bild → rév/3
l' **imbécile** [lɛ̃besil] *m./f.* der Dummkopf → 7/1
l' **immeuble** [limœbl] *m.* das Gebäude → 7/1
important/e [ɛ̃pɔʀtɑ̃/ɛ̃pɔʀtɑ̃t] *adj.* wichtig → supp/4
intelligent/e [intɛliʒɑ̃/intɛliʒɑ̃t] *adj.* intelligent → 6/3
l' **intello** [lɛ̃tɛlo] *m./f. fam.* ou: **l'intellectuel** [lɛ̃tɛlɛktyɛl] *m.*/ **l'intellectuelle** [lɛ̃tɛlɛktyɛl] *f.* der/die Intellektuelle, der/die Streber/in → 6/3
intéressant/e [ɛ̃teʀɛsɑ̃/ateʀɛsɑ̃t] *adj.* interessant → 6/1
intéresser qn [ɛ̃teʀese] jdn interessieren → 7/2
l' **interro** [lɛ̃tɛʀo] *f. fam.* ou: **l'interrogation** [lɛ̃tɛʀogasjɔ̃] *f.* die Klassenarbeit → 4/2
l' **interview** [lɛ̃tɛʀvju] *f.* das Interview → 7/3
inviter qn [ɛ̃vite] jdn einladen → supp/4, → rév/2

J

janvier [ʒɑ̃vje] *m.* Januar → Annexe
le ***jambon*** [ləʒɑ̃bɔ̃] der Schinken → rév/3
le **jardin** [leʒaʀdɛ̃] der Garten → 7/A; **le Jardin des plantes** [leʒaʀdɛ̃deplɑ̃t] der Botanische Garten → 7/A
je m'appelle [ʒəmapɛl] ich heiße → 1/1; **Tu t'appelles comment?** [tytapɛlkɔmɑ̃] Wie heißt du? → 1/1; **il/elle s'appelle** [il/ɛlsapɛl] er/sie heißt → 2/1
je voudrais [ʒəvudʀɛ] ich möchte gern, ich würde gern → 4/2
jeune [ʒœn] m./*f. adj.* jung → 7/3; ***le/la jeune*** [lə/laʒœn] der/die Jugendliche → supp/4; **la jeune femme** [laʒœnfam] die junge Frau → 7/3; **la jeune fille** [laʒœnfij] das junge Mädchen → 7/3
joli/e [ʒɔli] *adj.* hübsch, nett, niedlich → rév/3
jouer [ʒue] spielen → 4/A
le **jour** [ləʒuʀ] der Tag; **un jour** [ɛ̃ʒuʀ] eines Tages → 7/2
le ***journal*** [ləʒuʀnal] / ***les journaux*** [leʒuʀno] die Zeitung → supp/1
juillet [ʒyijɛ] *m.* Juli → Annexe
juin [ʒyɛ̃] *m.* Juni → Annexe
le **jus de fruits** [ləʒydfʀɥi] der Fruchtsaft → 5/3
jusque [ʒysk] bis → 6/1
juste [ʒyst] richtig → 3/3

K

le **kilo** [ləkilo] das Kilo → 5/2

L

là [la] da, dort → 2/1
là-bas [labɑ] dort → 2/2
Laisse tomber! [lɛstɔ̃be] Ach, lass doch! Vergiss es! → 5/1
la **lampe** [lalɑ̃p] die Lampe → 3/2
la ***LAN partie*** [lalanpaʀti] die LAN Party → supp/4
la **leçon** [laləsɔ̃] die Lektion → 6/3
la **légende** [laleʒɑ̃d] die Legende → 7/2
les **légumes** [lelegym] *m. pl.* das Gemüse → 5/3
libre [libʀ] *m./f. adj.* frei → supp/2; **être libre** [ɛtʀlibʀ] frei haben → 4/3
le **lit** [ləli] das Bett → 3/2
le **livre** [ləlivʀ] das Buch → 2/A; ***le livre de cuisine*** [ləlivʀdəkɥizin] das Kochbuch → supp/4
loin [lwɛ̃] weit → 5/2; **on ne va pas loin avec qc** [ɔ̃nəvapalwɛ̃avɛk] man kommt nicht weit mit etw. → 5/2
longtemps [lɔ̃tɑ̃] *adv.* lange supp/3, → rév/1
lundi [lɛ̃di] *m.* (am) Montag → 6/1
la ***lune*** [lalyn] der Mond → rév/1

M

Machinchose [maʃɛ̃ʃoz] Dingsda, Dingsbums 6/2

Madame *Anrede für eine Frau* → 1/A

Mademoiselle [madmwazɛl] *Anrede für eine junge Frau, auch für eine ältere unverheiratete Frau* → 1/A

le **magasin** [ləmagazɛ̃] das Geschäft → 7/3

le **magazine** [ləmagazin] die Zeitschrift → 2/A

mai [mɛ] *m.* Mai → 6/1

maintenant [mɛ̃tnɑ̃] jetzt → 2/3

mais [mɛ] aber → 1/3

Mais enfin! [mɛɑ̃fɛ̃] Jetzt ist es aber genug! → 2/2

la **maison** [mɛzɔ̃] das Haus → 3/A

mal [mal] *adv.* schlecht → 1/2 Ex, → rév/2

malade [malad] *m./f. adj.* krank → supp/2, → supp/4

maman [mamɑ̃] *f.* Mutti, Mama → 3/2

manger qc [mɑ̃ʒe] etw. essen → 3/2 *Konjugation S. 142*

le **marchand** [ləmaʀʃɑ̃] der (Markt-)Händler → 5/1

le **marché** [ləmaʀʃe] der Markt → 5/A; **le marché aux puces** [ləmaʀʃeopys] der Flohmarkt → 5/A

marcher [maʀʃe] funktionieren → 3/2

mardi [maʀdi] *m.* (am) Dienstag → 6/1; le mardi [ləmaʀdi] dienstags → 6/2

marquer [maʀke] prägen → supp/4

marrant/e [maʀɑ̃/maʀɑ̃t] lustig, spaßig → 4/1

mars [maʀs] *m.* März → Annexe

les **maths** [lemat] *f. pl.* Mathe → 2/1

le **matin** [ləmatɛ̃] der Morgen, morgens → 4/2

méchant/e [meʃɑ̃/meʃɑ̃t] böse → 7/2

le **médecin** [ləmedsɛ̃] der Arzt / die Ärztin → 3/2

mémé [meme] *f.* Oma, Omi → 3/A

même [mɛm] *adv.* sogar, selbst → 6/1

la **mémoire** [lamemwaʀ] das Gedächtnis → 6/2

la ***mer*** [lamɛʀ] das Meer → supp/1, → rév/1; ***au bord de la mer*** [obɔʀdəlamɛʀ] → supp/1, → rév/1

merci [mɛʀsi] danke → 2/2

mercredi [mɛʀkʀədi] *m.* (am) Mittwoch → 6/1

la **mère** [lamɛʀ] die Mutter → 3/A

le **message** [ləmesaʒ] die Nachricht → 3/3

Messieurs [mesjø] Meine Herren *Anrede für mehrere Herren* → 7/1

le ***métier*** [ləmetje] der Beruf → supp/2, → supp/3

le ***métro*** [ləmetʀo] die U-Bahn (die Untergrundbahn) → 6/3 Ex

mettre qc [mɛtʀ] etw. setzen, stellen, (hinein)legen → 5/2 *Konjugation S. 143*

miam miam! [mjamjam] hm, lecker! *Ausruf* → 6/2

midi [midi] *m.* 12.00 Uhr, Mittag → 6/A

le **miel** [ləmjɛl] der Honig → 5/3

mieux [mjø] besser → 1/3

minuit [minɥi] *m.* Mitternacht → 6/A

la **minute** [laminyt] die Minute → 3/3

moins [mwɛ̃] weniger, minus → 6/A

le ***mois*** [ləmwa] der Monat → rév/2

la **moitié** [lamwatje] die Hälfte → 5/2

le **moment** [ləmɔmɑ̃] der Moment, der Augenblick → 3/1

le ***monde*** [ləmɔ̃d] die Welt → rév/2; ***tout le monde*** [tuləmɔ̃d] alle, jedermann → rév/2

Monsieur [məsjø] *Anrede für einen Herrn* → 1/A

le ***monstre*** [ləmɔ̃stʀ] das Monster → 1/3 Ex

la ***montagne*** [lamɔ̃taɲ] die Berge, das Gebirge → supp/1, → rév/2

la **montre** [lamɔ̃tʀ] die Armbanduhr → 6/A

montrer qc à qn [mɔ̃tʀe] etw. jdm zeigen → 3/2

le **muscle** [ləmyskl] der Muskel → 4/3

le **musée** [ləmyze] das Museum → 7/3

la **musique** [lamyzik] die Musik → 6/1

N

la ***nature*** [lanatyʀ] die Natur → rév/1

... ne ... pas [nə ... pɑ] nicht → 4/A; **... ne ... pas de** [nə ... pɑdə] kein → 5/2; **ne ... plus ...** [nəply] nicht mehr → 5/1; **ne ... plus de** [nəplydə] kein ... mehr → 5/2

le ***nom*** [lənɔ̃] der Name → 2/3 Ex

non [nɔ̃] nein → 1/1

noter qc [note] etw. notieren, aufschreiben → 6/2

la ***nourriture*** [lanuʀityʀ] *hier:* das Futter → supp/2

nouveau/nouvelle [nuvo/nuvɛl] neu → 1/2

novembre [nɔvɑ̃bʀ] *m.* (am) November → Annexe

nul/le [nyl] *adj.* schlecht, blöd; **être nul/le en** [ɛtʀnylɑ̃] sehr schwach, eine Null / eine Niete sein → 6/1; **C'est nul!** [sɛnyl] Das ist blöd! → 4/2

le **numéro** [lənymeʀo] die Nummer → 4/3

O

observer qc [ɔbsɛʀve] etw. beobachten → rév/3

octobre [ɔktɔbʀ] *m.* Oktober → Annexe

l' ***œuf au plat*** [lœfopla] *m.* / ***les œufs au plat*** [lezøopla] das Spiegelei → supp/4

l' **office de tourisme** [lɔfisdətuʀizmə] *m.* das Fremdenverkehrsamt, die Touristeninformation → 5/A

Oh, là, là! [olala] O je!, Ach je! → 4/2

l' **oignon** [lɔɲɔ̃] *m.* die Zwiebel → 5/3

l' ***oiseau*** [lwazo] *m.* / ***les oiseaux*** [lezwazo] *pl.* der Vogel → supp/1, → rév/1

l' ***oncle*** [lɔ̃kl] *m.* der Onkel → supp/4

on doit [ɔ̃dwa] man muss → supp/2, → supp/3
l' **orange** [lɔʀɑ̃ʒ] *f.* die Orange, die Apfelsine → 5/3
l' **ordinateur** [lɔʀdinatœʀ] *m.* der Computer → 2/A
ou [u] oder → 2/3
où? [u] wo, wohin? → 1/3
oublier qc [ublije] etw. vergessen → rév/3
oui [wi] ja → 1/1
l' **ours en peluche** [luʀsɑ̃pəlyʃ] *m.* der Teddybär → 5/1

P

la **page** [lapaʒ] die Seite → 6/2
le **pain** [ləpɛ̃] das Brot → 5/3
le **pain au chocolat** [ləpɛ̃oʃɔkɔla] das Schokocroissant → 6/2
par cœur [paʀkœʀ] auswendig → supp/1
par exemple [paʀɛgzɑ̃pl] zum Beispiel → supp/3
le **parc** [ləpaʀk] der Park → 7/A
le ***Parc des oiseaux*** [ləpaʀkdezwazo] der Vogelpark → rév/1
parce que [paʀskə] weil → 6/3
Pardon! [paʀdɔ̃] Entschuldigung! → 1/1
les **parents** [ləpaʀɑ̃] *m./pl.* die Eltern → 3/A
parler [paʀle] sprechen → 3/1 *Konjugation S. 142;* **parler à qn** [paʀlea] mit jdm sprechen → 7/3; **parler de qc/qn** [paʀle] über etw./jdn sprechen, von etw./jdm reden → 7/2
partir [paʀtiʀ] weggehen → 7/1 *wird wie sortir konjugiert, Konjugation S. 142;* wegfahren, in den Urlaub fahren → rév/2
pas mal [pɑmal] nicht schlecht → 1/2
passer [pase] vergehen → 6/3; ***passer en*** [paseɑ̃] versetzt werden → rév/1
la ***patte*** [lapat] die Pfote → supp/2
le/la **pauvre** [lə/lapovʀə] der Arme → 7/2
le ***pays*** [ləpei] das Land → supp/1
la **pêche** [lapɛʃ] der Pfirsich → 5/3
pendant [pɑ̃dɑ̃] während → 6/3
penser à qn/qc [pɑ̃se] an jdn/etw. denken → supp/3
pépé [pepe] *m.* Opa → 3/A
le **père** [ləpɛʀ] der Vater → 3/A
la **perruche** [lapeʀyʃ] der Wellensittich → 3/2
peser [pəze] wiegen → 7/2 *wird wie épeler konjugiert, Konjugation S. 142*
petit/e [pəti/pətit] *m./f.* klein → 5/3
le **petit-déjeuner** [ləpətideʒœne] das Frühstück → 6/3
un **peu** [ɛ̃pø] ein wenig, ein bisschen → 6/3; **un peu de** [ɛ̃pødə] ein bisschen → 5/2
peut-être [pøtɛtʀ] vielleicht → rév/2
la **photo** [lafɔto] das Foto → 3/2, das Fotografieren → 4/1
photographier qn/qc [fɔtɔgʀafje] jdn/etw. fotografieren → 4/1
la **pièce** [lapjɛs] das Stück → 5/3
le **pied** [ləpje] der Fuß; **à pied** [apje] zu Fuß → 6/3
le ***pilote*** [ləpilɔt] der/die Pilot/in → rév/1
la **piscine** [lapisin] das Schwimmbad → 6/1
la **place** [laplas] der Platz, der Sitzplatz, die Eintrittskarte → 4/2
le **plafond** [ləplafɔ̃] die Decke → 5/3
la ***plage*** [laplaʒ] der Strand → supp/1
le ***plaisir*** [ləplɛziʀ] das Vergnügen, die Freude → supp/3
le **plan** [ləplɑ̃] der Plan → 7/1
pleurer [plœʀe] weinen → 7/2
le ***pneu*** [ləpnø] der Reifen → supp/1
le **poète** [ləpɔɛt] der Dichter → 1/3
le **poisson** [ləpwasɔ̃] der Fisch → 3/3
le **poivron** [ləpwavʀɔ̃] die Paprikaschote → 5/3
le **policier** [ləpɔlisje] der Polizist → 7/1
la ***pomme*** [lapɔm] der Apfel → 5/3 Ex, → rév/3
la **pomme de terre** [lapɔmdətɛʀ] die Kartoffel → 5/3
le **pont** [ləpɔ̃] die Brücke → 7/2
le ***port*** [ləpɔʀ] der Hafen → rév/1
la **porte** [lapɔʀt] die Tür → 4/1
le **porte-monnaie** [ləpɔʀtmɔnɛ] der Geldbeutel → 4/A
poser qc [poze] etw. installieren, anbringen, (hin-)stellen → 3/2; **poser une question (à qn)** [pozeynkɛstjɔ̃] (jdm) eine Frage stellen → 7/3
possible [pɔsibl] *m./f. adj.* möglich → supp/3
la **poste** [lapɔst] die Post, das Postamt → 5/A
le **pot** [ləpo] der Topf, das Glas → 5/3
le **poulet** [ləpulɛ] das Hühnchen → 5/3
pour [puʀ] für → 1/3; wegen → 7/3; **pour un oui ou pour un non** [puʀɛ̃wiupuʀɛ̃nɔ̃] um ein Nichts → 4/1
pourquoi? [puʀkwa] warum? → 6/3; **pourquoi pas?** [puʀkwapa] warum nicht? → 4/1
pouvoir qc + *inf.* [puvwaʀ] etw. können, etw. tun können → 4/1 *Konjugation S. 143*
la ***préfecture*** [lapʀefɛktyʀ] die Präfektur *Sitz der Verwaltung eines Departements, einer Region* → supp/1
préférer qc [pʀefeʀe] etw. bevorzugen, lieber mögen → 4/1 *Konjugation S. 142*
prendre qc [pʀɑ̃dʀ] etw. nehmen → 6/3 *Konjugation S. 143*
le ***prénom*** [ləpʀenɔ̃] der Vorname → 2/3 Ex
préparer qc [pʀepaʀe] etw. zubereiten, vorbereiten → 3/2
près de [pʀɛdə] in der Nähe von, nahe bei → 3/3
le **prix** [ləpʀi] der Preis → 5/1
le **problème** [ləpʀɔblɛm] das Problem → 4/2
le/la **prof** [ləpʀɔf/lapʀɔf] *fam.* ou: **le professeur** [ləpʀɔfɛsœʀ] der Lehrer / die Lehrerin → 2/1
la **promenade** [lapʀɔmnad] der Spaziergang → 7/A
promener qn [pʀɔmne] jdn spazieren führen → supp/2
proposer qc à qn [pʀɔpoze] jdm etw. vorschlagen → rév/1
puis [pɥi] dann → 7/2

Q

qu'est-ce que? [kɛskə] Was ...? → 2/1

le **quai** [ləke] das Ufer, die Straße am Flussufer *auch:* der Kai, die Anlegestelle am Hafen → 7/2

quand [kɑ̃] wann? → 6/2; wenn, immer wenn → 7/3

le **quart** [ləkaʀ] das Viertel; **le quart d'heure** [ləkaʀdœʀ] die Viertelstunde → 6/A

le **quartier** [ləkaʀtje] das Viertel → 1/3

quelque chose [kɛlkəʃoz] etwas → 5/1

la **question** [lakɛstjɔ̃] die Frage → 6/2; **poser une question (à qn)** [pozeynkɛstjɔ̃] (jdm) eine Frage stellen → 7/3

le ***quiz*** [ləkwiz] das Quiz → supp/1

R

raconter qc (à qn) [ʀakɔ̃te] (jdm) etw. erzählen → 7/2

la ***raison*** [laʀɛzɔ̃] der Grund → rév/1

ramasser qc [ʀamase] etw. einsammeln, aufsammeln → supp/2

ranger qc [ʀɑ̃ʒe] etw. aufräumen → 3/2 *wird wie* manger *konjugiert, Konjugation S. 142*

le **rayon** [ləʀɛjɔ̃] die Abteilung → 5/3

la **récréation** [laʀekʀeasjɔ̃] die Pause → 6/1

regarder qc [ʀəgaʀde] etw. ansehen, anschauen, betrachten → 3/1; **regarder qn** [ʀəgaʀde] jdn etw. angehen → 7/2

la ***région*** [laʀeʒjɔ̃] die Region, das Gebiet, die Gegend → supp/1

la **rentrée** [laʀɑ̃tʀe] der Beginn des neuen Schuljahres → 1/A

rentrer [ʀɑ̃tʀe] nach Hause gehen → 4/2

répondre qc à qn [ʀepɔ̃dʀ] jdm etw. antworten → 6/2 *wird wie* attendre *konjugiert, Konjugation S. 142*

respirer [ʀɛspiʀe] atmen → 7/3

le **restaurant** [ləʀɛstɔʀɑ̃] das Restaurant → 7/3

rester [ʀɛste] bleiben → rév/2

le **retard** [ləʀətaʀ] die Verspätung; **être en retard** [ɛtʀɑ̃ʀətaʀ] sich verspäten, zu spät kommen → 6/3

retrouver qn/qc [ʀətʀuve] jdn treffen, etw. wiederfinden → 7/1

le **réveil** [ləʀevɛj] der Wecker → 6/3

rêver [ʀɛve] träumen → 4/A

le ***rôle*** [ləʀol] die Rolle → supp/3

les **rollers** [leʀɔlœʀ] *m. pl.* die Inlineskates → 4/1

la **rue** [laʀy] die Straße → 5/A; **dans la rue** [dɑ̃laʀy] auf der Straße → 5/A

S

les **S.V.T.** [leɛsvete] *f. pl.* Mensch – Natur – Umwelt *Unterrichtsfach* → 6/1

s'il te plaît [siltəplɛ] bitte → 2/3; **s'il vous plaît** [silvuplɛ] bitte → 2/2

le **sac** [ləsak] die Tasche → 5/2

la **salle de bains** [lasaldəbɛ̃] das Badezimmer → 3/1

la **salle de classe** [lasaldəklas] der Klassenraum → 2/1

la **salle de séjour** [lasaldəseʒuʀ] das Wohnzimmer → 3/1

Salut! [saly] *fam.* Hallo!, Grüß dich!; *auch:* Tschüss! → 1/A

samedi [samdi] *m.* (am) Samstag → Annexe

le ***sandwich*** [ləsɑ̃dwiʃ] das Sandwich, das belegte Brötchen → rév/3

sans [sɑ̃] ohne → supp/2, → supp/3, → rév/2

le/la **savant/e** [lesavɑ̃/lasavɑ̃t] der/die Wissenschaftler/in → 7/A

savoir qc [savwaʀ] etw. wissen → supp/1 *Konjugation S. 125;*
Je sais. [ʒəsɛ] Ich weiß. → 3/2;
Je ne sais pas. [ʒənsɛpɑ] Ich weiß (es) nicht. → 1/1

le/la **secrétaire** [lə/lasəkʀetɛʀ] der/die Sekretär/in → 2/1

le **secrétariat** [ləsəkʀetaʀja] das Sekretariat → 2/1

la **semaine** [lasəmɛn] die Woche → 6/1

septembre [sɛptɑ̃bʀ] *m.* September → Annexe

sérieux/-euse [seʀjø/seʀjøz] *adj.* seriös, ernst → supp/3

seul/e [sœl] *adj.* allein → supp/2

si [si] doch *als Antwort auf eine verneinte Frage* → 4/1

simple [sɛ̃plə] *m./f. adj.* einfach → 6/1

la **sixième** [lasizjɛm] die „Sechste" *die erste Jahrgangsstufe nach Beendigung der fünfjährigen Grundschule* → 2/1

le **skate** [ləskɛt] das Skateboard, das Skateboardfahren → 4/1

la **sœur** [lasœʀ] die Schwester → 3/A

la **soie** [laswa] die Seide → 7/A

la ***soif*** [laswaf] der Durst → rév/3

soigner qn [swaɲe] jdn pflegen → supp/2

le **soir** [ləswaʀ] der Abend, abends; **ce soir** [səswaʀ] heute Abend → 4/2

le ***soleil*** [ləsɔlɛj] die Sonne → supp/1, → rév/3

la **solution** [lasolysjɔ̃] die Lösung → 6/1

sonner [sɔne] klingeln → 6/3

sortir [sɔʀtiʀ] hinausgehen → 7/1 *Konjugation S. 142*

la **souris** [lasuʀi] die Maus → 2/A

sous [su] unter → 2/2

souvent [suvɑ̃] oft, häufig → 4/1

le **spectacle** [ləspɛktakl] die Vorstellung, die Aufführung → 4/3

le **sport** [ləspɔʀ] der Sport → 6/1

la ***star*** [lastaʀ] *immer weiblich!* der Star → supp/1

le **stylo** [ləstilo] der Füller, der Kugelschreiber → 2/A

super [sypɛʀ] super → 2/1

le **supermarché** [ləsypɛʀmaʀʃe] der Supermarkt → 5/A

sur [syʀ] auf → 1/3; **sur moi** [syʀmwa] bei mir → 7/1

sûr/e [syʀ] *adj.* sicher; ***C'est sûr.*** [sɛsyʀ] Das steht fest. → rév/3

la ***surprise*** [lasyʀpʀiz] die Überraschung → supp/4

surtout [syʀtu] vor allem → supp/2, → supp/4

le/la **surveillant/e** [ləsyʀvɛjɑ/lasyʀvɛjɑ̃t] die Aufsichtsperson → 2/1

sympa [sɛ̃pa] *adj. fam.* sympathisch → 2/1

T

la **table** [latabl] der Tisch → 2/A
la **tablette** [latablɛt] die Tafel (Schokolade) → 5/3
le ***talent*** [lətalɑ̃] das Talent → supp/3
la **tante** [latɑ̃t] die Tante → 3/2
tard [taʀ] spät → 6/2
un **tas de** [ɛ̃tadə] eine Menge von → 5/2
tatie [tati] *f.* Tantchen → 3/2
la **technologie** [latɛknɔlɔʒi] die Arbeitslehre → 6/1
la **télé** [latele] *fam.* ou: **la télévision** [latelevisjɔ̃] der Fernseher → 3/1; **à la télé** [alatele] im Fernsehen → 3/2
la ***télécarte*** [latelekaʀt] die Telefonkarte → 6/2 Ex
le **téléphone** [lətelefɔn] das Telefon → 3/1
téléphoner [telefɔne] telefonieren → 3/1
le **temps** [lətɑ̃] die Zeit → 6/3; **(ne pas) avoir le temps** [(nəpɑ)avwaʀlətɑ̃] (keine) Zeit haben → 7/3
la **terrasse** [lateʀas] die Terrasse → 7/3
la **tête** [latɛt] der Kopf → 7/1
le **théâtre** [ləteatʀə] das Theater → 7/3
le ***timbre*** [lətɛ̃bʀ] die Briefmarke → 6/2 Ex
la **tomate** [latɔmat] die Tomate → 5/3
tomber [tɔ̃be] fallen → 5/1
la **tonne** [latɔn] die Tonne → 7/2
la **tortue** [latɔʀty] die Schildkröte → 3/3
tôt [to] früh → supp/3
toujours [tuʒuʀ] immer → 3/3
le **tour** [lətuʀ] die Tour, die Runde, der Ausflug → 4/2
le/la ***touriste*** [lə/latuʀist] der/die Tourist/in → supp/1
la ***tournée*** [latuʀne] die Tournee, die Gastspielreise → supp/4
tout [tu] alles → 6/1; ***tout dépend de qn/qc*** [tudepɑ̃də] alles hängt von jdm/etw. ab → supp/2
la **traboule** [latʀabul] *Durchgang zwischen zwei Häusern in Lyon* → 4/1
le ***train*** [lətʀɛ̃] der Zug → 6/3 Ex
le ***tram*** [lətʀam] *fam.* ou: ***le tramway*** [lətʀamwɛ] die Straßenbahn → 6/3 Ex
travailler [tʀavaje] arbeiten, lernen → 3/1
très [tʀɛ] sehr → 2/1
triste [tʀist] *m./f. adj.* traurig → 6/3
la **trompette** [latʀɔ̃pɛt] die Trompete → 6/3
trop [tʀo] zu, zu viel, zu sehr → 2/3
trouver qc [tʀuve] etw. finden → 5/1
le **truc** [lətʀyk] *fam.* die Sache, das Ding *umg.* → 4/3; **un truc comme ça** [ɛ̃tʀykkɔmsa] so ein Ding → 5/1
les **truffes au chocolat** [letʀyfoʃɔkɔla] *f. pl.* die Schokoladentrüffel (Pralinen) → 5/2
tu t'appelles [tytapɛl] du heißt, Heißt du …? → 1/1
le **tube** [lətyb] die Tube → 5/2
le ***tunnel*** [lətynɛl] der Tunnel → supp/1
le **type** [lətip] der Typ, der Kerl, der Junge, der Mann → 4/3

U

un peu [ɛ̃pø] ein wenig, ein bisschen → 6/3; **un peu de** [ɛ̃pødə] ein bisschen → 5/2
un tas de [ɛ̃tadə] eine Menge von → 5/2
un truc comme ça [ɛ̃tʀykkɔmsa] so ein Ding → 5/1

V

les ***vacances*** [levakɑ̃s] *f. pl.* die Ferien → rév/1
le/la **vendeur/-euse** [ləvɑ̃dœʀ/lavɑ̃døz] der/die Verkäufer/in → 4/A
vendredi [vɑ̃dʀədi] *m.* (am) Freitag → 6/1
venir [vəniʀ] kommen → 7/3 *Konjugation S. 143*
la **vérité** [laveʀite] die Wahrheit → 7/2
le/la ***vétérinaire*** [lə/laveteʀinɛʀ] der Tierarzt, die Tierärztin → supp/2
la **vie** [lavi] das Leben → 7/1
la **ville** [lavil] die Stadt → 1/3
visiter qc [vizite] etw. besichtigen → 7/A
vite [vit] *adv.* schnell → 6/3
la **vitrine** [lavitʀin] das Schaufenster → 6/A
voici [vwasi], **voilà** [vwala] da ist, da sind → 7/1, → 1/2
le/la **voisin/e** [ləvwazɛ̃/lavwazin] der/die Nachbar/in → 3/2
le ***volcan*** [ləvɔlkɑ̃] der Vulkan → supp/1
voter [vote] abstimmen → rév/1
vouloir qc + *inf.* [vulwaʀ] etw. wollen, etw. tun wollen → 4/1 *Konjugation S. 143;* **Qu'est-ce que ça veut dire?** [kɛskəsavødiʀ] Was bedeutet das? → 7/3

Hier findest du alle Wörter, die du in ***À Plus! 1*** lernst.
Denke daran, bei den französischen Nomen das richtige Geschlecht zu verwenden.

Die Angabe hinter dem Pfeil verweist dich auf die Unité/Séquence, in der die Vokabel neu eingeführt wird. Falls du nicht mehr sicher bist, wie man das Wort verwendet, kannst du dir den Beispielsatz in der Wortliste der jeweiligen Unité anschauen.

A

Abend le soir; **am Abend** le soir; **heute Abend** ce soir → 4/2
Abendessen le dîner → 3/2
Abenteuer l'aventure *f.* → supp/1
aber mais → 1/3
abstimmen voter → rév/1
Abteilung le rayon → 5/3
Ach! Oh! → 1/1; Ah! → 1/A
Ach komm! Allez! → 5/2
Ach, lass doch! Laisse tomber! → 5/1
Ach so. Ah bon! → rév/1
äh ben *Füllwort am Satzanfang* → 4/1
Album l'album *m.* → 5/1
alle tout le monde → rév/2
Allee l'allée *f.* → 7/1
allein seul/e *adj.* → supp/2
alles tout → 6/1;
alles hängt von (jdm/etw.) ab tout dépend de qn/qc → supp/2
also alors → 1/2
also *Füllwort am Anfang* eh bien → 2/2
Alter l'âge *m.* → 3/3; **in deinem Alter** à ton âge → 7/2
anbringen (etw.) poser qc → 3/2
andere/r/s l'autre *m./f.* → 6/3; autre *m./f. adj.* → supp/1
anfangen (etw.) commencer qc → supp/3; ***am Anfang*** au début → supp/2
angehen (etw. jdn) regarder qn → 7/2
ankommen arriver → 3/1; **Das kommt darauf an.** Ça dépend. → 4/3
Anrede für eine Frau Madame → 1/A
Anrede für eine junge Frau, auch für eine ältere unverheiratete Frau Mademoiselle → 1/A
Anrede für einen Herrn Monsieur → 1/A
anschalten (etw.) allumer qc → 3/2
anschließend ensuite → 7/3
ansehen (jdn/etw.) regarder qn/qc → 3/1
Ansichtskarte la carte postale → 6/2 Ex
anstelle von à la place de (qc) → 7/2
anstoßen (jdn) bousculer qn → 5/1
antworten (jdm/etw.) répondre à qn/qc → 6/2
Apfel la pomme → 5/3 Ex, → supp/3
Aprikose l'abricot *m.* → 5/3
April avril *m.* → Annexe
arbeiten travailler → 3/1
Arbeitslehre la technologie → 6/1
Arbeitslosigkeit le chômage → 7/2
Armbanduhr la montre → 6/A
Arme/-r le/la pauvre → 7/2
Arzt/Ärztin le médecin → 3/2
Atlas l'atlas *m.* → 2/2
atmen respirer → 7/3
auch aussi → 2/1
auf sur → 1/3
Auf Wiedersehen! Au revoir. → 1/A
aufbewahren (etw.) garder qc → supp/2
Aufführung le spectacle → 4/3
Aufgabenheft le cahier de textes → 6/3
August août *m.* → Annexe
aufhören arrêter → 3/1
aufpassen (auf jdn/etw.) garder qn/qc → supp/2
aufräumen (etw.) ranger qc → 3/2
aufsammeln (etw.), ramasser qc → supp/2
aufschreiben (etw.) noter qc → 6/2
Aufsichtsperson le/la surveillant/e → 2/1
Augenblick le moment → 3/1
Ausflug le tour → 4/2; l'excursion → rév/2
Aushang l'affiche *f.* → 4/3
ausschalten (etw.) arrêter qc → 3/1
auswendig par cœur → supp/1

B

Baby le bébé → 4/2
Bäckerei la boulangerie → 5/A
Badezimmer la salle de bains → 3/1
Baguette la baguette → 6/2
Bahnhof la gare → 7/3
bald bientôt *adv.* → 6/3
Banane la banane → 5/3
Bandit le bandit → 7/1
Basteln le bricolage → 5/3
beginnen commencer → supp/3
behalten (etw.) garder qc → supp/2
bei avec → 1/2, chez → 3/A; **bei mir** sur moi → 7/1
belegtes Brötchen le sandwich → rév/3
bellen: er bellt, sie bellen il aboie, ils aboient → supp/2
beobachten (jdn/etw.) observer qn/qc → rév/3
Berg la montagne → supp/1
Beruf le métier → supp/2, →supp/3
berühmt célèbre → supp/1, → supp/3
besichtigen (etw.) visiter qc → 7/A
besser mieux *adv.* → 1/3
betrachten (jdn/etw.) regarder qn/qc → 3/1
Bett le lit → 3/2
bevorzugen (jdn/etw.) préférer qn/qc → 4/1
Bibliothekar/in le/la documentaliste → 2/A
Bild l'image *f.* → rév/3
bis jusque → 6/1; **Bis bald!** à bientôt! → 2/3; **Bis morgen!** À demain!;
Bis später! À plus! → 1/A
bitte s'il te plaît → 2/3, s'il vous plaît → 2/2
bleiben rester → rév/2
blöd sein être nul → 4/2, 6/1
Blume la fleur → 7/3
Bonbon le bonbon → rév/2
böse méchant/e *adj.* → 7/2
Botanischer Garten le Jardin des plantes → 7/A
Boutique la boutique → rév/3
Boxen, der Boxsport la boxe → 4/3
Brieffreund/in le/la correspondant/e → 3/3
Briefmarke le timbre → 6/2 Ex
Briefträger/in le/la facteur/-trice → supp/2
Brot le pain → 5/3
Brücke le pont → 7/2
Bruder le frère → 3/A
Buch le livre → 2/A; ***Kochbuch*** le livre de cuisine → supp/4
buchstabieren épeler → 2/3
Bus le bus → 6/3
Butter le beurre → 5/2

C
Café le café → 7/3
Cafeteria la cafétéria → rév/3
CD le CD → 2/A
CD-ROM le cédérom → 1/3
Cent le centime → 5/1
Chef le chef → 7/1
Chemie la chimie → 7/A
Chor la chorale → supp/4
Clown le clown → 4/3
Cola le coca → rév/3
Comic la bédé *fam.* → 4/1
Computer l'ordinateur *m.* → 2/A
Crêpe la crêpe *dünner Pfannkuchen* → supp/1

D
da là → 2/1
da ist, da sind voilà → 1/2; voici → 7/1
Dame la dame → 4/A
danach ensuite → 7/3
danke merci → 2/2
dann puis → 7/2
das, das da ça → 1/3
Das fängt ja gut an! Ça commence mal! → rév/2
Das ist blöd! C'est nul! → 4/2
Das ist ja schon etwas. C'est déjà ça. → rév/2
Das ist schrecklich! C'est l'horreur! → 4/3
das ist, das sind c'est → 1/1
Das kommt darauf an. Ça dépend. → 4/3
Das steht fest. C'est sûr. → rév/3
Decke le plafond → 5/3
denken penser → supp/3
deprimiert déprimé/e *adj.* → rév/2
Deutsch l'allemand *m.* → 4/2
Deutschland l'Allemagne *f.* → 1/3
Dezember décembre *m.* → Annexe
Dichter le poète → 1/3
Dienstag mardi *m.* → 6/1;
dienstags le mardi → 6/2
Digitalkamera l'appareil numérique *m.* → rév/1
Ding le truc *fam.* → 4/3; **so ein Ding** un truc comme ça → 5/1
Dingsda Machinchose *fam.* → 6/2
Diskette la disquette → 2/A
Diskussion la discussion → supp/2
diskutieren discuter → 4/A
doch si *als Antwort auf eine verneinte Frage* → 4/1
Donnerstag jeudi *m.* → 6/1
dort là-bas → 2/2
draußen dehors → 4/1
du bist es c'est toi → 1/2; **bist du es?** c'est toi ...? → 1/2
Dummkopf l'imbécile *m./f.* → 7/1
Durst la soif → rév/3
DVD le DVD → 2/A

E
ein bisschen / ein wenig un peu (de) → 5/2, → 6/3
eine Menge un tas de → 5/2
einfach simple *m./f. adj.* → 6/1, facile *m./f. adj.* → 7/3
Einkäufe les courses *f. pl.* → 5/A
einkaufen faire les courses → 5/A
einladen (jdn) inviter qn → supp/4, → rév/2
einsammeln (etw.) ramasser qc → supp/2
einschalten (etw.) allumer qc → 3/2
Eintrittskarte la place → 4/2
einverstanden d'accord → 3/3, bon → 2/3
Eis la glace → rév/3
Elefant l'éléphant *m.* → 5/3
Eltern les parents *m. pl.* → 3/A
E-Mail-Adresse l'adresse e-mail *f.* → 3/3
Ende la fin → 6/1
endlich enfin → rév/1
Englisch l'anglais *m.* → 6/1
Entschuldigung! Pardon! → 1/1
Erdkunde la géographie → 2/2
Ereignis l'événement/évènement *m.* → supp/4
erleichtern (etw.) faciliter qc → supp/3
ernst sérieux/-euse *adj.* → supp/3
erraten (etw.) deviner qc → 5/A
erster Flug (einer Person) le baptême de l'air → supp/4
erzählen (etw.) raconter qc → 7/2
Es geht. Ça va! → 1/A
es gibt il y a → 2/1
Es ist heiß. Il fait chaud. → 7/3
Es ist so weit. C'est l'heure. → 2/3
Es regnet. Il pleut. → rév/2
Es tut mir leid. Désolé/e. *adj.* → 7/3
essen (etw.) manger qc → 3/2
etwas quelque chose → 5/1
Euro l'euro *m.* → 4/3
Exkursion l'excursion *f.* → rév/1

F
Fabel la fable → 6/2
fahren aller → 5/2
fallen tomber → 5/1
Familie la famille → 3/A
Februar février *m.* → Annexe
Fehler la faute → 2/1; le défaut → 5/1
Ferien les vacances *f. pl.* → rév/1
Ferienlager la colonie de vacances → rév/2
fernsehen regarder la télévision → 3/1
Fernseher la télé → 3/1; **im Fernsehen** à la télé → 3/2
Fest la fête → supp/4, → rév/2
Festival le festival → supp/1
Film le film → 2/2
finden (etw.) trouver qc → 5/1
Fisch le poisson → 3/3
Flasche la bouteille → 5/3
Flohmarkt le marché aux puces → 5/A
Flughafen l'aéroport *m.* → rév/1
Flugplatz l'aérodrome *m.* → supp/4
Flugzeug l'avion *m.* → rév/1
Fluss le fleuve → 1/3
Foto, Fotografieren la photo → 3/2, → 4/1
Foto-Club le club-photo → 4/1
fotografieren (jdn/etw.) photographier qn/qc → 4/1
Frage la question → 6/2; **eine Frage stellen** poser une question → 7/3
fragen (jdn etw.) demander (qc) à qn → 7/3
Frankreich la France → 1/3
Französisch le français → 3/3
Frau Madame *Anrede* → 1/A, la femme → 7/2
Fräulein Mademoiselle *Anrede* → 1/A, la jeune fille → 7/3
frei libre *m./f. adj.* → supp/2; **frei haben** être libre → 4/3
Freitag vendredi *m.* → 6/1
Fremdenverkehrsamt l'office de tourisme *m.* → 5/A
Freude le plaisir → supp/3
Freund/in l'ami/e *m./f.* → 1/2; le copain / la copine *fam.* → 3/A
Fruchtsaft le jus de fruits → 5/3
früh tôt *adv.* → supp/3
Frühstück le petit-déjeuner → 6/3
Füller le stylo → 2/A
Fünfte (Klasse) la cinquième → 1/3
funktionieren marcher → 3/2
für pour → 1/3, → 2/3
Fuß le pied → 6/3; **zu Fuß** à pied → 6/3
Fußball le foot → 4/1
Futter la nourriture → supp 2

G

Gallier le Gaulois → supp/1
Gasse l'allée *f.* → 7/1
Garten le jardin → 7/A; **Botanischer Garten** le Jardin des plantes → 7/A
Gastspielreise la tournée → supp/4
Gebäude l'immeuble *m.* → 7/1
geben (jdm etw.) donner qc à qn → rév/2
Gebiet la région → supp/1
Gebirge la montagne → rév/2
Geburtstag l'anniversaire *m.* → 5/1
Gedächtnis la mémoire → 6/2
gefährlich dangereux/-euse *adj.* → supp/1
gegen contre → 5/3
gegenüber von en face de → 7/1
gehen aller → 5/2; **Geht's dir gut?** Ça va? → 1/A, **Wie geht's?** Ça va? → 1/A
Geld l'argent *m.* → 5/2
Geldbeutel le porte-monnaie → 4/A
gelegen sein être situé/e → supp/1
Gemüse les légumes *m. pl.* → 5/3
genial génial/e *adj.* → 4/3
genug assez de → 5/2
Geschäft le magasin → 7/3
Geschenk le cadeau → 5/A
Geschichte l'histoire *f.* → 6/1
Geschwister les frères et sœurs *m. pl.* → 3/3
Giraffe la girafe → 3/2 Ex
Glas (Honig) le pot (de miel) → 5/3
glücklich content/e *adj.* → 6/1
Grenze la frontière → supp/1
groß grand/e *adj.* → 5/3
Großeltern les grands-parents *m. pl.* → 3/3
Großmutter la grand-mère → 3/A
Großvater le grand-père → 3/A
Grund la raison → rév/1
Gruselfilm le film d'horreur → 2/2
Gurke le concombre → 5/3
gut bien *adv.* → 1/2; bon/ne *adj.* → 6/1
Guten Abend! Bonsoir! → 3/2
guten Mutes sein avoir le moral → 4/2
Guten Tag!, Guten Morgen! Bonjour! → 1/A
Gymnastik la gym *fam.* / la gymnastique → 4/1

H

haben avoir → 3/3
Hafen le port → rév/1
halb demi/e → 6/A
Hälfte la moitié → 5/2
Hallo! Salut! → 1/A
Handball le handball → 4/1
Händler le marchand → 5/1
hassen (jdn/etw.) détester qn/qc → 7/1
häufig souvent *adv.* → 4/1
Hauptstadt la capitale → supp/1
Haus la maison → 3/A
Hausaufgaben les devoirs *m. pl.* → 4/2
Hausaufgabenheft le cahier de textes → 6/2
Heimwerken le bricolage → 5/3
heiß chaud/e *adj.* → 5/A; **es ist heiß** il fait chaud → 7/3
heißen: *ich heiße* je m'appelle, ***heißt du ...?*** tu t'appelles ...? → 1/1, **er/sie heißt** il/elle s'appelle → 2/1
Herr Monsieur *Anrede* → 1/A
herstellen (etw.) fabriquer qc → supp/1
hervorragend formidable *m./f. adj.* → rév/3
Herz le cœur → 7/2
heute aujourd'hui → 4/2
heute Abend ce soir → 4/2
hier ici → 2/2
hinausgehen sortir → 7/1
hineingehen entrer → 3/2
(hin-)stellen (etw.) poser qc → 3/2
hinter derrière → 3/A
Hof la cour → 2/1
Honig le miel → 5/3
hören entendre qn/qc → 7/2
hören (etw. / auf jdn) écouter qc/qn → 3/2
Horrorfilm le film d'horreur → 2/2
hübsch joli/e *adj.* → rév/3
Hügel la colline → 1/3
Hühnchen le poulet → 5/3
Hund le chien → 3/3
Hundekot la crotte → supp/2
Hunger la faim → 7/2

I

Ich bin's. C'est moi. → 1/1
ich möchte je voudrais → 4/2
Idee l'idée *f.* → 5/2
im Augenblick en ce moment → 6/1
immer toujours → 3/3, **immer wenn** quand → 7/3
in dans → 1/2; à, en → 1/3
in der Nähe von près de → 3/3
Inlineskates les rollers *m. pl.* → 4/1
installieren (etw.) poser qc → 3/2
intelligent intelligent/e *adj.* → 6/3
interessant intéressant/e *adj.* → 6/1
interessieren intéresser → 7/2
Interview l'interview *f.* → 7/3
Ist etwas nicht in Ordnung? Ça ne va pas? → 5/3

J

ja oui → 1/1; **Ja, bitte?** Allô! *am Telefon* → 3/1
Jahr l'an *m.* → 3/3
Januar janvier *m.* → Annexe
jedermann tout le monde → rév/2
jetzt maintenant → 2/3; **Jetzt ist es aber genug!** Mais enfin! → 2/2
Jugendliche/r la/le jeune → supp/4
jung jeune *m./f. adj.* → 7/3; **die junge Frau** la jeune femme → 7/3; **das junge Mädchen** la jeune fille → 7/3
Junge le garçon → 1/2
Juli juillet *m.* → Annexe
Juni juin *m.* → Annexe

K

Kai le quai → 7/2
kalt froid/e *adj.* → 5/A
Kantine la cantine → 1/3
Kartoffel la pomme de terre → 5/3
Karton le carton → 3/2
Käse le fromage → rév/3
Kassette la cassette → 2/A
Katastrophe la catastrophe/la cata *fam.* → 5/2
Katze le chat → 3/A
kaufen (etw.) acheter qc → 5/1
kein ne ... pas de → 5/2; **kein ... mehr** ne ... plus de → 5/2
Kerl le type → 4/3
Kilo le kilo → 5/2
Kind l'enfant *m./f.* → 3/A
Kino le cinéma → 5/A
Klarinette la clarinette → 6/3
Klasse la classe → 1/2
Klassenarbeit l'interro *fam.* / l'interrogation *f.* → 4/2
Klassenzimmer la salle de classe → 2/1
kleben (etw.) coller qc → 5/2
Klebstoff la colle → 5/2
klein petit/e *adj.* → 5/3
klingeln sonner → 6/3
Koch/Köchin le cuisinier / la cuisinière → 7/A
Kochbuch le livre de cuisine → supp/4
kochen faire la cuisine → supp/4
Kolibri le colibri → rév/1

kommen venir → 7/3
können (etw.) / etw. tun können pouvoir qc / + *inf.* → 4/1
Kopf la tête → 7/1
kosten coûter → 5/1
krank malade *m./f. adj.* → supp/2, → supp/4
Krankenhaus l'hôpital *m.* → 3/2
Küche la cuisine → 3/1
Kuchen le gâteau → 5/2
Kuckuck! Coucou! → 1/1
Kugelschreiber le stylo → 2/A

L
Lampe la lampe → 3/2
LAN Party la LAN partie → supp/4
Land *dörfliche Gegend* la campagne → 7/3, *Staat* le pays → supp/1
lange longtemps *adv.* → supp/1, → supp/3
Leben la vie → 7/1
lecker! miam miam! *Ausruf* → 6/2
Legende la légende → 7/2
Lehrer/in le/la prof *fam.* / le professeur *m./f.* → 2/1
leicht facile *m./f. adj.* → 7/3; simple *m./f. adj.* → 6/1
Lektion la leçon → 6/3
lernen (etw.) apprendre qc → 6/3; travailler → 3/1
Leute les gens → 7/3
lieben aimer → 4/1
lieben (sehr) adorer qc → 7/1
lieber/liebe cher *m.* / chère *f.* → 3/3;
der liebe Gott le Bon Dieu → 7/2
Lied la chanson → 3/1
links à gauche → 2/2
Los! Allez hop! → 6/3
Lösung la solution → 6/1
Lufttaufe le baptême de l'air → supp/4
lustig drôle *m./f. adj.* → 7/2; marrant/e *adj.* → 4/1

M
machen (etw.) faire qc → 4/2
Mädchen la fille → 1/2; **junges Mädchen** la jeune fille → 7/3
März mars *m.* → Annexe
Mai mai *m.* → 6/1
Mama maman *f.* → 3/2
man kommt nicht weit mit (etw.) on ne va pas loin avec qc → 5/2
man muss on doit → supp/2, → supp/3
Mangel le défaut → 5/1
Mann l'homme *m.* → 7/2
Mappe le dossier → 7/A
Markt le marché → 5/A
Mathe les maths *fam. f. pl.* / les mathématiques *f. pl.* → 2/1
Maus la souris → 2/A
Meer la mer → supp/1, → rév/1;
am Meer au bord de la mer → supp/1
Meerschweinchen le cochon d'Inde → 2/1
Mehl la farine → 5/2
Mensch – Natur – Umwelt *Unterrichtsfach* les S.V.T. *f. pl.* → 6/1
Merkbuch l'agenda *m.* → 2/A
minus moins → 6/A
Minute la minute → 3/3
mit avec → 1/2
Mittag (12.00 Uhr) midi *m.* → 6/A
Mitternacht minuit *m.* → 6/A
Mittwoch mercredi *m.* → 6/1
mögen (etw.) aimer qc → 4/1;
mögen (sehr) (jdn/etw.) adorer qn/qc → 7/1; **ich möchte** je voudrais → 4/2
möglich possible *m./f. adj.* → supp/3
Möhre la carotte → 5/3
Moment le moment → 3/1
Monat le mois → rév/2
Mond la lune → rév/1
Monster le monstre → 1/3
Montag lundi *m.* → 6/1
morgen demain *adv.* → 3/2
Morgen, morgens le matin → 4/2
Museum le musée → 7/3
Musik la musique → 6/1
Musikschule le conservatoire → 6/3
Muskel le muscle → 4/3
Mut le moral; **guten Mutes sein** avoir le moral → 4/2
Mutter la mère → 3/A

N
na ja bof *fam.* → 1/2
Na und? Et alors? → 4/2
nach Hause gehen rentrer → 4/2
nach *zeitlich* après → 4/1
Nachbar/in le/la voisin/e → 3/2
Nachmittag, nachmittags l'après-midi *m./f.* → 6/1
Nachricht le message → 3/3
Name le nom → 2/3 Ex
Natur la nature → rév/1
natürlich bien sûr *adv.* → 2/1
nehmen (etw.) prendre qc → 6/3
nein non → 1/1
neu nouveau/nouvelle *adj.* → 1/2
nicht ne ... pas → 4/A
nicht mehr ne ... plus... → 5/1
nicht schlecht pas mal → 1/2
nicht sehr ne ... pas trop → 6/3
noch encore → 2/1
notieren (etw.) noter qc → 6/2
Nummer le numéro → 4/3

O
O je!, Ach je! Oh là là! → 4/2
Obst les fruits *m. pl.* → 5/3
oder ou → 2/3
oft souvent *adv.* → 4/1
ohne sans → supp/2, → supp/3, → rév/2
Oktober octobre *m.* → Annexe
Oma mémé *f.* → 3/A
Onkel l'oncle *m.* → supp/4
Opa pépé *m.* → 3/A
Orange l'orange *f.* → 5/3
Ort l'endroit *m.* → supp/2

P
Paprikaschote le poivron → 5/3
Park le parc → 7/A
Party la fête → rév/2, supp/4
Pause la récréation → 6/1
Pfirsich la pêche → 5/3
pflegen (jdn) soigner qn → supp/2
Pfote la patte → supp/2
phantastisch fantastique *m./f. adj.* → supp/4
Pilot/in l'aviateur/-trice → 7/A; le/la pilote → rév/1
Plakat l'affiche *f.* → 4/3
Plan le plan → 7/1
Platz la place → 4/2
Polizist/in le policier / la policière → 7/1
Pommes frites les frites *f. pl.* → 2/1
Portmonee le porte-monnaie → 4/A
Post/Postamt la poste → 5/A
Postkarte la carte postale → 6/2 Ex
Präfektur la préfecture *Sitz der Verwaltung eines Departements / einer Region* → supp/1
prägen (jdn) marquer qc → supp/4
Preis le prix → 5/1
Problem le problème → 4/2
Pst! Chut! → 2/A

Q
Quiz le quiz → supp/1

R
Radiergummi la gomme → 3/2 Ex
raten (etw.) deviner → 5/A
Recht haben avoir raison → supp/2

rechts à droite → 2/2
reden (von etw./jdm) parler de qc → 7/2
Regal l'étagère *f.* → 2/A
Region la région → supp/1
Reifen le pneu → supp/1
Reisebus le car → rév/2
Reiseführer le guide → rév/3
Restaurant le restaurant → 7/3
richtig juste *m./f. adj.* → 3/3
Rolle le rôle → supp/3

S

Sache la chose → supp/3, → supp/4
sagen (jdm etw.) dire qc à qn → 7/2; **sag mal** dis → 6/2
Sahne la crème → 5/3
Samstag samedi *m.* → Annexe
Sandwich *belegtes Brötchen* le sandwich → rév/3
Sänger/in le/la chanteur/-euse → supp/3
Sauerkraut la choucroute → supp/1
Schaufenster la vitrine → 6/A
Schauspieler/in l'acteur/-trice → supp/3
Schauspielkunst l'art dramatique *m.* → supp/3
scheinen briller → supp/1
Schildkröte la tortue → 3/3
Schinken le jambon → rév/3
Schlafzimmer la chambre → 3/1
schlecht mal → 1/2 Ex, → rév/2
schließen (etw.) fermer qc → 6/1
schließlich enfin → 2/2
schlimm grave *m./f. adj.* → supp/2
schnell vite *adv.* → 6/3
Schokocroissant le pain au chocolat → 6/2
Schokoladentrüffel *Pralinen* les truffes au chocolat *f. pl.* → 5/2
schon déjà → 7/2
Schon wieder! Encore! → 2/2
Schöne Ferien! Bonnes vacances! → rév/3
Schrank l'armoire *f.* → 2/A
Schriftsteller/in l'écrivain *m.* → 7/A
schubsen (jdn) bousculer qn → 5/1
Schulbibliothek le CDI → 2/A
Schuld la faute → 6/3
Schulden les dettes *f. pl.* → 5/2
Schule l'école *f* → 2/A; *auch* le collège *Schultyp, entspricht der Sekundarstufe I* → 1/3
Schüler/in, l'élève *m./f.* → 2/A
Schuljahr l'année scolaire *f.* → supp/4; **Schuljahresbeginn** la rentrée → 1/A
Schwester la sœur → 3/A
Schwimmbad la piscine → 6/1
Sechste (Klasse) la sixième → 2/1
sehr très → 2/1
Seide la soie → 7/A
sein être → 2/3
seit depuis → supp/3, → supp/4, → rév/2
Seite la page → 6/2
Sekretariat le secrétariat → 2/1
Sekretär/in le/la secrétaire → 2/1
selbst même → 6/1
selbstverständlich bien sûr → 2/1
September septembre *m.* → Annexe
seriös sérieux/-euse *adj.* → supp/3
Shop la boutique → rév/3
sich verspäten être en retard → 6/3
sicher sûr/e *adj.* → rév/3
singen (etw.) chanter qc → 3/1
Skateboard le skate → 4/1
sogar même → 6/1
Sohn le fils → 7/2
Sonne le soleil → supp/1, → rév/2
Sonntag dimanche *m.* → 4/3
Sozialkunde l'éducation civique *f.* → 6/1
spaßig marrant/e *adj.* → 4/1; drôle *m./f. adj.* → 7/2
spät tard *adv.* → 6/2
spazieren führen (jdn) promener qn → supp/2
Spaziergang la promenade → 7/A; le tour → 4/2
Speisesaal la cantine → 2/1
Spiegelei l'œuf au plat *m.* → supp/4
spielen jouer → 4/A
Sport le sport → 6/1
Sportunterricht la gym *fam.* / la gymnastique → 4/1
sprechen parler → 3/1; **sprechen (mit jdm)** parler à → 7/3; **sprechen (über etw./jdn)** parler de qc → 7/2
Stadt la ville → 1/3
Star la star → supp/1
stark fort/e *adj.* → 5/3
Stein le caillou → 1/3
stellen (etw.) mettre qc → 5/2
Still! Chut! → 2/A
Stimmt's? hein? *fam.* → 2/2; C'est ça? → 2/3
Storch la cigogne → supp/1
Strand la plage → supp/1
Straße la rue → 5/A; **auf der Straße** dans la rue → 5/A
Straßenbahn le tram → 6/3 Ex
Streber/in l'intello *m./f.* → 6/3
Stück la pièce → 5/3
Stuhl la chaise → 3/2
Stunde l'heure *f.* → 6/A
Stundenplan l'emploi du temps *m.* → 6/1
suchen (etw./jdn) chercher qc/qn → 4/A
super super *m./f. adj.* → 2/1
Supermarkt le supermarché → 5/A
sympathisch sympa *fam. m./f. adj.*/ sympathique → 2/1
synchronisieren (etw.) doubler qc → supp/3

T

Tafel (Schokolade) la tablette → 5/3
Tag le jour → 7/2; **eines Tages** un jour → 7/2
Talent le talent → supp/3
Tantchen tatie *f.* → 3/2
Tante la tante → 3/2
Tanz, Tanzen la danse → 4/1
Tasche le sac → 5/2
Taschenkalender l'agenda *m.* → 2/A
Teddybär l'ours en peluche *m.* → 5/1
Telefon le téléphone → 3/1
telefonieren téléphoner → 3/1
Telefonkarte la télécarte → 6/2 Ex
Teller l'assiette *f.* → 5/1
Terrasse la terrasse → 7/3
teuer cher *m.* / chère *f.* → 4/3
Textinterpretation l'explication de texte *f.* → 6/2
Theater le théâtre → 7/3
Theater-AG le club de théâtre → supp/3
Tier l'animal *m.* / les animaux *pl.* → 3/3
Tierarzt/Tierärztin le/la vétérinaire → supp/2
Tisch la table → 2/A
Tochter la fille → 3/2
toll formidable *m./f. adj.* → rév/3
Tomate la tomate → 5/3
Tonne la tonne → 7/2
Topf le pot → 5/3
Tour le tour → 4/2
Tourist/in le/la touriste → supp/1
Touristeninformation l'office de tourisme *m.* → 5/A
träumen rêver → 4/A
traurig triste *m./f. adj.* → 6/3
treffen (jdn) retrouver qn → 7/1
Trompete la trompette → 6/3
Tschüss! Salut! → 1/A

Tube le tube → 5/2
tun (etw.) faire qc → 4/2
Tunnel le tunnel → supp/1
Tür la porte → 4/1
Turnhalle le gymnase → 2/1
Typ le type → 4/3

U
U-Bahn (die Untergrundbahn) le métro → 6/3 Ex
Übelkeit empfinden avoir mal au cœur → rév/2
überraschen (jdn) étonner qn → rév/3
Überraschung la surprise → supp/4
Übung l'exercice *m.* → 3/3
Uhr l'horloge *f.* → 6/A; *zur Angabe der Uhrzeit* l'heure *f.* → 6/A; ***rund um die Uhr*** 24 heures sur 24 → supp/2; **um 11 Uhr** à 11 heures → 6/1; **um wie viel Uhr?** à quelle heure? → 6/1
um ein Nichts pour un oui ou pour un non → 4/1
und et → 1/2
Und du? Et toi? → 1/1
unter sous → 2/2
Unterrichtsstunde le cours → 6/1

V
Vater le père → 3/A
vergehen passer → 6/3
vergessen (etw.) oublier qc → rév/3; **Vergiss es!** Laisse tomber! → 5/1
Vergnügen le plaisir → supp/3
Verkäufer/in le/la vendeur/-euse → 4/A
versetzt werden passer en → rév/1
Verspätung le retard; **sich verspäten** être en retard → 6/3
verstehen (jdn/etw.) comprendre qn/qc → 6/3
verteidigen (jdn) défendre qn → rév/3
Videokassette la cassette vidéo → 2/A
viel beaucoup (de) → 3/3, → 5/2; ***vieles*** beaucoup de choses → supp/4
vielleicht peut-être → rév/2
Viertel *einer Stadt* le quartier → 1/3; le quart → 6/A; **Viertelstunde** le quart d'heure → 6/A
Vogel l'oiseau *m.* / les oiseaux → supp/1, → rév/1
Vogelpark le Parc des oiseaux → rév/1
von de → 1/2; **von ... bis ...** de ... à ... → 6/1
vor devant *räumlich* → 3/A, avant *zeitlich* → 6/1; ***vor allem*** surtout → supp/2, → supp/4
vorbereiten (etw.) préparer qc → 3/3
Vorname le prénom → 2/3 Ex
vorschlagen (jdm etw.) proposer qc à qn → rév/1
Vorstellung le spectacle → 4/3
Vulkan le volcan → supp/1

W
Wahl le choix → rév/1
während pendant → 6/3
Wahrheit la vérité → 7/2
wann quand → 6/2
warm chaud/e *adj.* → 5/A
warten (auf jdn/etw.) attendre qn/qc → 6/2
warum? pourquoi? → 6/3; **warum nicht?** pourquoi pas? → 4/1
Was ...? qu'est-ce que → 2/1; **Was bedeutet das?** Qu'est-ce que ça veut dire? → 7/3
Wasser l'eau *f.* → 5/3
Wecker le réveil → 6/3
wegen pour → 7/3
weggehen/-fahren partir → rév/2, → 7/1; *Urlaub* partir en vacances → rév/2
weil parce que → 6/3
weinen pleurer → 7/2
weit loin → 5/2
weitergehen continuer → 6/2
weitermachen continuer → 6/2
Wellensittich la perruche → 3/2
Welt le monde → rév/2
wenig peu, **ein wenig** un peu de → 5/2; un peu → 6/3
weniger moins → 6/A
Wenigstens etwas. C'est déjà ça. → rév/2
wenn quand → 7/3
Wer ist das? C'est qui? → 1/1
werden (etw.) devenir qc → supp/3, → rév/1
wichtig important/e *adj.* → supp/4
wie comment *Fragewort* → 1/1, comme *im Vergleich* → 3/3; **Wie alt bist du?** Tu as quel âge? → 3/3; **Wie geht's?** Ça va? → 1/A; **Wie heißt du?** Tu t'appelles comment? → 1/2; **wie Hund und Katze** comme chien et chat → 3/3; **Wie spät ist es?** Il est quelle heure? → 6/A; **wie viel?** combien? → 5/1
wiederfinden (etw.) retrouver qc → 7/1
wiegen (jdn/etw.) peser qn/qc → 7/2
wissen (etw.) savoir qc → supp/1; **Ich weiß.** Je sais. → 3/2; **Ich weiß (es) nicht.** Je ne sais pas. → 1/1
Wissenschaftler/in le/la savant/e → 7/A
wo? où? → 1/3
woanders ailleurs → supp/3
Woche la semaine → 6/1
wohnen habiter → 3/2; **15 Minuten von etw. / einem Ort entfernt wohnen** habiter à quinze minutes (de) → 6/1
Wohnung l'appartement *m.* → 3/2
Wohnzimmer la salle de séjour → 3/1
wollen (etw.) / etwas tun wollen vouloir qc / + *inf.* → 4/1

Z
Zeichnen, Zeichnung le dessin → 6/1
zeigen (etw.) montrer qc → 3/2
Zeit le temps → 6/3; **Zeit, in der die Schüler ihre Hausaufgaben unter Aufsicht anfertigen** les études dirigées *f. pl.* → 6/1; **(keine) Zeit haben** (ne pas) avoir le temps → 7/3; **Es ist Zeit.** C'est l'heure. → 2/3; **zur Zeit** en ce moment → 6/1
Zeitschrift le magazine → 2/A
Zeitung le journal / les journaux → supp/1
Zeugnis le bulletin → 6/1
ziemlich assez → 5/2
Zimmer (Schlaf-) la chambre → 3/1
Zirkus le cirque → 4/2
Zitrone le citron → 5/3 Ex
zu (einer Person) chez → 3/A; **zu früh kommen** être en avance → 6/3; **zu Fuß** à pied → 6/3; **zu Hause** à la maison → 3/2; **zu spät kommen** être en retard → 6/3; **zu viel, zu sehr** trop → 2/3
zubereiten (etw.) préparer qc → 3/2
zuerst d'abord → 3/2
zufrieden content/e *adj.* → 6/1
Zug le train → 6/3 Ex
zuhören (jdm) écouter qn → 3/2
zum Beispiel par exemple → supp/3
zusammen ensemble *adv.* → 4/2
Zwiebel l'oignon *m.* → 5/3
zwischen entre → 1/3
zwischen ... und ... de ... à → 4/3

	Janvier	Février	Mars	Avril	Mai	Juin
1	S *Jour de l'an*	M	M		D *Fête du Travail*	M
2	D	M *La Chandeleur*	M			J
3	L	J	J	D		V
4	M		V *Carnaval*	L		S
5	M			M		D
6	J *Fête des Rois*			M	V	L
7	V					
8	S					
9	D					
22	S	M				
23	D	M				
24	L	J				

Saint Valentin · *Printemps* · *Pâques* · *Fête des Pères* · *Fête de la Musique* · *Été* · *Fête des Mères*

Le 1er Avril, on colle des poissons en papier dans le dos des gens.

Le 1er mai, on offre du muguet et on ne travaille pas: c'est la fête du Travail.

À la Chandeleur, on fait sauter les crêpes et on les mange.

Tout le monde connaît le carnaval de Nice.

Le jour de la fête des Rois, on mange la galette des Rois. Dans la galette, il y a une fève*. Tu la trouves, alors tu es le roi ou la reine!

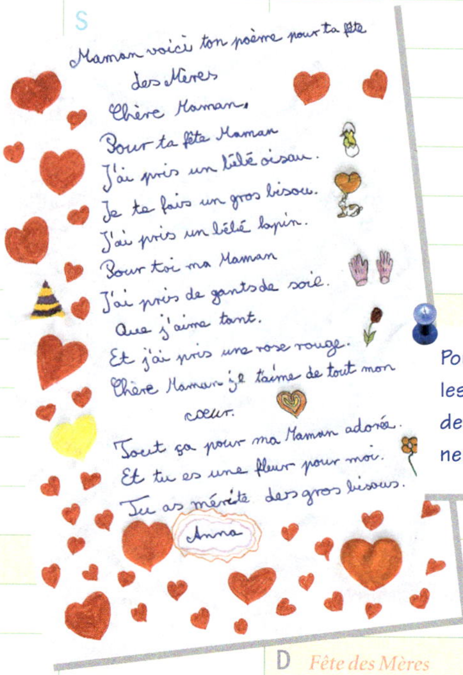
Maman voici ton poème pour ta fête
des Mères
Chère Maman,
Pour ta fête Maman
J'ai pris un bébé oisau.
Je te fais un gros bisou.
J'ai pris un bébé lapin.
Pour toi ma Maman
J'ai pris de gants de soie.
Que j'aime tant.
Et j'ai pris une rose rouge.
Chère Maman je t'aime de tout mon
cœur.
Tout ça pour ma Maman adorée.
Et tu es une fleur pour moi.
Tu as mérité des gros bisous.
Anna

Pour la fête des Mères, les enfants bricolent des cadeaux et apprennent des poèmes.

À Pâques, les cloches apportent des œufs, des poules et des poissons en chocolat.

* la fève eine Bohne oder eine kleine Figur

Les fêtes en France

Le 14 Juillet est le jour de la fête nationale en souvenir de la Révolution française en 1789. Le soir, on danse dans les rues et il y a un feu d'artifice.

Halloween est né en France en 1992. Ce jour-là, on trouve des citrouilles partout.

Dans la nuit du 24 au 25 décembre, le père **Noël** met les cadeaux au pied du sapin.

Juillet	Août	Septembre	Octobre	Novembre	Décembre	
V	L	J	S	M	J	1
	M	V	D	M	V	2
	M	S	L	J	S	3
		D		M	D	4
					L	5
M					M	6
J					M	7
V					J	8
S					V	9
D					S	10
L					D	11
M			M		L	12
M	M		J		M	13
14 Juillet			V	L	M	14
			S	M	J	15
			D	M	V	16
D	M		L	J	S	17
L	J		M	V	D	18
M	V		M	S	L	19
	S	M			M	20
	D	M			*Hiver* M	21
	L	*Automne* J			J	22
	M				V	23
	M				S	24
	J				*Noël* D	25
	V	L			L	26
	S	M			M	27
	D	M			M	28
V	L	J			J	29
S	M	V			V	30
D	M		*helloween* L		S	31

Hier kannst du überprüfen, ob du die englischen Vokabeln richtig in dein dreisprachiges Vokabelheft eingetragen hast.

p. 148: class(room) – p. 149: college *(faux ami)*, poet, quarter – p. 150: table – p. 151: magazine. cassette, secretary – p. 152: gym, film – p. 153: atlas, geography – p. 154: family – p. 155: parents, cat – p. 156: telephone, moment, television/TV – p. 157: hospital, lamp – p. 158: apartment, photo, to enter – p. 159: to prepare, dinner, message – p. 160: email address, age, exercise, animal, minute – p. 161: to discuss, to prefer, dance – p. 162: photography/ photo – p. 163: place, problem – p. 164: it depends, number, muscle – p. 165: cinema, supermarket, market – p. 166: to cost, album, price – p. 167: catastrophe, idea – p. 168: fruit, tomato, onion, banana, cucumber, piece, peach, apricot, carrot, orange, bottle, fruit juice, cream – p. 169: elephant – p. 170: hour, quarter – p. 171: simple, solution, sport, interesting – p. 172: music, history – p. 173: memory, to continue, question – p. 174: page, lesson – p. 175: bus, trumpet, clarinet, intelligent – p. 176: park – p. 177: to detest – p. 178: legend – p. 179: to interest – p. 180: theatre, museum, terrace, flower – p. 182: region, tunnel, capital, dangerous, adventure – p. 183: festival – p. 184: actor/actress, serious, possible, for example – p. 185: role, talent, pleasure – p. 186: important – p. 187: to invite, surprise, fantastic – p. 188: choice, reason, airport, nature, to vote for sb – p. 189: to invite – p. 190: guide, to observe, sandwich, image

Bildquellen